지은이

양창순

정신건강의학과·신경과 전문의. 연세대학교 의과대학과
동 대학원을 졸업하고 의학박사 학위를 받았다. 서양의 정
신의학만으로 인간을 이해하고 삶의 문제에 대한 해답을
찾는 데 한계를 느껴 명리학을 공부했으며, 성균관
대학교 대학원에서 동양철학을 전문으로
두 번째 박사 학위를 받았다. 미국
HARBOR U   병원 부
원장 등을 거쳐   를 맺기 원하는 사람들을
위한 마음상담소인 ㈜마인드앤컴퍼니, 양창순 정신건강의
학과를 운영하고 있다. 연세대학교 의과대학 정신건강의학
과 외래교수이며, 미국 정신의학회 국제회원 및 펠로우, 미
국 의사경영자학회 회원이기도 하다.
CBS 시청자위원회, 동아일보 독자인권위원회 위원을 지
냈으며 SBS 〈양창순의 라디오 카페〉, CBS 〈양창순의 아름
다운 당신에게〉 등의 프로그램을 진행했다. 삼성경제연구
소 SERICEO에서 100회 이상 진행한 〈심리클리닉〉을 통
해 오피니언 리더들의 열렬한 호응을 받은 바 있다. 기업
강연, 대인관계 및 리더십 컨설팅, 집필과 칼럼 기고 등 다
양한 분야에서 활발한 활동을 펼치고 있다. 국내 최초로 동
양의 운명학과 서양의 정신의학을 접목한《명리 심리학》을
비롯해《나는 까칠하게 살기로 했다》《담백하게 산다는 것》
《나는 외롭다고 아무나 만나지 않는다》《CEO, 마음을 읽다》
《내가 누구인지 말하는 것이 왜 두려운가》《오늘 참 괜찮은
나를 만났다》등 다수의 책을 썼다.

정신과 전문의 양창순 박사의

주역 심리학

정신과 전문의 양창순 박사의 **주역 심리학**

1판 1쇄 인쇄 2023. 8. 7.
1판 1쇄 발행 2023. 8. 16.

지은이 양창순

발행인 고세규
편집 김태권 디자인 유상현 마케팅 정희윤 홍보 이한솔
발행처 김영사

등록 1979년 5월 17일 (제406-2003-036호)
주소 경기도 파주시 문발로 197(문발동) 우편번호 10881
전화 마케팅부 031)955-3100, 편집부 031)955-3200 팩스 031)955-3111

값은 뒤표지에 있습니다.
ISBN 978-89-349-6505-3 03180

홈페이지 www.gimmyoung.com   블로그 blog.naver.com/gybook
인스타그램 instagram.com/gimmyoung   이메일 bestbook@gimmyoung.com

좋은 독자가 좋은 책을 만듭니다.
김영사는 독자 여러분의 의견에 항상 귀 기울이고 있습니다.

정신과 전문의 양창순 박사의 ──

주역 심리학

── 변화의 길목에서 운명을 내 편으로

周

易

김영사

서문 변화의 길목에서 만난《주역》

거의 삼십 년 전 정신과 의사 생활을 시작할 때나 지금이나 내가 만나는 사람들의 고민은 별반 다르지 않다. '돈을 잘 벌고 싶다', '성공하고 싶다' 하는 바람에서부터 '자식이 말을 듣지 않는다', '남편(또는 아내)과 대화가 잘 안 된다', '조직에서 나를 괴롭히는 사람 때문에 힘들다' 하는 인간관계에서의 어려움을 토로하는 내용까지. 그리고 이런 고민은 내담자들의 연륜이나 지성 같은 것과도 거의 상관이 없다. 그 점은 의사인 나도 마찬가지다.

젊은 시절에는 나도 나이가 들면 조금은 더 성숙한 사람이 되어 있으리라고 생각했다. 하지만 지금의 나 역시 젊은 날의 치기와 감정의 소용돌이에서 여전히 벗어나지 못하고 있다. 단지 그때는 매사에 즉흥적으로 반응했다면 이제는 하루 정도 생각해보는 시간을 갖는다는 차이가 있을 뿐이다. 그러면서 드는 생각이 아무리 우리가 지금 디지털 시대에 살고 있어도 우리의 마음은 '예전 그대로'라는 것이다. 다만 그 고민이 예전보다 심각해졌을 뿐이다.

사람들이 바라는 돈의 액수도 뻥튀기되어서 요즘은 100억이 넘고, 1000억은 있어야 한다는 젊은 친구들도 많다. 비교하는 대상도 세계적이어서 자기가 스티브 잡스나 워런 버핏이 아니어서 우울하다고 하는 사람들도 적지 않다. 그 정도까지는 아니어도 소셜 미디어를 보면 나만 빼놓고 다들 화려한 삶을 사는 것 같다고 호소하는 이들이 많다. 오히려 평범한 사람들이 겪는 열등감은 더 깊어지는 느낌이다.

그래서 나는 가끔 그런 내담자들에게 썩 내키지 않지만 '라떼는(나 때는)…'으로 시작하는 위로를 전하기도 한다. "나 때는 비교할 만한 대상이 그다지 없어서 그런 일로 나를 들볶는 일이 적었고, 나의 실수가 누군가에 의해 인터넷에 올라갈 것이라는 두려움도 없었으니 요즘 시대를 사는 당신이 더 힘든 게 당연하다"라고.

문제는 이렇게 복잡한 세상에서 우리가 거기에 대처하는 방법 역시 여전히 '예전 그대로'일 수밖에 없다는 것이다. 그 방법이란, 첫째, 자신의 마음을 잘 다스려서 감정을 조절하고, 둘째, 불필요한 기대치로 나를 힘들게 하지 않는 것이다. 이는 내가 하나를 선택했다면 선택하지 않은 나머지를 버리는 것이기도 하다. 내게는 그런 방법을 제시해주는 것이 바로 《주역》이다.

《주역》은 아주 명료하다. 《주역》은 하나의 다른 모습인 양陽과 음陰으로만 이루어진 효爻를 통해 자연에서부터 인간사에 이르기까지 일어날 수 있는 모든 경우의 수를 64괘卦로 정리해서 내가 어떤 상황에서 어떻게 행동할 것인지를 조언해준다. 그런 의미에서 명리학이 내가 누구인지 알게 해주는 '존재being'의 학문이라면 《주역》은 '행동acting'의 학문이다. 그리고 그 행동은 절대적으로 변화와 맞닿아 있다.

특히 변화 앞에서 어떻게 능변能變할 것인지가 이 책의 핵심 주제 중 하나이다. 능변은 미리 위험을 예상하고 능동적으로 변화에 대처하는 태도를 말한다. 이렇게 할까 저렇게 할까 망설이다 보면 나도 모르게 봉변을 당하기도 하는 것이 세상 이치이다. 어떤 조직도, 국가든 기업이든 아니면 정치 집단이든 간에 봉변은 피해야 한다. 이것은 기본 원칙이자 대전제라고 할 수 있다. 개인의 삶이라고 해서 다른 것은 아니다.

중국의 철학자이자 고전학자로서 《주역》에 관해서만 해도 여러 저서를 남긴 남회근 선생은 《주역》이 우리에게 이야기하는 것은 단 한 가지, 변화의 원칙이라고 하면서 다음과 같이 쓰고 있다.

"우리가 반드시 염두에 두어야 할 것은 우주에는 변하지 않는 일이 없고, 변하지 않는 사람이 없으며, 변하지 않는 물건이 없다는 사실이다."

《주역》과 불교에 심취했던 헤르만 헤세 역시 만물의 변화를 두고 "우리는 같은 강물에 두 번 발을 담글 수 없다"라는 요지의 말을 했다. 그처럼 변화가 필연적이라면, 거기에 대응하는 방법은 '능변' 말고는 없다는 것이《주역》의 핵심이다.

내가《주역》을 공부하게 된 계기 역시 변화의 필요성 때문이었다. 정신과 의사로서 어떤 한계에 부딪힌 느낌이 든 데다 개인적으로도 슬럼프가 찾아오면서 절실하게 변화를 모색하던 때가 있었다. 나는 필연처럼 명리학을 공부하게 되었다(그 이야기는 다른 책에 자세히 썼으므로 여기서는 언급을 자제하겠다).

그 후 명리학을 임상에서도 어느 정도 적용하고 싶은 욕심이 생겼고, 그러자면 좀 더 학문적인 뒷받침이 필요하다는 생각이 들었다. 그렇게 고민하던 차에 역시 거의 '필연적인 느낌으로' 지인한테서 성균관대학교 대학원을 소개받게 되었다. 그곳에서 〈주역과 정신분석학적 관점으로 본 공연예술 리더십 연구〉라는 제목의 논문으로 박사학위를 받기까지 내 나름으로는 최선을 다해《주역》공부에 매진했다.

의과대학에서 학위논문을 쓸 때도 그랬지만, 다시금 전혀 다른 분야에 관해 논문을 쓰자니 여간 어려운 일이 아니었다. 논문이 통과됐을 때 내 입에서는 "하느님, 제가 정녕 이 논문을 썼단 말입니까!"(〈벤허〉를 만든 뒤 윌리엄 와일러 감독이 했다는 소감을 살짝 빌려서) 하는 말이 절로 나올 정도였다.

너무나 다행스럽게도 지난 십여 년간 내게는 그 모든 탐구 과정을 임상에 적용할 수 있는 기회가 생겼다. 대기업과 여러 회사의 임원들에게 리더십을 주제로 상담할 수 있게 된 것이다. 내가 맡은 상담 교육은 승진을 앞둔 고위 임원들의 리더십 평가 프로그램의 일환이었지만 임원들의 리더십 상담으로까지 이어지게 되었다.

물론 심리학과 명리학,《주역》을 접목해서 한 개인의 고유한 잠재력과 자기경영, 인간관계와 리더십을 살펴보고 필요한 변화의 피드백을 주는 과정이 쉽지만은 않았다. 그러나 동시에 대단히 흥미롭고 보람 있는 작업이었다. 이 책에는 일차적으로 그러한 나의 임상 경험이 녹아 있다.

또한 젊은 날에는 자신만만하게 "인생 쉬워요" 하던 이들도 조금만 시간이 지나면 왜 이렇게 사는 게 힘드냐며 나를 찾아온다. 과거에는 마주칠 때마다 "나처럼 긍정적인 사람들만 있으면 정신과 의사는 굶어 죽을 거야"라고 큰소리치던 지인이 언제인가부터 "왜 이렇게 삶이 힘들지?", "우울증이 정말 무섭다는 걸 알았어"라고 하면서 수시로 내게 조언을 청하기도 한다.

그들에게 나는 때로 《주역》의 괘를 뽑아 나아가야 할 방향을 조언해준다. 그때마다 새삼 깨닫지만 《주역》이 누구의 삶에나 명쾌한 내비게이션이 되어준다는 것이 내 생각이다. 복잡한 세상에서 내가 나아가야 할 길은 물론이고, 무엇을 버리고 무엇을 취할 것인지, 어디까지가 내 욕심인지를 알려주기 때문이다. 그러면서 "《주역》을 공부한 지난 삼십 년 동안 한 번도 《주역》은 나를 배신하지 않았다"라고 한 철학자 루 매리노프의 말에 고개를 끄덕이게 된다.

그동안 《주역》을 공부하기 위해 많은 책을 보면서 느낀 바가 있다. 《주역》에 대한 수많은 풀이가 있지만 궁극적으로 그것을 어떻게 받아들일지는 바로 자신의 깨달음에 달려 있다는 것이다. 사실 《주역》만큼 주석과 해석서가 많은 책도 드물다. 연구자마다 제각기 다른 해석을 하고 있을 정도이다. 가장 큰 이유는 읽는 사람들에 따라 자기만의 생각을 갖게 하는 《주역》만의 특성 때문이 아닌가 한다. 이를 두고 《역과 탈현대의 논리》를 쓴 김상일 교수는 이렇게 말한다. "역에 대한 고정된 해석은 없다. (⋯) 이런 뜻에서 역의 글쓰기는 아직 끝나지 않았다."

《주역》은 기독교, 불교, 도교 등 다양한 종교와의 접목이 가능할 뿐 아니라 수학, 도형학 등 다른 학문과의 접목도 가능하다. 지금 내가 이 책에서 다루고 있는 《주역》과 정신의학의 접목이 그 좋은 예인 셈이다. 따라서 이 책은 《주역》에 관한 나만의 글쓰기라 하겠다. 내가 그동안 만난 수많은 사람들에게 그들이 겪는 갈등과 삶의 고민에 대해 조언해주면서 느낀 부분들을 《주역》과 연관해 정리한 것이기 때문이다.

그동안 우리가 《주역》을 어렵게 여겼던 이유를 짐작해보면, 대부분 효사爻辭나 괘사卦辭를 중심으로 공부하려고 했기 때문이다. 그러나 성경에서 예수님이 가장 쉬운 비유를 들어 설명하듯이, 사실 《주역》은 양과 음으로 이루어진 괘의 구성을 그림처럼 보면서 그것이 상징하는 자연의 형상과 연관해 살펴보는 것만으로도 깊은 뜻을 알 수 있는 학문이다. 이 책에서는 《주역》의 사상 중에서 정신의학과 접목할 수 있는 것들을 정리했고, 괘가 상징하는 자연의 형상을 중심으로 설명하려고 했다. 나의 해석과 설명이 독자들에게도 잘 전달되기를 바란다.

이번 책을 쓰기 위해 새롭게 《주역》을 읽고 다시 공부할 수 있었던 것은 내게 행운이었다. 코로나19가 만들어낸 그 모든 어려움에도 불구하고 작업에 몰두하면서 하루하루를 살아낼 수 있었기 때문이다. "창문을 열고 편히 앉아 《주역》을 읽노라니 가지 끝에 흰 것 하나 하늘의 뜻을 보이노라." 정도전의 〈매설헌시〉 한 대목이다. 조금만 더 욕심을 낸다면 훗날 어느 때쯤에는 나도 정도전처럼 한 송이 매화에서 하늘의 마음을 읽는 경지를 느껴보고 싶다. 그러기에는 내가 가진 학문의 깊이가 얕지만, 꿈이야 못 가지랴.

책을 쓸 때마다 두렵지만 독자들의 격려가 있기에 버티는 중이다. 끝까지 애정과 지지를 보내줄 것을 믿으며 깊은 감사의 마음을 전한다.

2023년 계묘년 여름
양창순

1부

정신과 의사인 나는
왜 《주역》에 빠졌나?

1 　이야기로서의 삶, 그리고 《주역》

이야기는 언제나 나를 매혹한다. 의과대학 시절 국문과 수업을 기웃거린 것도, 정신의학을 전공으로 택한 것도 반쯤은 이야기의 힘에 이끌렸기 때문이다. 나는 지금도 전공과 무관한 소설을 읽는 데 시간을 쓰고, 혼자서 머릿속으로 이야기를 만들어내곤 한다. 심지어 드라마를 써보고 싶다는 충동에 사로잡혀서 실제로 끼적거린 적조차 있음을 고백한다. 이런 낯부끄러운 이야기를 굳이 꺼내는 이유는 그만큼 '서사'가 내게 중요한 관심 분야임을 강조하고 싶어서다.

주변에서 나에 관해 궁금해하는 한 가지가 있다. 매일 정신적으로 힘든 사람들의 이야기를 듣다 보면 같이 힘들어지거나 지치지 않느냐는 것이다. 나의 대답은 '아니오'이다. 물론 마음이 아프고 안타까운 경우가 많다. 하지만 나는 그들이 들려주는 이야기를 통해 세상과 삶을 배우고, 나 자신을 돌아보는 시간을 갖는다.

미국의 정신의학자 밀턴 H. 밀러는 "사람은 누구나 자신의 이야기 속에 있다"라고 말했다. 나 역시 그의 말에 깊이 공감한다. 이 세상에 자기만의 서사를 갖지 않은 사람은 없다.

프랑스 철학자 롤랑 바르트는 한 논문에서 "지구상의 서사는 무한하다"라고 썼는데, 난 그 말에도 전적으로 동의한다. 그는 "서사는 모든 시간, 모든 장소, 모든 사회에 극히 무수한 형식으로 존재한다. (…) 모든 인간 계급, 모든 인간 집단은 고유의 서사를 가지고 있으며, 심지어 상반된 세상에서 살아가는 사람들도 다 함께 그 서사를 즐긴다. 이때 범세계적이고 범역사적이며 범문화적인 서사는 곧 삶이다"라고도 했다.

서양의 역사에서 그가 말하는 서사의 근간은 기독교 사상의 뿌리인 헤브라이즘과 그리스 문명에 기초하고 있는 헬레니즘으로 나뉜다. 그 두 거대한 뿌리의 근원은 물론 성경과 그리스 로마 신화이다. 그 속에 담긴 광대한 이야기와 그 이야기에 깃든 온갖 상징과 비유들은 가지를 뻗어나가면서 서양의 문화에 깊은 영향을 주었고, 문학, 예술, 철학, 심리학, 인류학, 역사학, 자연과학에 이르기까지 어느 한 분야 영향을 미치지 않은 곳이 없다. 그리고 그 모든 것은 카를 융이 말하는 하나의 '원형'으로 서 인류의 집단 무의식에 깊숙이 스며들어 오늘날까지 이어져 내려오고 있다. 우리가 성경과 그리스 로마 신화를 모르고서는 서양의 역사와 문화를 제대로 이해할 수 없는 것도 이 때문이다.

얼마 전 한 신문에서 《파친코》의 저자인 이민진 작가의 인터 뷰 기사를 읽은 적이 있다. 그는 기독교인은 아니지만 몇 년째 아침마다 성경 구절을 필사해오고 있다면서 다음과 같이 이야 기했다. "저는 서양의 클래식한 문학에 심취해 있고, 성경을 잘 아는 것이 서양의 문학과 시를 이해하는 데 큰 도움이 되거든 요. 덕분에 성경을 일곱 번 읽었어요." 이민진 작가의 이야기는 우리가 왜 성경과 그리스 로마 신화를 알아야 하는지에 대한 가장 명쾌한 해답을 내놓고 있다는 것이 내 생각이다.

동양의 역사와 문화에서 성경과 그리스 로마 신화와 비슷한 위치를 차지하는 것이 《주역》이다. 《주역》의 괘가 들려주는 서 사와 은유는 깊고 넓으며, 오히려 성경이나 그리스 로마 신화보 다 훨씬 더 많은 상징과 비유로 이루어져 있다. 롤랑 바르트의 말처럼 '무한하다'.

《주역》에 담긴 상징과 비유는 동양 사상에 실로 지대한 영향 을 끼쳤다. 저 옛날 이미 공자와 같은 위대한 사상가가 《주역》 에 대한 이해를 돕기 위해 전력을 기울였다는 사실만으로도 그 영향력의 크기를 짐작할 수 있다. 그러한 동양 사상이 오늘날

서구의 수많은 분야, 특히 예술과 문학 등에 지대한 영향을 미치고 있는 것도 익히 알려진 사실이다.

18세기에 《주역》은 이미 라틴어 번역본이 나와 있었다. 교황청 소속으로 최초로 중국 선교에 나섰던 마테오 리치 신부가 1603년경에 발간한 《천주실의》에도 《주역》의 글이 인용되었다고 한다. 이 책은 불교, 도교 등 동양의 여러 사상을 가톨릭 교리와 대비해서 쓴 것으로 당시 중국 지식인층에 널리 알려졌다고 한다. 그렇다면 동양 사상도 이때쯤에는 서양의 관심을 끌었을 터, 이는 18세기에 《주역》 라틴어 번역본이 나오는 배경의 하나가 되었을 것이다. 20세기에는 양자역학의 아버지라 불리는 닐스 보어가 태극 문양을 새겨넣은 옷을 입을 만큼 동양철학에 깊은 관심을 가진 것으로 알려져 있다.

그러나 《주역》 하면 먼저 떠오르는 인물은 《주역》을 정신의학의 영역으로 처음 도입한 융이다. 융은 중국에서 오랫동안 선교사로 활동했던 리하르트 빌헬름과 친교가 깊었다. 선교 당시 빌헬름은 《주역》이 중국 사람들의 사상과 문화에 얼마나 큰 영향력을 미쳤는지 깨달았다. 그는 《주역》을 독일어로 번역했을 뿐 아니라, 《주역》이라는 학문을 서양에 널리 알리려고 애썼다. 당연히 융도 친구를 통해 《주역》을 알게 되었고, 곧 누구보다도 흠뻑 그 사상에 매혹되었다.

융이 정립한 정신의학 이론인 내향성과 외향성, 아니마와 아니무스, 공시성共時性, 페르소나와 그림자 등은《주역》에 뿌리를 두고 있고, 이 이론들은 오늘날 일반인도 널리 사용하는 정신의학 용어가 되었다. 특히 요즘 많은 사람이 몰두하는 MBTI도 융의 내향성과 외향성 이론에 뿌리를 두고 있는데, 마음의 기능을 사고, 감정, 감각, 직관으로 분류해놓은 이론을 참고한 것이다.

더욱이 융은 인생의 중요한 순간에는 늘 괘를 뽑아 자신이 어느 길로 나아가야 할지 결정했던 것으로도 잘 알려져 있다. 쉰 살에 떠난 아프리카 여행 중에도 융은 괘를 뽑았다. 5개월에 걸친 여행 동안 그는《주역》의 마지막 64번째 괘인 화수미제괘火水未濟卦를 늘 생각했다고 한다. 화수미제괘는 63번째 괘인 '모든 것이 다 이루어졌다'는 의미의 수화기제괘水火旣濟卦 다음에 나오는 마지막 괘이다. 즉, 인생은 늘 다 이루었다고 생각할 때 다시 새로운 일이 생겨난다는 것을 의미한다. 실제로 그 여행이 평탄하기만 한 것은 아니었던 모양이다. 그는 여행 도중에 이런저런 일이 일어나자 다시 괘를 벌였다고 한다. 그가 이 여행에서 괘를 뽑을 동전을 구하지 못하자 나뭇잎을 사용했다는 일화는 유명하다.

융은《주역》뿐만 아니라 그리스 신화와 인도의 요가, 선禪, 명상 등에도 깊은 관심을 보였는데, 집단 무의식을 찾는 과정에서 일어난 자연스러운 일이었을 것이다. 아니면 자신의 공시성 이론대로 서로 통하는 사상이어서 동양 사상에 심취하게 되었는지도 모를 일이다. 어쨌든 그의 많은 이론이 《주역》과 중용의 이론을 취한 것은 분명하다. 그에게 프로이트만큼 많은 추종자가 있는 이유도 동양과 서양의 학문을 접목하면서 사상의 폭을 넓히고 깊이를 더한 데서 온 것이다. 융은 그것을 다음과 같은 말로 표현하고 있다.

우리는 공자와 노자 같은 위대한 사상가들을 간단히 물리칠 수가 없다. 그들이 가르치는 높은 경지의 사상을 알게 되면 더욱 그러하다. 더욱이 우리는 《주역》이 그들에게 영감을 준 원천이었다는 사실을 간과할 수 없다. 나는 이제 나이가 여든 고개에 들어섰다. 사람들의 변화무쌍한 의견은 나에게 아무런 감명도 주지 못한다. (…) 내게는 노대가의 사상이 서구인의 철학적 편견보다 더 가치가 있다.

《주역》과 동양 사상이 융에게 얼마나 깊은 영향을 미쳤는지를 보여주는 말이다.

한편 서구인들이 《주역》에 열광하는 이유 중 하나가 그 단순성에 있다는 생각이 들기도 한다. 《주역》의 기본은 단지 양陽과 음陰에서 연유하기 때문이다. 자연은 궁극적으로 빛과 어둠이고, 우리의 몸은 팽창 아니면 수축이다. 그것을 표현한 것이 바로 양과 음이다. 양이란 팽창하고 앞으로 나아가는 성질을 상징하는 것이고 음이란 수축하고 뒤로 물러나는 성질을 상징한다. 나 역시《주역》에서 가장 매력을 느끼는 부분 중 하나가 이 양과 음의 이론이다.

그리고 놀랍게도 이 양과 음의 법칙은 지금의 디지털 세계와 불가분의 관계에 놓여 있다. 지금 우리가 사용하는 인터넷과 컴퓨터의 언어인 이진법을 고안한 라이프니츠가 바로 이《주역》의 양과 음의 이론에서 영감을 얻었기 때문이다.

이진법은 자연의 언어이기도 하다. 동물들은 스트레스를 극복하는 방법이 딱 두 가지다. 자기보다 약한 동물과는 싸우고, 자기보다 강한 동물을 만나면 도망간다. 사실은 세상의 모든 것이 양과 음의 이진법 안에 들어 있다. 남자와 여자, 하늘과 땅, 낮과 밤, 문을 열고 닫는 것, 들어오고 나감, 시소가 오르고 내려가는 것 등등.

내 마음도 마찬가지다. 앞서서 나가고 싶은 마음과 두려워서 후퇴하고 싶은 마음. 그리고 그것을 극대화해서 설명해놓은 것이 바로 프로이트가 주장한 에로스와 타나토스 이론이다. 에로스는 살고자 하는 에너지이고, 타나토스는 스스로를 파괴하는 에너지이기 때문이다. 곧 양과 음이다. 이는 융의 페르소나와 그림자 이론과도 일맥상통한다.

특히 타나토스는 인간이 왜 자살을 택하는지 그 이유 중 하나를 설명해주는 이론이다. 흔히 '나의 가장 무서운 적은 바로 나'라고 하는데, 이 표현은 내 마음에 자리 잡은 타나토스의 심리를 나타내는 것이기도 하다. 물리에만 작용과 반작용이 있는 것이 아니라 내 마음에도 작용과 반작용이 있다. 이 반작용과 타나토스와의 싸움에서 이기는 것이 곧 자기 성장의 과정이다. 그리고 음과 양의 단순 법칙이 그 도구가 되어줄 수 있다는 점에서 《주역》의 매력이 드러난다. 아마도 융 역시 그 점에 매혹을 느껴 자신의 이론을 정립해나가지 않았나 싶다.

오늘날 할리우드에서 가장 사랑받는 SF 작가 중 한 사람인 필립 K. 딕은 《주역》의 신봉자였다. 그의 소설 《높은 성의 사내》를 보면 주인공이 《주역》 점을 쳐서 결정을 내리는 장면이 종종 등장한다. 그는 실생활에서도 늘 《주역》을 곁에 두고 특히 아주 곤란한 일이 생겼을 때 도움을 받았다고 한다.

흥미롭게도 필립 K. 딕에 대한 전기를 쓴 프랑스 작가 에마뉘엘 카레르 역시 《주역》에 심취해 있었다. 그가 쓴 일종의 신앙 고백서라고 할 수 있는 책 《왕국》을 보면 《주역》의 요점에 대해 명확히 기술해놓은 구절을 발견할 수 있다.

우리가 정상에 있다면 필연적으로 다시 내려갈 것이고 아래에 있다면 어쩌면 다시 올라갈 수도 있다. 양지바른 곳으로 언덕을 오르면 그늘진 곳으로 내려오게 된다. 낮이 가면 밤이 오고 밤이 가면 또 낮이 오며, 좋은 주기들과 나쁜 주기들이 번갈아 찾아온다. 이것은 그냥 맞는 말, 니체의 표현을 빌리자면 도덕적으로 더럽혀지지 않은 있는 그대로의 진실이다. 《주역》은 행복할 때는 불행에, 불행할 때는 행복에 대비하는 게 지혜라고 말할 뿐이다.

덕이나 카레르의 이야기는 동양적인 것이 어떻게 그들의 가치관에 큰 영향을 미쳤는지를 보여주는 하나의 작은 사례라 하겠다. 그리고 그들은 그 경험을 자신들의 작품을 구성하는 이야기로 만들어냈다. 나는 그들이 자기 나름대로 《주역》의 핵심에 도달해 있었다고 생각한다.

나처럼 이야기에 쉽게 매혹되는 사람이 그리스 신화나 《주역》에 끌리는 것은 어쩌면 당연한 일인지도 모른다. 그러던 중에 그리스 신화 속의 인물을 주역의 괘에서 찾아보는 것도 꽤 흥미로운 작업이 되지 않을까 하는 생각이 들었다. 나는 그리스 신화를 대표하는 남신과 여신들의 이야기를 《주역》의 괘와 연관해 살펴보기 시작했다. 그 과정에서 이 책이 한 가지 주제로 삼고 있는 '변화와 선택이 인생에 미치는 영향력'에 관해서 자연스러운 이야기들이 전개되는 것을 알 수 있었다. 개인적으로 재미있고 의미 있는 작업이었기에 나는 실제로 이번 책에서 그 주인공들의 모습 또한 담아내려고 했다. 이것이 동서양을 떠나서 이야기가 가진 힘이 아닐까 생각한다.

2 《주역》은 어떻게 만들어졌고, 어떻게 읽어야 할까?

앞서 《주역》은 읽는 사람에 따라 각기 해석이 가능한 책이라고 했는데, 그래도 기본적인 이해를 위해서는 먼저 이 책이 지닌 핵심 요소에 대해서 알 필요가 있다.

중국의 상고시대에 최초로 역을 만든 인물은 복희씨伏羲氏라는 당대의 지도자였다고 한다. 그가 팔괘를 그리고, 주周나라 문왕文王이 그것을 다시 발전시켜 《주역》을 만들었다는 것이다. 문왕은 초기에는 우리로 치면 도道에 해당하는 지방을 관리하는 인물이었다. 그런데 됨됨이가 출중해서 많은 백성들에게 추앙을 받았고, 지도자로서 점차 그 세력을 넓히기에 이르렀다. 당시 중국을 다스리던 군주는 주왕紂王이라는 폭군이었다. 그런 인물이 으레 그러하듯이 주왕은 자기보다 뛰어난 문왕을 지독하게 미워해 마침내 그를 감옥에 가두고 만다. 감옥에서 문왕이 온갖 고초를 겪으면서 완성한 것이 바로 《주역》이다. 팔괘를 둘씩 중첩해서 오늘날 우리가 보는 64괘를 만들고 그에 따르는 괘사卦辭와 효사爻辭를 쓴 것이다. 그것이 《주역》이라고 불리는 이유도 이렇듯 주나라 문왕에 의해 만들어졌기 때문이라는 것이 통설이다.

《주역》은 잘 알려진 대로 사서삼경의 하나로서 '역경'이라고도 불린다. 칼 야스퍼스는 《역사의 기원과 목표》라는 책에서 기원전 800~200년 무렵을 세계 역사의 '축의 시대'라고 일컬었다. 바로 이 시대에 서양에서는 호메로스, 플라톤, 아리스토텔레스가, 티그리스강 유역에서는 구약 성경이, 고대 인도에서는 불교 경전이 그리고 동양에서는 《주역》을 비롯해 《시경》, 《논어》, 《춘추》, 《도덕경》 등의 경전들이 탄생했다고 한다. 즉, 서양에서 그리스 문화와 성경이 나올 무렵에 동양에서는 《주역》을 비롯한 여러 철학서가 정리되었는데, 그중에서 《주역》은 괘와 효라는 부호와 서술체인 문자가 한데 모여서 이뤄진 책이라는 것이다.

'역易'이라는 글자에 대해서는 여러 설이 있지만 많은 학자들이 태양과 달을 나타내는 '일월日月'을 합성한 것이라는 데 동의한다. 왜 역이 태양과 달로 이루어져 있을까? 태양은 항구하다. 하지만 달은 매일 변화한다. 즉 항구하면서도 매일, 매 순간 변화하는 것이 바로 삶이라는 것이다.

흥미로운 것은 학문의 '학學' 자를 파자하면 효爻+경冂+구臼+자子로 어린이[子]가 건물[冂] 안에서 두 손으로[臼] 가르침[爻]을 받아 무지에서 벗어난다는 뜻을 나타낸다는 점이다. 이는 학문의 시작이 《주역》이라는 이야기도 된다.

실제로 우리나라에서 《주역》을 공부하고 강론하는 것이 유학자들의 중요한 학습 과정이었던 것은 분명하다. 《주역》이 우리나라로 들어온 시기를 삼국시대 초기로 본다. 《삼국사기》에 "신라의 국학에서 《주역》을 강의했다"는 이야기가 실려 있으며, 《고려사》에 "김부식으로 하여금 《주역》 건괘를 강의하도록 했다"는 이야기도 나온다.

《조선왕조실록》은 말할 나위도 없다. 실제로 《조선왕조실록》에 《주역》이 언급된 횟수는 1280건에 달한다. 《승정원일기》에 244건, 《일성록》에도 37건의 《주역》에 관한 이야기가 나온다. 한 예로 선조宣祖는 《주역》을 매우 좋아하여 아무리 어수선할 때라도 외우기를 그치지 않았다고 한다.

그러한 《주역》이 동양의 가장 기본적인 철학서로 자리 잡게 된 데 가장 크게 공헌한 인물은 단연 공자이다. 공자는 《주역》을 숭상하여 무려 열 편에 달하는 《주역》 해석서를 쓴 것으로 알려져 있다. 그중 가장 중요한 저술이 《계사전繫辭傳》으로 《주역》을 전반적으로 좀 더 알기 쉽게 설명해놓은 글이다.《주역》을 이해하기 위해서는 먼저 이《계사전》을 공부해야 한다는 것이 통설이다.《계사전》은《주역》에 대한 훌륭한 입문서라고 할 수 있는데, 공자가《주역》을 꿰맨 가죽끈이 '세 번 닳아 없어질 정도'로 끈질기게 공부하고 연구해서 써놓은 글이기 때문이다. 덕분에 후대의 우리는 좀 더 쉽게《주역》을 이해할 수 있는 행운(?)을 얻은 셈이다.

공자는《계사전》상편에서《주역》이 "천지의 도에 준거해서 만들어졌다 易與天地準"라고 하면서《논어》〈술이편 述而篇〉에 이런 말씀을 남겼다.

나에게 몇 년이 더 주어져서 오십 세까지《주역》을 배운다면 큰 허물이 없을 것이다 加我數年 五十以學易 可以無大過矣.

이 말은 지금까지도 널리 회자되고 있다.

《계사전》에 의지해 먼저《주역》의 팔괘八卦를 살펴보자. 팔괘는 하늘, 땅, 바람, 우레, 산, 불, 물, 연못 등 자연현상을 부호화한 것으로, 이를 통해 자연현상뿐 아니라 모든 인간사에 대한 해답을 제시하고 있다.《계사전》하편에 나오는 "옛적에 복희씨가 천하를 다스릴 때 우러러서는 하늘의 형상을 보고 구부려서는 땅의 법을 보며 (…) 가까이는 자기 몸에서 취하고 멀리는 다른 것에서 취하여 이에 비로소 팔괘를 지음으로써 신명스러운 덕에 통달하고 만물의 이치를 유추하였다古者包犧氏之王天下也 仰則觀象於天 俯則觀法於地 (…) 近取諸身 遠取諸物 於是始作八卦 以通神明之德 以類萬物之情"라고 한 구절이 바로 이를 말함이다.

그러한 팔괘는 양효陽爻(━)와 음효陰爻(╌)라는 일종의 기호로 이루어져 있다. 그리고 그 양효 또는 음효는 만물의 두 기운인 음과 양을 대표한다. 이 기호를 써서 두 가지 결합을 나타내면 네 가지 변화가 생겨나며 이를 사상四象이라고 한다. 여기에 다시 각기 하나씩의 기호를 덧붙이면 여덟 가지 변화가 이

태극太極							
음陰 ╌╌				양陽 ━			
태음太陰 ☷		소양少陽 ☵		소음少陰 ☲		태양太陽 ☱	
곤坤 ☷	간艮 ☶	감坎 ☵	손巽 ☴	진震 ☳	리離 ☲	태兌 ☱	건乾 ☰
지地	산山	수水	풍風	뢰雷	화火	택澤	천天
땅	산	물	바람	우레	불	못	하늘

소성괘(8괘)

루어진다. 즉, 양효와 음효의 배합에 따라 팔괘의 상이 결정되는 것이다. 이러한 팔괘를 일명 소성괘小成卦라고 한다.

팔괘는 여덟 가지 사물의 상이지만 단순히 자연현상만을 뜻하는 것은 아니다. 인간의 행동 및 성격, 신체 부위 외에 가족관계까지도 상징으로 나타낸다. 양과 음의 배합으로 이루어진 팔괘를 통해 자연을 포함한 삼라만상뿐만 아니라 인간의 길흉, 그리고 자기가 현재 처해 있는 위치에서 어떤 행동을 해야 하는지도 상이라는 이미지로 알 수 있다.

64개로 이루어진 대성괘大成卦는 이 팔괘를 두 개씩 겹쳐서, 즉 두 개의 소성괘가 합쳐져서 이루어진 것이다. 우리가 흔히 괘라고 하는 것은 이 대성괘를 말하는 것이며《주역》에서 주어진 상황은 대성괘로 상징된다. 대성괘에서 내괘(하괘)는 원인적인 면을, 외괘(상괘)는 결과를 보여주는 것으로 풀이한다. 만물은 아래에서 위로 자라기 때문이다.

그러한《주역》의 내용은 기본적으로 상象과 수數, 사辭로 이루어져 있다. 즉, 먼저 괘상卦象이라는 이미지(건괘의 경우 ☰와 같은)가 있고 그 괘상은 건乾이나 곤坤과 같은 괘명卦名으로 불린다. 그러한 괘에 대한 전반적인 설명을 괘사卦辭라고 하며 각 괘사에 뒤따르는 설명은 단전彖傳이라고 하고, 각각의 효에 붙여진 설명은 효사爻辭라고 한다. 효사 뒤에는 상전象傳이라고 해서 효사를 괘상으로 풀이한 전반적인 설명이 이어진다.

상괘 / 하괘	건乾 (天)	태兌 (澤)	리離 (火)	진震 (雷)	손巽 (風)	감坎 (水)	간艮 (山)	곤坤 (地)
건乾 (天)	1 重天乾 중천건	43 澤天夬 택천쾌	14 火天大有 화천대유	34 雷天大壯 뇌천대장	9 風天小畜 풍천소축	5 水天需 수천수	26 山天大畜 산천대축	11 地天泰 지천태
태兌 (澤)	10 天澤履 천택이	58 重澤兌 중택태	38 火澤睽 화택규	54 雷澤歸妹 뇌택귀매	61 風澤中孚 풍택중부	60 水澤節 수택절	41 山澤損 산택손	19 地澤臨 지택림
리離 (火)	13 天火同人 천화동인	49 澤火革 택화혁	30 重火離 중화리	55 雷火豊 뇌화풍	37 風火家人 풍화가인	63 水火旣濟 수화기제	22 山火賁 산화비	36 地火明夷 지화명이
진震 (雷)	25 天雷无妄 천뢰무망	17 澤雷隨 택뢰수	21 火雷噬嗑 화뢰서합	51 重雷震 중뢰진	42 風雷益 풍뢰익	3 水雷屯 수뢰둔	27 山雷頤 산뢰이	24 地雷復 지뢰복
손巽 (風)	44 天風姤 천풍구	28 澤風大過 택풍대과	50 火風鼎 화풍정	32 雷風恒 뇌풍항	57 重風巽 중풍손	48 水風井 수풍정	18 山風蠱 산풍고	46 地風升 지풍승
감坎 (水)	6 天水訟 천수송	47 澤水困 택수곤	64 火水未濟 화수미제	40 雷水解 뇌수해	59 風水渙 풍수환	29 重水坎 중수감	4 山水蒙 산수몽	7 地水師 지수사
간艮 (山)	33 天山遯 천산둔 (천산돈)	31 澤山咸 택산함	56 火山旅 화산여	62 雷山小過 뇌산소과	53 風山漸 풍산점	39 水山蹇 수산건	52 重山艮 중산간	15 地山謙 지산겸
곤坤 (地)	12 天地否 천지비	45 澤地萃 택지취	35 火地晋 화지진	16 雷地豫 뇌지예	20 風地觀 풍지관	8 水地比 수지비	23 山地剝 산지박	2 重地坤 중지곤

대성괘(64괘)

외괘
(상괘)

내괘
(하괘)

상구
구오
구사
구삼
구이
초구

상육
육오
육사
육삼
육이
초육

효 읽는 법. 《주역》에서 좀 헷갈리는 부분이 효를 표기하는 방식이다. 괘는 총 여섯 개의 효로 이루어져 있고, 밑에서부터 위로 읽는다. 양효는 이름에 '구'를 넣어 순서대로 초구, 구이, 구삼… 상구로 읽고(왼쪽), 음효는 '육'을 넣어 초육, 육이, 육삼… 상육으로 읽는다(오른쪽).

효사는 여섯 개의 효가 놓인 자리에 따라 아래부터 일一에서 육六까지 숫자가 부여되어 있다. 이때 숫자 중에서 일의 자리는 초初, 육은 상上이라고 하며, 양陽(—)은 구九, 음陰(--)은 육六이라고 한다. 여기서 구와 육은 각각 양과 음을 숫자로 표기한 것이라고 보면 된다. 예를 들어, 괘상이 모두 양으로 되어 있는 건괘는 초구初九에서 시작해 구이九二, 구삼九三, 구사九四, 구오九五, 상구上九로 표기하는 것이다.

한편 《주역》에서 양효 또는 음효는 만물의 두 기운인 음과 양을 대표한다. 《계사전》 상편에 "한 번 음하고 한 번 양하는 것을 이르되 도라고 한다一陰一陽之謂道"라고 되어 있듯이, 결국 삼라만상의 모든 것은 음과 양의 변화라는 것이 《주역》의 기본 사상이다.

그처럼 자연의 모든 원리를 담고 있으면서도 《주역》은 쉽고 간단하다. 즉, 자신의 마음의 소리를 들으면 자연의 모든 것을 쉽고 간단하게 볼 수 있다. 궁극적으로 음과 양의 변화이지만, 그것으로 유추할 수 있는 삼라만상의 변화는 무궁무진하며, 그것이 《주역》의 특징이고 매력이다.

또한 《주역》은 앞서 언급했듯이, 음과 양을 통해 대립과 통일의 관계를 보여준다. 어떤 의미에서 인생의 모든 것은 대립하는 관계에 놓였다고 볼 수 있다. 선과 악, 남성과 여성, 낮과 밤, 빛과 어둠 등등. 그런데 그렇게 대립하는 관계가 대립이 아니라 하나이면서 둘이고 둘이면서 하나인 관계를 지향해야 한다는 것이 《주역》의 가르침이다.

인간도 마찬가지다. 인간은 태어난 상태 그대로 있는 것이 아니라 끊임없이 변화하고 발전한다. 우린 매 순간 다른 사람이 되는 것이다. 일 분 전과 일 분 후의 나는 다르다. 일 분 전에는 생각하지 못했던 것을 일 분 후에는 생각할 수 있고 느낄 수 있다. 자연도 마찬가지다. 일 분 전에 꽃피우지 못한 식물이 일 분 후에는 꽃을 피울 수 있다. 바로 그런 인간과 자연의 변화하는 이치를 《주역》은 보여주고 있다. 그리고 그 변화를 기록한 것이 《주역》 64괘이다.

한편 《주역》의 괘는 음양이 바뀌는 배합괘配合卦 4쌍을 제외하고 나머지 62괘는 두 개씩 짝을 지어 한쪽을 뒤집어놓았을

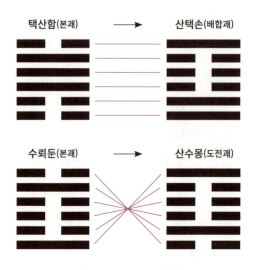

택산함(본괘) ⟶ 산택손(배합괘)

수뢰둔(본괘) ⟶ 산수몽(도전괘)

배합괘(위)와 도전괘(아래)의 예시.
본괘에서 효의 위치와 음양에 변화를 주면 다양한 괘로 나타난다.

때 서로 같은 모양을 형성한다. 이를 도전괘倒顚卦라고 한다. 이
것이 의미하는 바는 '세상의 모든 것은 반대되는 것이 결국은
하나의 다른 모습'이라는 것이다. 우리가 무엇을 보면 그 반대
의 모습까지도 봐야 한다는 것을 말해준다.

　예를 들어, 손해를 의미하는 손괘損卦와 이익을 의미하는 익
괘益卦가, 그리고 모든 문제의 해결을 의미하는 기제괘既濟卦
와 해결된 문제가 하나도 없음을 의미하는 미제괘未濟卦가 서
로 도전괘의 관계이다. 즉, 반대로 보면 같은 괘라는 것이다. 다
르지만 결국은 하나의 다른 모습일 뿐이다. 이는 인생에서는 반

드시 역지사지의 관점의 필요하다는 뜻이다. 지금은 손해를 보는 것 같지만 지나고 보면 이득이 될 수도 있고, 문제가 해결된 듯 보이지만 그것이 새로운 문제의 시작일 수도 있다. 즉, 인생의 모든 것에는 양면이 있으므로 어느 한 면만 보아서는 안 되며, 이중적이고 모순된 두 면을 아우를 때 자기 발전을 위한 지름길이 열린다는 것이다.

3   인간의 무의식과 자유의지를 통합시킨 《주역》

《주역》에는 시초蓍草라는 풀로 괘를 뽑는 과정이 포함되어 있다. 공자는 3천 명의 제자들을 데리고 일정한 거처 없이 떠돌아다니며 지냈는데, 매일 아침에는 단정하게 몸을 가다듬고 점을 쳐서 괘를 뽑았다고 한다. 그리고 그 결과에 따라서 그날 하루어떻게 행동해야 할지를 결정했다는 것이다. 물론 공자가 역을 좋아한 것은 그 속에 들어 있는 덕을 좋아한 것이지 점을 좋아했기 때문은 아니다. 그는 덕을 닦지 않은 채로 모든 결정을 점에 맡긴다면 차라리 점을 치지 않는 편이 낫다고 했다. 그는 아마도 《주역》이 점서占書로만 쓰이게 될 것을 경계하지 않았나싶다.

그렇기는 하나 점서로서의 《주역》의 역할도 매우 중요하며, 이는 적지 않은 학자들이 줄곧 이야기하는 바이기도 하다. 앞서 언급했듯이, 《주역》이 상과 수와 사로 이루어진 이유도 애초에 점서로 그 쓰임이 시작되었기 때문이다.

한편 《주역》이 진시황 때 분서갱유焚書坑儒에서 살아남기 위해 점서로서의 측면이 부각됐다는 이야기도 전해진다. 진시황이 자신의 개혁정책에 반대하는 유학자들을 생매장하고 그들의 책을 불태우자 《주역》의 소실을 걱정한 사람들을 중심으로 실제 생활에 필요한 점서라는 주장이 대두되었고, 그 덕분에 분서갱유에서 살아남을 수 있었다는 것이다. 그러다가 한대漢代에 이르러 유가 사상이 크게 숭상되면서 《주역》의 위상 또한 경전經傳의 맨 앞에 놓일 정도로 높아지게 되었다는 것이다.

그렇다면 여기서 의문이 뒤따른다. 《주역》에서 괘를 뽑는 행위는 무엇이며, 시초로(동전도 좋고 융의 일화에서처럼 나뭇잎도 좋다) 나온 괘를 어찌 믿고 그 괘의 가르침대로 행동할 수 있단 말인가? 지금 내가 뽑은 이 괘가 어떻게 내가 나아갈 길을 제시해준다는 말일까? 물론 그 괘를 믿을 수도 있고 안 믿을 수도 있다. 대개 점의 확률을 70퍼센트로 본다. 나 역시 지금까지 괘를 벌인 것 중에 70퍼센트 이상이 맞았던 것 같다.

그러한 역의 기능에 대해 말하고 있는 서양 학자가 바로 융이다. 융은 역을 통해 자신이 갈 길을 아는 능력이 바로 우리의 직관이라고 했다. 그의 정의에 따르면, 직관이란 그 존재는 설명할 수 없지만 우리 뇌에 내재되어 있는 능력으로 우리가 어디서 와서 어디로 가는지를 아는 능력이라고 했다.

융에 의하면 우리의 뇌는 일차적으로 네 가지의 기능을 가지고 있다. 사고, 감정, 감각, 직관이 그것이다. 융은 이 네 가지 기능에 대해 감각은 무엇이 존재하고 있는지를 알려주고, 사고는 그것이 무엇인지를 알려주고, 감정은 그것이 유쾌한지 불쾌한지를 알려주고, 직관은 그것이 어디에서 와서 어디로 가는지를 알려준다고 설명한다. 그런데 여기서 직관은 순간적으로 나타나서 순간적으로 사라진다. 아마 그런 경험은 모든 사람이 인생에서 수없이 겪어보았을 것이다. 자기도 모르게 순간적으로 드는 생각과 감정들, 그리고 스쳐 지나간 다음에야 알게 되는 느낌들 말이다.

그러한 직관은 무의식일 수도 있고, 내면의 소리일 수도 있다. 그리고 패를 뽑는 것은 전적으로 그러한 나의 직관 능력에 의지하는 것이라고 할 수 있다. 예를 들어, 내가 소송을 해야 하는 처지에 놓였다고 가정하자. 이때 나는 정말 소송을 할 것인지 말 것인지, 내 생각과 감정만으로는 결정하기가 어렵다. 어떤 때는 하는 것이 좋을 것 같고, 어떤 때는 그만두는 것이 나은 선택처럼 보인다. 어떤 결정을 내려야 할지 도무지 확신이 서지 않아 불안하다.

이런 상황에서는 가장 합리적일 것 같은 뇌의 기능이 실제로 아무런 도움이 되지 못한다. 즉, 인간은 극도로 불안한 상황에서 어떤 선택을 해야 좋을지 알지 못할 때 누군가에게 물어보거나 의지하고 싶어 한다. 고대 그리스에서는 그것이 델포이 신전이었을 것이고, 성경에서는 하느님에게 드리는 기도였을 것이다. 마찬가지로 동양에서는 점괘를 보고 자기 이성으로 해결할 수 없는 문제들에 관해 그 답을 찾은 것이다. 그런 점에서 《주역》은 단순히 점을 떠나서 자신이 나아갈 길을 철학적으로 알려주는 책이다. 자연의 일부인 인간이 자기가 앞으로 나아가야 할 지혜를 역시 자연에서 얻는 과정을 정리한 책이자, 그 지혜를 양과 음의 부호로 이루어진 괘로 형상화한 학문인 것이다.

그렇다면 그 괘가 과연 맞는 답일까? 여기서 필요한 것은 자기 확신이다. 자기가 뽑은 괘가 맞는 답이라는 데 분명한 신뢰를 지닐 수 있어야 한다. 자신의 직관을 믿어야 한다는 것인데, 이에 대해 융은 이성, 사고, 합리성으로는 볼 수 없는 것도 우리 내면의 영혼의 눈으로 보면 볼 수 있다고 역설한다. 즉, 내가 이런 행동을 할 때 어떤 결과가 일어날지 우리는 이미 무의식적으로 알고 있다는 것이다.

이에 대해서는 아주 재미있는 실험도 있다. 1980년대에 벤저민 리벳이라는 심리학자가 '인간은 자유의지가 있는가' 하는 주제로 실험을 했다. 그는 실험 대상자가 어떤 버튼을 누를지 선택하도록 하면서 그 순간의 피실험자의 뇌를 관찰했다. 그런데 피실험자가 어떤 버튼을 누를지 결정하기도 전에 뇌의 특정 부위가 먼저 활성화하는 일이 벌어졌다. 그는 이 실험 결과를 보고 우리의 결정은 무의식적으로 이루어지며 자유의지는 별로 작용하지 않는다는 결론을 내렸다.

이 연구는 2007년 독일의 뇌과학자인 존딜런 헤인즈 교수에 의해 다시 한번 증명되었다. 그 역시 인간의 의식이 결정하기 전에 이미 무의식적으로 10초 전에 결정을 내린다는 결과를 얻은 것이다. 헤인즈 교수는 그 연구 결과를 보고 '우리가 스스로 결정했다고 생각하는 것도 이미 그 이전에 결정된 것'이라고 주장했다. 즉, 뇌가 먼저 결정하고 나는 나중에 인식한다는 것이다. 그리하여 그들은 '인간에게 자유의지가 없다'는 결론을 내렸다.

하지만 나는 반대로 그들이 인간의 자유의지에 미치는 무의식의 힘을 간과한 것이 아닌가 생각한다. 즉, 무의식에서 결정을 내리는 것조차 우리의 자유의지에 속하는데, 그 부분은 말 그대로 무의식이니 내가 단지 알지 못하는 것일 뿐이다. 그런 의미에서 우리가 패를 뽑아 그 패의 해석을 믿고 자기가 나아갈 길을 정하는 것은 우리의 직관, 무의식, 그리고 그 패를 믿는 나의 자유의지까지 모두 통합되는 과정이라는 것이 내 생각이다.

과거에 나라에서 중요한 일을 정할 때 세 사람에게 점을 쳐서 두 사람이 같은 결과를 가져오면 그대로 따른 것이나, 융이 괘를 뽑아서 자신의 행동을 결정한 것이나 모두 우리의 무의식과 의식의 세계를 통합한 것이 아닌가 싶다. 융의 공시성 이론에 따르면, 세상에는 인과의 원리로 설명하기 힘들지만 시공간을 초월해 '의미 있는 우연의 일치'가 존재하고, 내가 뽑은 괘를 통해 일련의 나를 알아갈 수 있기 때문이다.

그리고 그것은 《주역》과 정신의학의 접목이 필요한 이유이기도 하다. 정신의학도 한마디로 말하면 현재 나의 행동, 생각, 감정, 감각에 영향을 미치는 나의 무의식, 전의식을 알아서 제대로 나를 의식하는 과정이기 때문이다. 따라서 《주역》과 정신의학 모두 나의 무의식과 자유의지의 통합이 필요하다고 주장하는 학문이라는 게 내 생각이다.

4 《주역》과 정신의학

《주역》과 정신의학은 공통점이 많다. 처음《주역》을 공부하면서 내 전공인 정신의학과 닮은 점들을 발견했을 때 느꼈던 흥분이 아직도 생생하다. 그럼 둘 사이엔 어떤 공통점이 있을까?

첫 번째,《주역》과 정신의학은 모두 나를 알고 이해하고 수용하게 만드는 학문이다. "성격이 운명이다", "너 자신을 알라" 같은 말들이 몇천 년 동안 전해 내려오는 이유가 무엇일까? 그만큼 우리 속에는 나 자신과 나의 성격, 더 나아가서 나의 운명을 알고 싶어 하는 열망이 크게 자리 잡고 있다는 뜻이다. 어쩌면 모든 학문의 시작과 발전 역시 결국은 그와 같은 열망에서 비롯하는 것일지도 모른다.

나를 아는 것은 삶의 기본이고 시작이다. 인생의 모든 지식과 지혜는 나를 알아가는 데서부터 출발한다. 그 과정에서 가장 큰 도움을 주는 학문 중의 하나가 정신의학이다. 정신의학이란 내가 기억하는 모든 것을 토대로 해서 과연 내 안에 무엇이 있는지, 나의 의식적인 생각이나 감정뿐만 아니라 나의 무의식에 있는 생각, 감정과 경험들이 지금의 내게 어떤 영향력을 미치고 있는지 알아가는 학문이기 때문이다. 그러한 과정은 자기 자신에 대한 이해를 돕는 데 필수적이다. 나아가 미래의 나를 만들어가기 위해서는 어떤 노력을 기울여야 하는지도 알 수 있다.

그 점은《주역》역시 마찬가지다. 이화여대 기독교학과 교수와 교목실장을 지내고 평생 성경과《주역》을 강해한 김흥호 선생은《주역》의 첫 번째 괘인 건괘乾卦 속에 "나는 무엇인가?", "어떻게 내가 될 수 있는가?" 하는 문제가 다 들어 있다고 말했다. 정신의학과 마찬가지로《주역》을 제대로 공부하기만 하면 나의 과거, 현재, 미래를 온전히 알 수 있다는 뜻이 담긴 말씀이겠다.

두 번째, 두 학문 모두 인생에서 가장 중요한 것은 균형과 조화라는 점을 일깨워준다. 예를 들어, 융이 말한 정신의학적으로 서로 배치되는 성향인 내향성과 외향성, 사고형과 감정형, 여성성과 남성성이 서로 균형을 이루고 어우러질 때 우린 그 사람을 정신적으로 건강하다고 한다. 그리고 정신의학에서는 그 모순된 특성들이 서로 균형감각을 갖도록 돕는 작업을 한다. 지나친 것은 절제하도록 요청하고, 모자란 것은 더욱 표현하도록 훈련하는 것이다.

《주역》도 마찬가지다. 앞서 기술했듯이, 세상의 모든 것이 음과 양으로 이루어져 있으며 그 균형과 조화가 중요하다는 것이 《주역》의 핵심이다. 그리고 그 음과 양은 함께 가는 것이기도 하다. 자연에서 음의 기운이 가장 왕성한 동지冬至에 이미 양의 기운이 자라나고 있으며, 양의 기운이 가장 왕성한 하지夏至에 이미 음의 기운이 자라나고 있다. 《주역》은 이 세상에는 서로 완전히 다른 두 성질이 공존하고 있으며 그 균형과 조화가 중요하다는 점을 강조한다.

이를 두고 물리학자이자 《현대물리학과 동양사상》의 저자 프리초프 카프라는 "역은 자연계의 모든 변화를 대극對極, 즉 음과 양의 다이내믹한 상호작용으로 파악하고 있다"라고 말한다.

세 번째, 모든 세상사가 에너지의 문제임을 말하고 있는 것도 두 학문이 같다. 양과 음도 에너지이고 정신적 감정과 생각도 에너지이다. 《주역》에서 비롯한 사상인 오행설도 궁극적으로는 우주의 모든 기氣는 다섯 가지 기운으로 나뉘며 그것이 매 순간 변화함을 주장하고 있다.

정신의학도 마찬가지다. 우리 마음, 즉 우리의 생각, 감정, 행동은 정지된 것이 아니라 죽는 날까지 변화하고 성숙해간다는 것이 정신의학의 핵심이다. 그러한 에너지의 흐름을 '나의 것'으로 만들기 위해서는 자신의 본성을 이해하고 장점은 살리고 단점은 보완하려는 노력이 필요하다.

마지막으로 앞서도 언급했지만 《주역》에는 거의 시詩에 가까운 온갖 은유가 넘쳐난다. 《주역》의 은유는 읽는 사람의 마음에 따라 달라진다. 돈을 구하는 사람에게는 단지 내가 언제 돈을 구할 수 있는지만 보일 수 있고, 지위를 구하는 사람에게는 언제 높은 지위를 차지할 수 있는지만 보일 수 있다. 그러나 겸허히 자연 앞에서 제 갈 길을 묻는 사람들은 자연의 은유를 통해 자신이 어떤 사람인지, 앞으로 어떤 길로 가야 할지 알 수 있다.

그러한 면은 정신의학과도 통한다. 정신의학은 말 또는 글이라는 언어를 통해 자기를 알아가는 학문이다. 굳이 라캉의 이론을 빌리지 않더라도 언어 역시 은유이다. 물론 여기에는 단순히 음성과 문자만 포함되는 것이 아니다. 신체라는 언어도 포함된다.

아침에 일어나 거울을 보면서 내가 지금 어떤 상태인지 그 기미를 살피는 것이 나의 몸이라는 은유에서 나를 찾는 것이라면, 그보다 더 먼 길을 갈 때 내 주위에 있는 자연, 궁극적으로는 자기의 원형, 자기의 근본에서 기미를 찾도록 도와주는 것이 바로 《주역》이다. 그리고 나의 원형을 찾을 때 우리는 비로소 진정한 성장과 발전을 이룰 수 있게 되는 것이다.

2부
====

《주역》과 자존감 연습
—
인생의 주도권을
잡는 법

내가 누구인지 알아야
어디로 가야 하는지도 알 수 있다

인생에 대해 조금 거만해도 괜찮은 시절이 있다면 젊은 날뿐이다. 그 시절엔 내가 알고 생각하는 것이 전부라고 여기는 순간도 드물지 않다. 마치 인생이 내가 원하는 대로 흘러갈 것만 같다.

다행히도 젊은 날의 치기나 약간의 오만은 대체로 용서를 받는다. 다만 스스로에게 부끄러운 기억으로 남을 뿐이다.

물론 내게도 그런 기억은 수없이 많다. 지금 생각해도 얼굴이 화끈거릴 정도로 생생한 기억들도 있다. 하나만 고백하자면 전공의 1년 차였을 때 나보다 한참 선배인 4년 차 치프 레지던트와 토론하게 되었는데, 승리를 거두고 우쭐했던 적이 있다. 옆에 있던 교수님이 "아니, 치프가 1년 차를 못 이기면 어떻게 해?" 하는 말에 어깨가 더 으쓱 올라가고 말았다.

지금 생각하면 그 어리석음이라니…. 기억을 몽땅 지우고 싶지만 당시에는 꽤나 기고만장했다. 그때 난 토론 대상이 된 한 가지 주제에 대해서만 상대를 이겼을 뿐인데 마치 내 온 실력이 그를 뛰어넘는다고 착각했던 것이다.

상담을 하다 보면 더러 과거 자신의 부끄러운 기억들을 털어놓는 사람들이 있다. 지금 들어보면 대개는 그저 치기 어린 이야기에 지나지 않는 경우가 많다. 하지만 당사자에게는 오래도록 민망한 기억으로 남아 있었음을 알 수 있다. 그럴 때 나는 이따금 앞서 말한 전공의 1년 차 때 실수를 들려주며 우리 각자 자신을 용서하자고 말한다. 그러면서 함께 웃고 나면 마음이 한결 가벼워진다.

사실 내가 남들에게 나의 어리석음에 관해(그것이 아주 작은 것일지라도) 털어놓게 된 것은 마흔이 지나서였다. 마흔 이전에는 그게 잘 안 되는 것이, 젊은 시기에는 대체로 불안과 수치심, 완벽주의, 자기과시, 피해의식 등등과 같은 복잡한 감정으로부터 자유롭기 힘들기 때문이다.

그뿐만이 아니다. 하루에도 몇 번씩 터무니없는 자만심과 열등감 사이를 오가는 자신을 바라봐야 하는 것도 고역이었다. 사회에 나온 이상 치열한 싸움에서 이겨 자신이 원하는 것을 쟁취하기를 바라지만, 그것이 불가능할지도 모른다는 내면의 속

삭임을 외면할 수도 없다. 그러니 하루하루가 불안하고, 또 그런 불안감 때문에 돌발행동을 하기도 한다.

40대 중반에 전문직으로 성공한 남자가 있었다. 사회적 지위만 보면 남들이 부러워할 만한 인생이었지만 정작 그는 끊임없이 우울과 불안에 시달리고 있었다. 증상이 심할 때는 차를 운전해서 출근할 때 '어디에 콱 들이받고 싶다'라는 생각마저 한다는 것이었다.

특히 그는 동료들과 자신을 끊임없이 비교했다. 상대방이 자신보다 백배는 더 나은 사람처럼 여겨졌다. 자신보다 실력 있고 배경 좋은 사람들이 그렇게 많은데, 자기 인생에 과연 볕 들날이 있겠는가 하는 생각이 그를 지치게 했다. 그때마다 자신은 아무 쓸모없는 인간이 아닐까 하는 자괴감에 빠졌다. 한마디로 그는 성공했지만 불행한 사람이었다. 내가 다른 책에 기술한 '자기칭찬 결핍증후군'으로 인해 스스로를 괴롭히는 '정신적 자가면역질환'을 앓고 있다고 할 수 있다.

그와 몇 차례의 상담을 진행했다. 상담 과정에서 그는 어릴 때부터 유난히 똑똑했던 남동생과 자신을 늘 비교하는 부모 밑에서 성장했음을 털어놓았다. 특히 그가 사랑했던 어머니가 동생을 편애하면서 많은 상처를 받았다. 동생에게 지지 않는 완벽한 아들이 되려고 열심히 공부해 명문대에 들어가고 전문직에서 성공한 그였지만 어머니는 여전히 동생을 더 사랑하는 듯했다. 결국 그는 사회에 나와서도 다른 사람과 자신을 끊임없이 비교하는 일을 멈추지 못했다. 그러면서 스스로를 이 세상에서 가장 불행한 사람으로 만들고 있었다.

무슨 멜로드라마 같은 이야기인가 할 수도 있겠지만 실제로 이와 비슷한 일이 우리 주변에서 종종 일어난다. 그는 어렸을 때부터 겪어온 자신의 문제(열등감으로 인해 완벽을 추구하고 그로 인해 남들과의 비교를 멈추지 못하는 것)를 직시하고 나서야 비로소 조금씩 그 덫에서 빠져나올 수 있었다.

그의 사례는 사람이 자기 마음 하나 다스리기가 얼마나 어려운지를 잘 보여준다. 특히 어떤 문제가 생겼을 때 그 진짜 원인을 찾기 위해 자기 내면을 들여다보는 일은 누구에게도 쉽지 않다. 오죽하면 이미 2천 년 전에 로마의 시인 호라티우스가 "내 못난 점들이 마음에 들고 나를 속여주기만 한다면 미치광이나 바보로 여겨지는 게 더 낫다. 현자가 되어 화를 내는 것보다는" 하고 일갈했겠는가. 그리하여 우린 수시로 자기 안에 떠오르는 많은 생각, 감정, 기억을 억누름으로써 내 안에 무엇이 있는지를 도통 모르게 된다.

그러다가 도저히 극복하기 힘들 것 같은 삶의 고난에 직면해서야 비로소 "도대체 나는 누구인가? 내가 진정 원하는 삶은 어떤 것인가?" 하는 궁극적인 질문과 마주한다. 이 경우 마치 심연에 떨어진 것 같은 불안과 두려움, 분노가 뒤따른다. 그다음 순서도 대개 정해져 있다. 그와 같은 감정들을 누군가의 탓으로 돌려 주위를 원망하고 세상을 원망하는 것이다.

그런다고 문제가 해결되는 것도 아니다. 대개는 그 질문을 내면 깊숙이 억누른 채 일로, 술로, 사회생활로 바쁘게 시간을 보낸다. 그러고 보면 인생에서 가장 어려운 일 중 하나가 내 모습과 내게 일어난 사건들을 있는 그대로 받아들이는 것이 아닐까 싶다.

상담을 하다 보면 많은 사람이 자신이 누구인지보다는 당장 어디로 가야 하는지를 더 알고 싶어 한다. 물론 그것이 인지상정이기는 하다. 인생의 고달픈 문제에 대해 당장 해법을 구하고 싶지 않은 사람이 어디 있으랴. 하지만 사실은 그 반대여야 한다. 내가 누구인지, 어떤 모습인지만 알면 나아갈 방향을 더욱 쉽게 찾을 수 있기 때문이다. 즉, 내가 어디로 가야 하는지를 알기 위해서는 먼저 내가 지금 어디에 서 있는지를 알아야 하고, 지금 이 자리에 서 있는 내가 누구인지를 알아야 하는 것이다. 그것이 자기 경영의 기본이다.

내가 이 책을 《주역》의 맨 마지막 두 괘인 수화기제괘와 화수미제괘로 시작하려는 이유도 그 때문이다. 두 괘를 통해 쓸데없는 불안과 두려움을 불러오는 완벽주의에 대한 환상을 일깨우고 온전히 '나만의 인생'을 살아갈 수 있는 방법을 배울 수 있기 때문이다. 이어지는 나머지 괘들 역시 우리가 인생의 어느 시기에서든 자기 경영을 실천하는 데 도움이 되는 것들로 구성했다.

1   삶에서 완성이란 없다

수화기제 水火旣濟   **화수미제** 火水未濟

우리 모두 실패를 두려워하나 세상의 변화는 끝이 없고
모든 형통함의 씨앗은 바로 그 속에서 자라난다. '완성'된
것에서는 변화를 기대할 수 없다.

죽을 것 같은 공포심 때문에 힘들다고 한 사업가가 찾아왔다.
그는 사업상 아주 중요한 사람과 만나 식사를 하던 중에 갑자
기 음식이 목에 걸리는 느낌이 들었다고 한다. 그런데 삼켜지지
도 뱉어지지도 않아 아주 곤혹스러웠다는 것이다. "또 그런 현
상이 일어나면 어떻게 하지?" 한번 그런 일을 겪고 나면 예기불
안이 생겨나는 것이 인간의 심리이다. 그 사업가 역시 그때부터
사업차 누군가와 식사 미팅을 잡고 나면 일단 두려움부터 밀려
오기 시작했다.

    시간이 지날수록 그의 두려움은 점점 깊어졌다. 차를 타도
비행기를 타도 이유 없는 불안감에 시달렸다. 어느 날은 비행

기 안에서 비명을 지를지도 모른다는 생각에 극심한 공포감에 사로잡히기도 했다. 그리하여 결국 나한테 상담을 받으러 온 것이다.

상담 과정에서 그는 오로지 성공에만 목맨 사람임을 알 수 있었다. 실제로 그는 지금까지 억척스럽게 사업을 꾸려나갔고, 덕분에 일도 인생도 그가 원하는 대로 풀려나갔다. 그런데 언제부터인가 불안감이 고개를 들기 시작했다. 더욱 열심히 일하는 것으로 그런 감정을 억누르려고 했지만, 스트레스가 쌓이면서 자신도 모르게 화를 터뜨리는 일이 잦아졌다. 결국 일부 직원들이 그를 견디지 못하고 퇴사하는 일이 발생했다. 그는 직원들의 퇴사 행동에도 참을 수 없었다. 자신이 꽤 괜찮은 경영자라는 자부심에 상처가 났기 때문이다. 이 와중에 앞서와 같은 불안증이 나타난 것이다.

그의 이야기를 다 듣고, 나는 그의 불안증의 원인을 진단했다. "실패에 대한 과도한 두려움이 원인인 것 같습니다." 그는 깜짝 놀랐다. 상담을 받기 전까지 그는 자신이 단지 열심히 일하는 사람이라고만 생각했다. 그는 백번 양보해서 자신이 일 중독이라는 사실은 받아들일 수 있다고 했다. 다만 실패하는 것이 두려워 공황발작이라니, 그럴 리가 없다는 것이었다. 다행히 상담이 진행되면서 그는 차츰 속내를 털어놓았고, 자신이 성공에 대해 집착하는 것만큼이나 실패에 대해서도 큰 두려움을 품고 있다는 사실을 이해했다.

이 사업가는 실패를 경험하기 전부터 미리 실패할지 모른다고 근심하는 유형이다. 이런 유형 중에는 아예 그런 감정 자체가 없는 것처럼 회피하는 경우도 있다. 하지만 심각하게 억눌린 감정은 차곡차곡 쌓이다가 사소한 일로 방아쇠가 당겨지면 훨씬 더 큰 폭발력으로 터져 나오기 마련이다. 바로 사업가가 그런 사례에 해당했다. 그는 자신의 심리상태를 이해하고 나서야 비로소 문제를 정면으로 바라보기 시작했고, 함께 해결책을 찾을 수 있었다.

그의 사례는 우리가 살면서 갈등을 경험하는 이유 중 하나를 잘 보여준다. 정도의 차이만 있을 뿐 인생에서 흔들림 없는 안정감이나 안전함을 원하지 않는 사람은 없다. 상담 과정에서 가장 많이 듣는 이야기 중 하나가 새로운 시도, 낯선 곳, 새로운 사람을 만나는 일이 두렵다는 것이다. 그러한 어려움을 호소하는 사람의 심리는 대부분 완성된 상태를 바라기 때문이다. 자기가 하는 일에서 최고의 경지에 도달하기를 원하므로 그렇지 못한 내 상태를 스스로 확인하거나 상대가 확인하게 되는 경우를 피하고 싶은 것이다. 예를 들어, 수영을 배우기도 전에 모든 영법을 섭렵할 생각부터 하는 사람이라면 아예 수영을 시작조차 못하는 것이다.

상담 사례 중에는 모든 사람으로부터 자신의 그림이 훌륭하다는 찬사를 듣고 싶어 하는 사람이 있었다. 그는 그림을 그릴 때마다 긴장하다 보니 아예 붓을 드는 것조차 어렵다고 호소했다. 바로 그런 유형의 사람들에게 도움이 되는 《주역》의 괘가 기제괘와 미제괘이다.

두 괘에 대한 설명은 뒤에 다시 하겠지만, 핵심은 '삶에서 완성이란 없다'는 것이다. 앞서 내담자들을 비롯해 많은 사람들이 그 사실을 받아들이지 못하고 자기 삶을 통제하고 싶어 한다. 바로 완벽성의 추구이다. 하지만 그 정도가 지나치면 강박증으로 진행할 수 있다. 완벽주의는 실패가 두려운 나머지 결과까지 자기가 다 좌지우지하려고 해서 조금의 틈도 용납하지 않는 태도이다. 강박증은 자신이 하는 행동이나 생각에서 무엇이 잘못되었는지를 계속해서 반추하는 것이다. 즉, 완벽할 수 없고 답을 알 수 없는 미제의 삶에서 기제를 꿈꾸는 것, 그것이 정신적 고통의 원인이 되는 셈이다.

우리는 대부분 인생에서 성공해야 한다는 압박감 속에 살아간다. 특히 어느 정도 성공을 거둔 사람일수록 과도한 압박감에 시달리는 경우가 많다. 그러다 보니 때로는 쉬운 길로 가고 싶다는 유혹이나 매너리즘에 빠지는 일이 벌어진다. 그런 압박감을 이겨내고 낭패를 보지 않으려면 정공법을 택해야 한다. 즉, 내 삶에서도 리스크 매니지먼트(위험 관리)를 소홀히하지 말아야 하며 이는 자기 경영의 필수 요소이다.

우리 속담에 "먹던 술도 떨어진다"라는 말이 있다. 잘하던 숟가락질도 간혹 잘못하여 숟가락을 떨어뜨린다는 뜻이다. 매너리즘에 빠지면 늘 쉽게 해치우던 일에서도 실수가 생긴다. 그러므로 무슨 일을 하든 때때로 멈춰서서 지금까지 걸어온 길을 되돌아보고 앞으로 나아갈 방향도 꼼꼼하게 살펴보는 시간을 가져야 한다. 그래야 돌발 사태가 벌어져도 여유 있게 대처할 수 있기 때문이다.

《주역》에서 재미있는 사실은 미제괘 앞에 '모든 것이 다 이루어졌다'는 뜻의 기제괘가 놓여 있다는 사실이다.

기제괘는 물을 상징하는 감괘坎卦와 불을 상징하는 이괘離卦로 이루어져 있는데, 물을 상징하는 괘가 위에 있고 불을 상징하는 괘가 아래에 있어서 수화기제괘水火旣濟卦이다. 속성상 물은 위에서 아래로 흐르고 불은 아래에서 위로 올라가니 물이 불을 끄는 형상이다. 인간의 마음에서는 흔히 냉철한 사고로 비유되는 물이 열정과 욕망으로 비유되는 불을 다스리는 형상이라고 할 수 있다. 인간관계 측면에서 풀이하면 서로 소통하는 모습이고 상생하는 관계이다. 그래서 괘의 이름이 '모든 것이 다 이루어졌다'는 기제이다. 비유적으로 표현하면, 이 층에 사는 물이라는 형이 아랫집에 사는 동생의 집에 물이 있는지 살피러 가고, 아래층에 사는 불이라는 동생은 윗집에 사는 형이 춥지 않은지 올라가서 살피는 형상인 것이다.

미제괘(흔히 영구미제사건이라고 하는 것은 이 괘의 이름에서 유래했다)는 기제괘와는 반대로 불을 상징하는 괘가 위에 있고 물을 상징하는 괘는 아래에 있다. 그래서 화수미제괘火水未濟卦이다. 불은 위로 올라가고 물은 아래로 흐르니 둘은 전혀 만날 수 없다. 그러니 인간관계에서는 불통이 되고 내가 해결해야 하는 문제는 풀리지 않는 것이다. 역시 비유하자면, 이 층에 사는 불(동생)은 잘났다고 헬리콥터를 타고 다니고 아래층에 사는 물(형)은 늘 지하도로 다니니 못 만나는 형상이다.

그런데 왜 모든 것이 이루어진 기제괘와 영원히 풀리지 않는다는 미제괘가 한 쌍일까? 사실 우리의 삶은 어떤 의미에서는 기제와 미제의 연속이다. 예를 들어 초등학교를 마치고(기제)나면 중학교에 진학해서 새로운 삶이 시작(미제)된다. 임산부에게 출산은 지난 10개월간의 완성이니 기제이다. 하지만 이제부터는 새 생명을 키워내야 하니 미제이다. 더욱이 태어난 아이가 어떻게 성장할지 모르니 더더욱 미제일 수밖에 없다. 학창 시절을 끝내고 사회생활을 시작하는 것도 결국은 기제와 미제의 반복이다. 모든 것이 끝나고 완성된 것 같을 때 새로운 변화가 시작되고 그동안 숨어 있던 문제들이 나타나는 것이 인생이기 때문이다. 그것은 삶과 죽음도 마찬가지이다.

성경의 〈전도서〉 1장 4~7절에 나오는 '한 세대는 가고 한 세대는 오되 (…) 해는 뜨고 해는 지되 그 떴던 곳으로 빨리 돌아

가고, 바람은 남으로 불다가 북으로 돌아가며 이리 돌며 저리
돌아 바람은 그 불던 곳으로 돌아가고 모든 강물은 다 바다로
흐르되 바다를 채우지 못하며'라는 구절 역시 이 기제와 미제의
관계를 잘 표현하고 있다.

미제괘와 기제괘는 도전괘의 관계이다. 다만 기제괘의 모든
효가 바른 자리에 있는 데 반해 미제괘는 그렇지 못하다(효가
바른 자리에 있다 함은 초효, 삼효, 오효는 양, 이효, 사효, 육효는 음인 경
우를 말한다).《주역》에서 기제괘처럼 모든 효가 바른 자리에 있
다 함은 매우 이상적인 상태를 말한다. 고난이 없는 것은 아니
나 열심히 노력한 끝에 모든 일이 순조롭게 이루어지고 각자가
바른 자리에 있게 되었다고 해서 기제괘가 되는 것이다. 하지만
《주역》은 그러한 기제괘 대신 미제괘를 마지막에 놓고 있다. 그
것도 각 효의 자리가 바르지 않은 채로. 그 이유는 무엇일까?

끝없는 변화의 과정에 놓여 있는 것이 인생이다. 그것이 고난
을 가져오든 기쁨을 가져오든 간에 변화가 없는 인생은 상상할
수 없다. 변화는 모든 창조성의 근원이기도 하다. 우린 오직 변
화를 통해서만 새로운 것을 만들어낼 수 있다.

하지만 '완성'된 것에서는 변화를 기대할 수 없다.《주역》에
서 미제괘를 마지막에 놓은 까닭도 아마 그 때문이지 않을까?

비슷한 이야기가《주역》 64괘의 배열 순서를 설명한《서괘
전序卦傳》에도 나온다.

사물의 발전은 끝이 없다. 따라서 미제괘로 받아서 끝을 맺었다物
不可窮也. 故受之以未濟終焉.

남회근 선생도 이에 대해 다음과 같은 소회를 밝히고 있다.

《주역》은 건과 곤 두 괘에서 시작해 미제로 끝난다. 사실은 64괘
전부가 미제이다. 그래서 난 늘 미제를 이해하면 《주역》의 전반적
이치를 이해한 것이라고 말한다. 《주역》에는 결론이 없다. 64괘의
마지막 괘가 미제라는 건 무슨 뜻인가? 이 우주는 결론지을 수 없
고 인생에도 결론이 없으며 역사에도 영원한 결론은 없다. 우주는
영원히 발전하며 멈추지 않으므로 미제이다.

《주역》을 공부하신 분들의 이야기를 들어보면 《주역》 64괘
중에는 나쁜 괘도 없고, 좋은 괘도 없다. 서로 도전괘를 이루
는 기제괘와 미제괘가 좋은 예이다. "성공은 결코 최종적인 것
이 아니며 실패는 결코 치명적인 것이 아니다Success is never final
and failure is never fatal"라는 영어 속담처럼 위기가 기회가 되기
도 하고 그 반대가 되기도 하는 것이 인생이다.
  지인 중에 "인생에서 최고의 선택은 없는 것 같아. 지금은 최
선인 것 같아도 나중에 보면 틀렸고, 지금은 틀린 선택 같아도
나중에 보면 최선이었음을 알게 되는 순간이 있지 않니" 하고

말한 사람이 있다. 그의 말에 깊이 공감했다. 나 또한 최선을 다해 살았다고 생각한 날들이 돌아보면 너무나도 어리석은 선택의 연속이었음을 절감하는 때가 종종 있다. 사무엘 베케트가 탄식처럼 내뱉은 "내가 저지른 실수들이 곧 나의 인생이다"라는 말이 뼈에 사무치는 순간이라고나 할까. 그러나 지나고 보면 또 그렇게 내린 선택과 실수들이 모여서 지금의 나를 만들고 있음을 깨닫는 순간이 찾아온다. 그때마다 내가 인생에서 할 수 있는 일은 그토록 어리석은 나를 용서하고, 더 나아가 내 주위 사람들을 이해하고 수용하는 것 말고는 없지 않나 생각한다.

미제괘는 그것이 바로 우리 인생임을 역설한다. 즉, 그것이 무엇이 되었건 완벽한 마무리는 불가능하다는 깨달음. 우리가 영원한 미완성의 세계에 머무를 수밖에 없다는 인생의 지혜를 받아들여야 한다는 것이다. 그러나 한편으로는 그 미완성 속에서 변화가 싹터 나와 형통함에 이른다고 알리는 일도 잊지 않는다. 그 가르침이야말로 《주역》이 우리에게 주는 진정한 희망의 메시지가 아닌가 싶다.

2 첫 시작이 가장 어렵다

수뢰둔 水雷屯

언제나 첫 시작이 가장 어렵다. 그러나 죽는 날까지 매 순간 우리는 선택하고 결정하고 행동해야 한다. 그리고 그 때 필요한 것이 '살아가는 실력'이다.

학교를 졸업하고 사회생활을 시작하면서부터 곧바로 어려움을 겪는 사람들이 의외로 많다. 어느 날 지인이 아들 문제로 힘들다며 연락해왔다. 그의 아들이 대학을 졸업하고 대기업에 취직했다는 소식을 들은 지 얼마 지나지 않은 때였다. 아들이 회사를 그만두고 싶다는데, 이유가 영 분명치 않다는 것이다. 회사에 입사한 뒤로 우울증이 아닐까 싶게 말수도 줄고 친구들과도 잘 만나지 않는 것 같다고 했다. 무슨 일이 있는 게 분명한데 입을 닫고 있으니 매번 캐물을 수도 없고, 한번 만나서 이야기를 들어봐달라는 것이었다.

지인의 아들은 반듯한 외모에 예의도 바른 호감 가는 청년이었다. 알고 보니 그는 입사 직후부터 한 선배와 잘 지내지 못한 모양이었다. 그의 '사수'였던 선배는 그가 회사에 잘 적응하도록 가르치고 챙기는 대신 괴로울 정도로 비아냥대고 멋대로 굴었다. 문제는 그 직장 선배가 군대 시절 선임과 판박이에 가까운 유형이라는 데 있었다. 선임의 괴롭힘 때문에 거의 악몽과도 같은 군대 생활을 보냈는데 이번에도 비슷한 처지에 놓인 것이다. 그는 마치 '운명의 시험대'에 오른 것만 같다고 했다.

그렇다고 그런 어려움을 쉽게 누구에게 이야기할 수도 없었다. 자칫 자신이 남에게 험담이나 하는 옹졸한 사람으로 비추어질 수도 있었고, 기질적으로 자기 속내를 쉽게 털어놓기가 어렵기도 했다. 잠깐 복수를 꿈꾸기도 했지만 그래봤자 부메랑이 되어 돌아올 것이 뻔했다. 그는 어느새 우울증에 빠졌고 차라리 회사를 그만두자는 쪽으로 마음이 기울었다.

다행히 그는 회사를 그만두는 대신 정공법을 선택하기로 결심했다. 나와 상담을 계속하면서 스스로 해결의 실마리를 찾은 것이다. 그는 선배와 대화하는 자리를 마련했고, 그동안 자신이 겪고 느낀 바를 솔직하게 이야기하면서 도움을 청했다.

놀라운 것은 선배의 태도였다. 그는 정말로 자신이 상대방에게 그토록 괴로움을 주고 있다는 사실을 몰랐던 듯했다. 그냥 기분 내키는 대로 농담 좀 하고 '기가 세 보이는 녀석'인 것 같아서 만만하게 보이지 않으려고 선배 노릇 좀 한 것뿐이라고 여겼던 모양이다. 선배는 그 자리에서 선선히 사과했고 그 뒤로는 더 이상 그를 힘들게 하지 않았다. 물론 이 이야기는 잘 마무리가 된 사례일 뿐이다. 지금도 우리 주변에는 이 청년과 비슷한 일로 고민하는 사람들이 적지 않다.

그런 사람들에게 도움을 주는 괘가 바로 이 수뢰둔괘이다. 둔괘는 《주역》의 세 번째 괘로서 건괘와 곤괘 다음에 자리하고 있다. 《주역》의 첫 번째 괘는 여섯 개의 효가 모두 양효인 건괘로서 하늘과 아버지를 상징하고, 두 번째 괘는 여섯 개의 효가 모두 음효인 곤괘로서 땅과 어머니를 상징한다(건괘와 곤괘는 리더십을 상징하는 괘이므로 5부에서 살펴볼 예정이다). 그 뒤에 나오는 세 번째 괘가 바로 생성의 혼돈, 시작의 험난함을 상징하는 둔괘이다. 여기에는 자녀의 탄생도 포함된다.

둔屯은 새싹이 흙을 뚫고 나오는 형상을 나타낸다. 이른 봄, 막 풀린 땅 위로 고개를 내민 새싹을 보고 살짝 눈시울이 뜨거워진 경험이 있는 사람이라면 이 둔괘가 왜 시작의 험난함을 상징하는지 이해할 것이다. 그렇다면 《주역》에서는 왜 시작의 고난을 논하는 둔괘를 자녀의 탄생에 비유했을까.

둔괘는 물을 상징하는 감괘坎卦와 우레를 상징하는 진괘震卦로 이루어져 있어서 수뢰둔괘水雷屯卦이다. 우리는 수태되는 순간 엄마의 배 속에 자리 잡고, 양수라는 물에 의해 보호받으며 태아로 자라난다. 즉, 물속에서 진동하고 움직여서 세상 밖으로 나오면 그것이 생명의 탄생이다. 그러나 그렇게 열 달을 기다려서 세상에 나오면 그다음부터는 모든 것이 혼돈이다.

태아는 지금까지는 모든 영양이 공급되는 엄마 배 속에 들어 있었다. 하지만 그곳을 떠나온 다음에는 자력으로 모든 것을 해 나가야 한다. 예를 들어, 첫울음은 아기가 처음으로 스스로 호흡한다는 것을 의미한다. 그 첫 호흡이 성공해야 비로소 우리는 삶이라는 긴 여정을 시작할 수 있다. 그리고 그 여정을 떠나기 위해서 우리는 걷는 것, 먹는 것부터 시작해 말하는 법, 공부하는 법, 돈 버는 법, 인간관계를 맺는 법 등을 배워나가야 한다. 태어남을 상징하는 수뢰둔괘 다음에 배움의 도리를 논하는 산수몽괘山水蒙卦가 이어지는 것도 그 때문이다.

이 두 괘가 상괘와 하괘가 서로 바뀌어 형성되는 도전괘인 것도 마찬가지다. 이 험난한 세상을 살아가기 위해서 꼭 필요한 것은 지식과 지혜이다. 일찍이 솔로몬이 '지혜와 돈이 우리 삶의 피난처'라고 한 이유가 거기에 있다.

언젠가 창업을 앞둔 지인이 "왜 인생의 중요한 교차로에는 신호등이 없을까?" 하고 한탄하는 것을 들은 적이 있다. 사실 그의 말은 타박을 들을 수도 있을 만큼 판에 박힌 소리이기도 했다. 하지만 그 자리에 함께 있던 누구도 그런 말은 꺼내지 않았다. 그동안의 체험으로 그 말이 갖는 의미를 너무도 잘 아는 사람들이었기 때문이다.

실제로 우리가 살면서 왼쪽으로 가야 할지 오른쪽으로 가야 할지 결정하지 못하고 엉거주춤할 때가 얼마나 많은가. 계속 앞으로 나아가도 괜찮을지, 지금은 멈추어 있어야 할지, 아니면 차라리 후퇴해야 할지 매번 고민스럽다. 더욱이 그 지인처럼 새로운 사업을 앞두고 있다면 그에 따르는 갈등은 실로 어마어마하다.

둔괘의 단전에 그런 상황을 묘사한 문장이 나온다.

둔은 강유剛柔가 교차하면서 온갖 험난함이 뒤따라온다. 정도를 지킨다면 지극히 형통할 것이다屯, 剛柔始交而難生 動乎險中 大亨貞.

이어서 그 험난함을 두고 다음의 구절이 나온다.

뇌우가 천지에 가득한 것이 대자연이 창조되던 혼돈의 때와 같으니雷雨之動滿盈 天造草昧.

이어지는 효사의 설명도 대개 비슷하게 시작의 어려움과 그것을 극복하는 방법으로 정도를 걸을 것을 주문하고 있다. 그런 의미에서 둔괘를 창업의 어려움과 연관해서 설명하는 학자들도 있다. 창업 초기에는 정도를 벗어나는 일을 해서는 안 되는 것은 물론이고 약간의 경거망동도 일을 그르치는 요인이 될 수 있다. 아직 시기가 무르익지도 않았는데 섣불리 일을 시작했다가 낭패를 볼 수도 있다. 영어 속담에도 있지 않던가. "언제나 첫걸음을 떼기가 가장 어렵다The first step is always hardest"라고.

창업하고 나서도 인재를 적재적소에 두는 것부터 시작해 결정해야 할 일이 산더미이다. 당연히 그에 따르는 스트레스도 엄청나다. 둔괘에는 그럴 때일수록 신중하게 행동하고 변화의 타이밍을 확인하고 인재를 정도正道로 대하라는 이야기가 실려 있다.

사실 그러한 이야기는 창업과 같은 인생의 중요한 시기에만 해당하는 것은 아니다. 어떤 의미에서는 우리의 매 순간이 그러한 갈등의 연속이다. 그럴 때 필요한 것이 직관 능력이다. 하지만 갈등에 시달리다 보면 오히려 뇌의 모든 기능이 더 뒤죽박죽되는 느낌이 들 때가 많다. 더욱이 직관은 너무나 순간적이고 갑작스럽게 나타나므로 따라잡기가 쉽지 않다. 때로 앞서 지나간 직관이 정말 옳은 것인지 아닌지를 생각하다가 그것을 흘려보내는 경우도 생긴다.

그럴 때 필요한 것이 삶을 주도적으로 살아가고자 하는 의지이다. 언젠가 한 목사님의 강의에서 '내게 주어진 자유를 잘 사용하는 것이 곧 실력'이라는 요지의 이야기를 들은 적이 있다. 나는 당시에 그 말씀을 우리가 인생을 얼마나 주도적으로 살아갈 수 있을까 하는 의미로 이해했다.

태어나서 죽는 날까지 매 순간 우리는 선택하고 결정하고 행동해야 한다. 그리고 그때 필요한 것이 '살아가는 실력'이다. 그래야 우리는 모든 시작의 험난함을 넘어 내 인생의 주도권을 잃지 않고 살아갈 수 있다.

3   지식의 틀에 나를 가두지 말라

▦ 산수몽 山水蒙

우리 몸과 뇌는 우리가 죽는 날까지 성장하고 변화한다.
그러므로 살아 있는 한 우리는 늘 새롭게 배워나가야 한
다. 두려워하지 말고 도전하라.

살아보니 세상은 여전히 내가 모르는 것 천지다. 그것은 아무
리 세월이 흘러도 마찬가지다. 어쩌면 '익은 벼가 고개를 숙인
다'라는 속담이 있는 것도 이 때문일 것이다. 나이를 먹을 만큼
먹어도 여전히 아는 것보다 모르는 것이 많다는 진실을 깨닫는
순간, 어찌 고개를 숙이지 않을 수 있으랴. 우리는 죽는 날까지
나의 부족한 앎을 경계하며 겸손한 마음을 갖고 세상을 살아가
야 한다.

　몽괘는 산을 상징하는 간괘艮卦와 물을 상징하는 감괘坎卦로
이루어져 있어 산수몽괘山水蒙卦라고 한다. 괘의 모습은 샘물이
산을 뚫고 솟아나는 형상이다. 즉, 산이라는 장애물을 극복하고

그침이 없이 흘러가는 샘물처럼 꾸준히 지혜를 연마해야 한다는 뜻이다.

산수몽괘에서 산은 멈추어 있는 것의 상징이다. 나는 그 산이 이미 군건하게 형성된 지식의 틀, 특히 우리가 지닌 고정관념이라고 생각한다. 즉, 내 안의 지식의 틀을 깨고 여전히 배우고자 하는 의지가 마치 샘물처럼 솟아나야 한다는 의미로 이 괘를 이해할 수 있다.

어릴 때는 모든 것이 새롭다. 편견과 선입견이 없기 때문이다. 하지만 어른이 될수록 우리는 대부분 그날이 그날 같은 지루한 삶을 이어간다. 바로 내 지식의 틀 안에 갇히기 때문이다. 그 틀에서 벗어나야 성장과 변화가 가능하다는 점을 몽괘는 깨우쳐주고 있다.

이 괘에서 가장 흥미로운 구절은 구이九二의 효사에 나오는 문장이다.

몽매함을 포용하는 것도 길하고 사리에 어두운 것을 용납함도 길하니 자식도 집안을 다스릴 수 있다 包蒙吉 納婦吉 子克家.

나는 이 구절이야말로 《주역》이 얼마나 열린 마음을 갖고 있는지를 가장 잘 보여주는 표현이라고 생각한다.

부모 자녀 관계에서 갈등을 경험하는 가족일수록 부모가 아이들의 의견을 묵살하는 경우가 많다. 과거에 은사인 닥터 밀러의 집에 잠시 머물렀을 때 뜻밖의 경험을 한 적이 있다. 닥터 밀러가 당시 초등학교에 다니는 손자와 그날 학교에서 배운 내용을 갖고 토론하는 장면이었다. 할아버지도 손자도 아무 거리낌 없이 열린 자세로 이야기를 나누는 모습이 퍽 인상적이었다.

아이들은 배움에 관한 한 아직 어두운 상태에 놓여 있다. 하지만 아이의 몽매함을 포용하고 용납하면서 하나하나 배워나가게 한다면 그 아이가 집안의 구성원으로서 제 역할을 다하도록 이끌 수 있는 것이다.

한편 이 괘에서는 훈육의 방법도 논하고 있다. 상구上九의 효사 "공격하여 몽매함을 깨우치되 지나침은 이롭지 않으며 엄격히 막음은 이롭다擊蒙 不利爲寇 利禦寇"라는 문장이 그것이다. 다른 해석 중에는 "마치 도적이 공격하듯이 깨우치려고 하지 말고 자녀가 도적이 되기 전에 막으라"는 뜻도 있다. 한마디로, 엄격한 것도 좋지만 지나치면 오히려 해가 된다는 뜻을 담고 있다고 하겠다.

부모들이 자녀에 관해 상담할 때 가장 많이 물어보는 질문이 있다. "아이들을 교육할 때 어디까지 허용하고 어디까지 통제해야 할까요?"《주역》은 그러한 질문에도 답을 준다. 즉, 엄격함에는 그 목적이 명확해야 하고 그 정도가 적당해야 한다는 것. 그런데 상담을 하다 보면 목적이 불분명한 경우가 많다.

언젠가 방황하는 사춘기 자녀를 둔 부모를 상담한 적이 있다. 자녀의 방황이 좀 심했던지 부모는 "나가 죽어라, 호적에서 파겠다"라며 호통쳤다고 한다. 나중에 털어놓길, 부모의 꾸지람을 들은 아이는 당시에 '정말 죽어야 하는 게 아닐까'라고 고민해서 실제로 높은 곳으로 올라가 뛰어내리려고도 해보고, 자해도 했다고 한다.

다행히 상담을 거치면서 부모는 자신들의 잘못을 인정했고, 아이도 방황을 멈추었다. 그런데 우리 주변에는 의외로 지나치게 강압적인 부모들이 꽤 있다. 그런 부모에게 꼭 필요한 조언이 바로 위에 나오는 효사가 아닌가 싶다.

다른 사례도 있다. 어느 기업의 임원인 A씨는 아들 문제로 속을 썩이고 있었다. 그는 아들과 거의 원수처럼 지내고 있었다. 사실 A씨는 일찍 아버지를 여의고 혼자 힘으로 지금의 임원 자리까지 올랐다. 그의 오랜 꿈 중 하나는 행복한 가정을 이루어 아내와 자식들이 안락한 생활을 누리게 하는 것이었다.

그는 특히 좋은 아버지가 되고 싶었다. 다른 건 몰라도 자식이 경제적 어려움을 겪는 일만큼은 없게 하고 싶었다. 그런 마음이 커서였는지 돈 문제에 관한 한 그는 관대했고, 그런 집안 분위기 속에서 자란 하나뿐인 아들은 돈을 흥청망청 쓰면서도 그것을 당연하게 여겼다.

아들은 공부에도 흥미가 없어서 대학도 겨우 마치는가 싶더니, 취직할 생각도 안 하고 놀러만 다녔다. 그런 시간이 조금씩 길어지면서 A씨의 마음속에 분노가 쌓이기 시작했다. 자신이 자랄 때와는 비교도 할 수 없게 풍족함을 누리면서 어떻게 아무 일도 안 하는지 아들의 심리가 이해되지 않았다.

그는 아들이 미워서 견딜 수가 없었다. 처음에는 그러한 분노를 아들에 대한 무관심으로 표현했다. 하지만 얼마 안 가서 분노가 폭발했고, 그다음부터 아들은 마음의 문을 닫고 아버지가 싫어하는 행동만 골라서 했다. 결국 두 사람의 관계는 계속해서 나빠지기만 했다.

내가 진행하는 리더십 프로그램에 참여한 것을 계기로 A씨는 자신의 고민을 털어놓았다. 그동안 그는 자신과 아들의 문제를 누구한테도 이야기할 수 없었다고 했다. 남부끄러운 이야기였고("어쨌든 자식 농사에 실패한 것은 내 탓이니까요"라고 그는 말했다) 애초에 그런 일을 털어놓을 만한 사람이 주변에 없었기 때문이다. 그는 내게 자신의 고민을 가감 없이 이야기하는 것만으로도 많은 도움이 되었다고 했다.

그 후로 그는 몇 번의 상담 과정을 더 거쳤고 자신의 심리적 문제가 무엇인지 이해하기 시작했다. 또한 아들이 점점 더 엇나가는 것이 수동공격성의 심리 때문일 수도 있다는 사실을 알게 되었다. 부모와 사이가 나쁜 아이일수록 부모가 원하는 방향과 반대로 가면서 자기를 파괴하고자 하는 수동공격성*을 띠게 된다. 그런 이해의 과정을 거친 뒤, 그는 아주 천천히 아들과 화해하는 방법을 찾아내기 시작했다.

부모 중에는 아이의 특성에 대해 알기 전에 이미 "내 아이는 이러저러해야 한다"라는 기준을 가진 사람들이 있다. 그들은 자식의 모습 중에 마음에 들지 않는 요소들은 아예 외면하거나 나쁘다고 평가하는 경우가 많다. 그러면 아이도 그것을 보여서는 안 된다고 생각해 또 한 번의 억압이 일어나곤 한다. 그럴 때마다 이 몽괘의 구절을 떠올리면 어떨까 싶다.

부모든 자식이든 마치 샘물처럼 열린 마음으로 끝까지 배워나가는 자세를 지닐 때 우리는 조금이라도 더 나은 세상을 꿈꿀 수 있을 것이다.

• 적개심이나 불만을 품은 대상에게 간접적인 방법으로 불편함을 느끼게 하는 행동 양식.

4   때가 무르익을 때까지 기다려라

수천수 水天需

때를 알고 기다리는 사람은 현재 이 시점에 내게 가장 맞는 행동과 역할을 찾아 인내하고 자중할 줄 안다. 그리하면 하늘의 도움을 기대해도 좋으리라.

어느 기업에 뛰어난 능력으로 인정받는 임원이 있었다. 그가 기획한 프로젝트가 연달아 성공을 가져오자 그는 의기양양해졌다. 그에게 줄을 대려는 사람도 한둘이 아니었다. 한껏 성공에 취한 그는 한국에서 제일 잘나가는 사람들이 자기 주위에 있다고 생각했다. 그럴수록 그의 오만함도 배가되었다. 보다 못한 상사들이 주의를 주었으나 그의 귀에는 들리지 않았다. '당신들이 무능하니까 나를 질투해서 그러는 거지. 언젠가 그 자리는 내 차지가 될 테니까.' 이것이 그의 속마음이었고, 그런 태도를 견지했다.

하지만 그런 오만함은 늘 누군가에게 상처를 입히는 법이고,

결국 한 임원이 회사 오너에게 불만을 토로하기에 이르렀다. 설상가상으로 그의 세력이 커지는 것을 두려워한 다른 임원들에 의해 그는 결국 내쳐지는 신세가 되고 말았다. 그의 사례는 더욱 높은 곳으로 치고 올라가려는 야망을 품은 사람일수록 자신의 때를 알고 인내심을 갖는 것이 얼마나 중요한지를 잘 보여주고 있다.

《주역》에서 때와 기다림에 관한 이야기를 담고 있는 것은 수괘需卦이다. 이 괘는 물을 상징하는 감괘坎卦와 하늘을 상징하는 건괘乾卦로 이루어져 있어서 수천수괘水天需卦이다. 수需는 기다린다는 의미를 담고 있다. 괘에서 주는 전반적인 조언은 사람은 반드시 자신의 때를 기다리며 자중해야 한다는 것이다.

초구의 효사를 살펴보면 다음과 같다.

들에서 기다린다. 변함없는 마음을 가지고서 대처하면 이롭고 허물이 없다需于郊 利用恒 无咎.

들에서 기다린다는 것은 아직 자신의 때에서 멀리 떨어진 상태를 의미한다. 그럴 때 필요한 것은 항상심恒常心이다. 늘 변함없고 평정된 마음으로 때를 기다리는 것이다.

《주역》은 '때'의 학문이라고도 할 수 있다. 거의 모든 괘에서 자신이 놓인 입장에 따라 다르게 처신하면서 때를 기다릴 것을 강조하고 있기 때문이다. 그리고 이는 인생에서 가장 중요한 덕목 중 하나이다. 아무리 좋은 일도 때를 만나지 못하거나 타이밍을 놓치면 이루어지지 않는다.

예를 들어, 아무리 좋은 팔자를 가지고 태어난 사람도 시대를 잘못 만나면 자기의 능력을 제대로 발휘하기 어렵다. 그것이 운運이다. 그렇다고 운 없음을 한탄하고만 있어서는 곤란하다. 할 수 있는 한 나만의 때를 찾아낼 수 있어야 한다. 그러려면 어떤 경우에도 희망을 잃지 말아야 한다.

흔히 동트기 전이 가장 어둡다고 한다. 가장 어두울 때 이미 그 안에 밝음이 예비되어 있다는 뜻이다. 이는 옛 달력에서도 알 수 있다. 예전에는 동짓달인 음력 11월을 새해로 쳤다(서양의 달력이 들어오면서 양력 1월 1일이 새해의 시작이 된 것이다). 11월을 새해로 친 이유는 낮의 길이가 가장 짧은 동지가 새해의 시작이기 때문이다. 과거 선조들은 낮의 길이가 가장 짧은 시기, 즉 음의 기운이 가장 왕성한 시점에 이미 양의 기운이 자라고 있음을 알고 있었던 것이다. 그래서《주역》은 이 동짓달을 음에서 양이 자라나는 복괘復卦로 표현하고 있다.

이것을 오행으로는 자월子月이라고 한다. 하늘이 열리는 시각은 자시子時, 땅이 열리는 시각이 축시丑時, 만물이 일어나는 시각이 인시寅時이다. 즉, 음력 11월은 음의 기운에서 양의 기운이 처음 생겨나는, 하늘이 열리는 계절인 것이다. 한편 양의 기운이 가장 왕성한 음력 4월을 상징하는 괘는 건괘이다. 그달을 지나면 다시 음의 기운이 생겨난다.

이것을 삶의 흐름과 연관해 생각해보면, 가장 바닥을 칠 때는 마침내 상승하는 시기가 온다는 것을 예상해볼 수 있다. 반대로 가장 왕성하게 모든 일이 완성된 다음에는 이윽고 하강을 준비할 필요가 있다. 따라서 사람은 누구나 가장 비관적일 때 희망을 잃지 말아야 하며, 가장 잘나갈 때 겸손해야 한다. 그리하면 하늘도 도움을 줄 것이다.

이를 두고 공자는 《계사전》 하편에서 다음과 같이 쓰고 있다.

> 역은 궁하면 변하고, 변하면 통하며, 통하면 오래 지속된다. 그로 인해 하늘이 도우니 이롭지 않음이 없다 易 窮則變 變則通 通則久 是 以自天祐之 吉无不利.

이 구절은 《계사전》에서 가장 널리 알려진 문장 중 하나이다. 개인의 경우에 이 문장은 인생에 고난이 닥칠 때는 스스로 변화해야 하며, 그렇게 스스로를 변화시키면 마침내 통하게 되고(성장하고 발전함), 이윽고 그 성취를 오래 누릴 수 있다는 의미를 담고 있다. 흔히 하는 말로 "스스로 돕는 자는 하늘이 돕는다"라고 할까. 공자도 그 점을 알았기에 "하늘이 도우니 이롭지 않음이 없다"라고 한 것이다.

한편 남회근은 이 문장을 가리켜 "인류의 법칙"이라고까지 주장한다. 그는 리더와 그가 이끄는 사회의 변화에 초점을 맞추어 다음과 같이 설명하고 있다.

역사상 위대한 인물은 가장 앞선 사람을 말한다. 그는 진정한 리더로서 미래가 어떻게 변할 것인지 미리 알아서 사람들을 이끌어 변화하게 하므로 영원히 변화의 선두에 서게 된다. 그다음 사람은 상황이 변하면 자신도 따라서 변한다. 마지막 사람은 남들이 변한 뒤에도 그 자리에 꼼짝하지 않고 있으면서 불평만 늘어놓는다. 그런 종류의 사람은 어디에나 있다.

그의 말대로 한 조직의 리더라면 "궁하면 변하고 변하면 통하는" 원리를 알아서 영속적인 성취와 발전을 이루도록 사람들을 이끌어가야 한다. 그렇게 할 때 하늘도 움직여서 그를 돕는 것이다. 그와 같은 원리는 앞서 기술했듯이, 한 개인의 인생에서도 마찬가지로 적용된다. 《주역》이 변화의 책이라고 불리는 것도 그러한 연유에서다.

《주역》에서 변變이란 음이 왕성한, 즉 음이 극성한 가운데서 양이 생겨나는 것을 말한다. 반대로 화化란 양이 극성한 가운데서 음이 생겨나는 것을 말한다. 이것이 의미하는 바는 무엇일까? 우린 잘나갈 때는 스스로 바뀌려고 하지 않고, 그 상태를 유지하려고 한다. 그러다가 밑바닥까지 떨어지면 그때 비로소 절실히 자신이 바뀌어야 한다는 것을 깨닫는다. 그것이 변變이다.

반면 움직여 나가서 무언가를 이루는 것, 그것이 화化이다. 음에서 나아가 완전히 양이 된 순간 그 자리에 머물러 있어서는 안 된다. 그러면 변하긴 했으나 이룬 것은 없다. 이루기 위해서는 계속해서 새로운 것을 찾아야 한다. 떨치고 일어나 앞으로 나아가면서 끊임없이 새로움을 추구하는 자세. 이것이 《주역》에서 의미하는 변화이다. 즉, 세상의 모든 것들이 변화하므로 거기에 대처하는 법을 알라는 것이 《주역》의 가르침이다.

그러기 위해서는 현재 내가 어느 위치에 서 있는지, 언제 앞으로 나아가야 할지를 분별하는 일이 중요하다. 예를 들어, 자신의 능력에 자신이 있더라도 때가 아니면 함부로 자랑하지 말아야 한다. 반면 자신의 부족함을 채우고 더 배워야 한다는 생각이 들 때는 자신의 능력을 내보일 수도 있어야 한다. 즉, 자신의 힘이 충분히 성장했는지 시험해봐도 괜찮다는 판단이 들 때는 과감하게 행동하는 것도 필요하다. 그런데 우린 자신이 조금만 잘나간다는 생각이 들면 그만 내 처지를 잊어버리는 경우가 많다. 앞서 언급한 임원이 그런 경우이겠다.

구이의 효사에는 "모래밭에서 기다린다. 조금 말이 있으나 마침내 길하다需于沙 少有言 終吉"라는 구절이 나온다. 모래밭에서 기다린다는 것은 때에 조금 더 가까워진 상태를 의미한다. 그런 상황에서는 약간 두렵기도 하고, 나에 대해 왈가왈부하는 사람들도 늘어나기 마련이다. 하지만 그러한 말에 휘둘리지 않고 중심을 잡는 것이 중요하다.

구삼의 효사에는 진흙밭이 나온다.

진흙밭에서 기다리니 도적이 오는 상황을 만드는 것과 같다需于泥致寇至.

이제 거의 나의 때에 접근한 상태이나, 그럴수록 사람 마음이 마치 진흙밭에 발이 빠진 것처럼 불안하고 초조해진다. 그러면 유혹에 빠지기도 쉽다. 문제는 그러한 유혹들이 바로 내 마음에서 비롯한다는 것이다. 그것을 두고 구삼의 상전象傳은 "진흙에서 기다린다 함은 재앙이 밖에 있는 것이다. 나로부터 말미암아 도적을 이르게 하니, 경건하고 신중해야만 패망하지 않을 수 있다象曰 需于泥 災在外也 自我致寇 敬愼不敗也"라고 풀이한다.

마침내 기회가 눈앞에 와 있다는 생각이 들수록 마음은 조급해진다. 이때 자기 마음을 다스리지 않으면 마치 진흙밭에 빠진 것처럼 위기에 처할 수 있다. 그런데 그 위기를 부르는 것이 다름 아닌 나 자신이라는 이야기이다.

실제로 그렇지 않은가. 실수나 실패도 사실 외적 요인이 아니라 자기 마음 때문인 경우가 얼마나 많은가. 인생은 끝없는 자기와의 투쟁이다. 그 투쟁에서 지면 도적을 부르는 것과 같다. 좌절하는 것, 다른 사람을 원망하는 것, 유혹에 흔들리는 것, 분노를 폭발하는 것 등등은 모두 자기와의 싸움에서 지는 행위이다. 그것을 막으려면 현재 자신의 위치에서 신중하고 겸허하게 마음을 다스리는 길밖에 없다. 즉, 그 시점에 내게 가장 맞는 행동과 역할을 찾아야 한다. 그것이 때를 알고 기다리는 사람이 가져야 할 자세이다. 그렇게 《주역》의 가르침대로 인내하고 자중하면서 변화를 모색하다 보면 마침내 하늘이 도와서 진정한 발전을 이루는 때가 기적처럼 찾아오는 것이다.

5   때로는 버티기보다
아름답게 부서지는 게 낫다

천산둔 天山遯

어리석은 사람을 만나 터무니없는 일을 겪게 되더라도 한 발짝 물러나 스스로 존엄을 지켜나가는 편이 훨씬 중요하다. 그때에는 어떤 회의나 미련도 갖지 말라.

인생에서 때, 즉 타이밍에 관해서라면 나의 때를 기다리는 일만큼 중요한 것이 하나 더 있다. 바로 물러나야 할 때를 아는 것이다. 우리 주변에는 물러날 때를 알지 못하거나 알면서도 그 타이밍을 놓치는 바람에 낭패를 당하는 사람들이 적지 않다. 물러남에도 타이밍과 더불어 적절한 전략이 필요하다. 그러한 내용을 담고 있는 것이 둔괘遯卦이다.

둔괘는 하늘과 강건함을 상징하는 건괘乾卦와 산과 멈춤, 그침을 상징하는 간괘艮卦로 이루어져 있다. 즉, 천산둔괘天山遯卦이다. 하늘 아래 산이 있는 형상으로 앞으로 나아감을 잠시 멈추는 것을 나타낸다. 세상을 피해 은둔하며 홀로 도를 행한다는 의미를 담고 있다. 괘의 모습을 살펴보면 초효와 두 번째 효가 음효로서 음이 자라면서 양이 물러나는 상이다. 역시 전략의 하나로 스스로 어리석은 척하면서 물러나 지냄을 상징한다. 이 전략을 썼던 사례로는 예전 송나라 대학자 주희朱熹의 일화가 유명하다.

주희가 황제 영종에게 경전을 강의하는 직책에 있을 때의 일이다. 권력가인 한탁주가 조정에서 횡포를 일삼았다. 보다 못한 주희가 그의 무도함을 규탄하는 상소문을 올리려고 했다. 그러자 스승의 안위가 걱정된 제자들이 나서서 그를 말렸다. 주희는 제자들의 만류를 듣지 않다가 결국 뜻을 굽혀 점을 쳐서 결정하기로 했다. 그 당시 나온 괘가 이 둔괘였다고 한다. 괘를 확인한 주희는 상소문을 없애고 곧바로 관직에서 물러나 은둔하는 전략을 택했다는 것이다.

실제로 둔괘의 괘사는 "은둔은 형통하며 작은 이로움에도 정도를 지켜야 한다遯, 亨 小利貞"라고 되어 있다. 그것을 상전에서는 다음과 같이 풀이한다.

하늘 아래 산이 있다는 것은 물러나서 피함을 나타낸다. 군자는 소인을 멀리하되, 미움을 드러내지 않고 존엄을 지킨다天下有山 遯 君子以遠小人 不惡而嚴.

누구나 살다 보면 온갖 종류의 사람들을 만나고 온갖 종류의 일을 겪게 마련이다. 영어 속담에 '싸우다 도망간 자는 살아서 다음에 다시 싸울 수 있다He who fights and runs away lives to fight another day'라는 말이 있다. 인생에서 때로는 일보 전진을 위해서 일보 후퇴가 필요하다는 뜻이다. 즉각적인 반응을 보였을 때 그 결과가 좋지 않을 것이 예상되면 내 감정을 억제하는 자세도 필요하다.

특히 상대를 향해 쉽게 분노하거나 지적하는 행동은 삼가는 편이 좋다. 상대 역시 분노하고 나에 대한 험담을 마구잡이로 퍼뜨릴 가능성이 크다는 점에서 동시다발적인 반발만을 불러오기 때문이다. 그러므로 설령 어리석은 사람을 만나 터무니없는 일을 겪게 되더라도 맞서 대응하기보다는 한발 물러나 스스로 존엄을 지켜나가는 편이 훨씬 중요하다. 이것이 상전이 역설하고 있는 지혜이고, 이를 실천한 사람이 주희였다.

이유가 무엇이든 그동안 지켜온 자리에서 물러나야 한다면 미련과 집착이 생기는 것이 사람의 마음이다. 그래서 많은 이들이 우물쭈물하다가 타이밍을 놓치곤 한다. 정치권에서, 기업 현장에서 그런 일은 자주 일어난다. 사사로운 모임에서도 마찬가지다. 쥐꼬리만 한 힘이라도 가지고 있으면 그것을 놓지 않으려고 애면글면하는 사람들이 얼마나 많은가.

둔괘는 구오와 마지막 상구의 효사를 통해 그렇게 하지 말

것을 단호히 요청한다. 먼저 구오의 효사를 살펴보자.

아름답게 물러나니 바르고 길하다嘉遯 貞吉.

상구의 효사는 이렇다.

높이 날고 멀리 물러나니 이로울 따름이다肥遯 无不利.

상전에서는 이 구절을 두고 "어떤 회의나 미련도 갖지 말라无所疑也"라는 뜻으로 풀이한다. 그것이 물러나는 사람이 가야 할 올바른 길이라는 것이다.

언제 무슨 일이 생길지 모르는 것이 인생이다. 승승장구할 것처럼 보이는 사람도 행운이 영원히 계속되리란 법은 없다. 올라갈 때가 있으면 반드시 내려올 때도 있다. 그럴 때 어떻게 처신하는가에 따라 그의 품위가 달라진다. 늙은 나뭇가지처럼 버티기보다 물러날 때를 알고 아름답게 부러지는 선택이 나을 때가 있다. 둔괘는 물러나는 사람이 올바른 선택으로 가능한 한 존엄을 지킬 것을 주문하고 있다.

한편 둔괘는 은둔하며 살아가는 것을 고집하는 사람들에게도 유용한 이야기를 담고 있다. 그와 같은 사람들은 대체로 그리스 신화에 나오는 하데스 유형에 비교되곤 한다. 하데스는 지하세계, 즉 눈에 보이지 않는 영계靈界의 신이다. 그는 엄격하고 공명정대하고 원칙주의자이다. 또한 그가 다스리는 세계는 좀 더 무의식적인 세계이다. 포세이돈이 상징하는 무의식의 세계가 감정이라면, 하데스는 그보다 더 깊은 심연의 세계를 상징한다. 융의 이론에 의하면 우리 속에 자리 잡은 그림자나 태고 유형(원형)에 더 가깝다고 할 수 있다. 따라서 그가 상징하는 것은 내면에 관한 통찰이다.

그와 같은 유형은 외부 세계에 별로 관심이 없다. 그런 면에서 하데스의 원형을 가진 사람들은 은둔자로 살아가는 경우가 대부분이다. 흥미로운 것은 그들 대부분이 융의 이론 중에서 직관의 힘이 발달해 있는 경우가 많다는 사실이다. 그들은 외적 세계보다는 내적 세계에 더 많은 관심을 기울이다 보니 자연스럽게 직관이 발달해 있는 것이다.

그들은 자기 안에서 일어나는 일들을 예술의 한 형태로 표현하기도 한다. 그런 면에서 하데스는 눈에 보이지 않는 풍요로움을 상징하기도 한다. 고대 그리스 철학자 헤라클레이토스는 "하데스와 디오니소스는 한 인물이다"라고 했는데, 그런 면에서도 그는 예술가 유형이라고 하겠다.

물론 그러한 경향이 심해지면 자칫 남들로부터 이해받지 못하는 일이 생겨날 수도 있다. 하지만 하데스 역시 제우스의 다른 모습이라는 것을 알 필요가 있다. 단지 제우스가 외적 세계를 지배한다면, 하데스는 우리 내면의 세계를 지배하는 왕의 원형일 뿐이다.

그와 같은 하데스 유형의 사람들이 성장하기 위해서는 내면 세계에만 숨어 있어서는 안 된다. 그가 현실에 적응하기 위해서는 더 의도적으로 자신이 가진 외적인 면을 개발하려고 노력할 필요가 있다.

하데스 유형의 사람들에게 필요한 조언은 《주역》의 산천대축괘山天大畜卦에 실려 있다. 대축괘는 은둔하면서 수양과 학문을 크게 쌓는 형상을 상징한다. 괘사를 살펴보면 "바르게 함이 이로우니, 집에서 먹지 아니하면 길하다. 대하를 건넘이 이롭다利貞 不家食吉 利涉大川"라고 되어 있다. 즉, 하데스 유형의 사람들이 폐쇄성을 극복하고 성장하기 위해서는 표현력과 적극성, 진취적인 면을 개발해야 한다는 의미를 담고 있다.

6 행동하는 힘을 키우되
과시하지는 말라

뇌천대장 雷天大壯 **중뢰진** 重雷震

장대하지만 꼭 힘을 과시할 필요는 없다. 그러나 번성하기 위해서는 때로 '우레가 진동하니 백 리 근방이 놀라는' 행동력도 필요하다. 다만 연약함을 경멸하지는 말라.

앞서 말한 '의도적으로 자신이 가진 외적인 면을 개발하려는 노력'에 대한 이야기는 둔괘와 도전괘의 관계인 뇌천대장괘雷天大壯卦, 그리고 중뢰진괘重雷震卦에도 실려 있다. 먼저 대장괘를 살펴보면 하괘가 건괘乾卦이고 상괘가 진괘震卦이다.

하늘에서 뇌성이 치는 모습을 상징하며, 강하고 장대하다는 뜻이다. 그런 면에서 대장괘는 음력 2월 괘로도 불린다. 그만큼 둔괘와는 반대로 양기가 한창 성해지는 시기라는 뜻이다. 그것을 《서괘전》에서는 다음과 같이 설명하고 있다.

둔은 물러나서 피한다는 뜻이다. 하지만 모든 사물은 끝까지 물러나 피할 수만은 없다. 그래서 대장괘로 이어지는 것이다遯者退也 物不可以終遯 故受之以大壯.

즉, 은둔해서 참고 견디다 보면 군자가 힘을 얻는 대장괘가 된다는 의미다. 다만 괘사에서는 "대장은 크고 장대함을 뜻한다. 정도를 지키는 것이 이롭다大壯 利貞"라고 해서 역시 지나침을 경계하라고 이야기한다. 영어 속담에도 이 대장괘에 딱 들어맞는 표현이 있다. "씹을 수 있는 것보다 많이 입에 물지 말라 Don't bite off more than you can chew." 우리 식으로 풀이하면 과유불급 정도에 해당하는 말이라고나 할까. 그런 의미에서 대장괘는 '멈추고 은둔한다'는 둔괘와는 달리 '장대하지만 힘을 과시하지 말고 때로는 멈출 줄도 알아야 함'을 이야기하고 있다.

따라서 진취적인 행동력에 있어서는 역시 중뢰진괘 쪽이 씩씩한 기상과 좀 더 잘 어울린다. 내가 진괘를 살펴볼 때마다 떠올리는 이미지는 아르테미스다. 아폴론과 남매 사이인 아르테미스는 그리스 신화에서 사냥과 달의 수호신으로 알려져 있다. 그녀는 활과 화살을 갖고 드넓은 산과 황야를 달리고, 그녀의 자유로운 영혼은 젊은 야생의 삶을 대표한다. 그런 점에서 아르테미스는 진괘의 특성과 딱 들어맞는다.

진괘는 우레를 상징하는 진괘震卦가 아래위로 겹쳐서 이루어졌다고 해서 중뢰진괘重雷震卦이다. 초효만 양이고 두 효는 음으로 이루어져 있는 소성괘가 겹쳐서 형성된 괘로, 땅에서 새로움이 솟아 나오는 형상을 나타낸다. 특히 땅을 상징하는 곤괘에서 초효가 양으로 변한 것은 새로움, 움직임, 생명의 시작을 상징한다. 계절로는 봄을 상징하고 방향은 해가 떠오르는 동쪽을 뜻한다. 대표하는 성질은 강건함, 번성함, 싱그러운 움직임 등이다.

진괘는 그 외에도 꽃, 푸르고 어린 대나무 등을 상징하며, 동물로는 잘 우는 말이나 반항의 표현으로 발을 자주 높이 치켜드는 말을 나타낸다고 한다. 아르테미스 역시 사냥의 여신으로서 사춘기 소녀, 말괄량이를 상징하기도 한다. 그러한 모습이 진괘가 상징하는 움직임, 우레, 번개 등과 고스란히 들어맞는 것이다.

아르테미스가 상징하는 원형은 우리에게 무엇일까. 먼저 정체성과 자신감이다. 대개 이러한 원형을 가진 사람들은 어렸을 때부터 독립적이고 진취적이다. 그들은 인생의 목표를 스스로 정하고 그것을 달성하기 위하여 노력한다. 경쟁적이고 인내심과 용기로 행동력을 보여주며 탐험에도 적극적이다.

자유로움을 추구하며 세속적 성공보다는 자신의 가치관과 신념에 따른 성공에 더 중요한 의미를 부여한다. 아르테미스가 요정을 거느린 것처럼 이들은 다른 사람을 거느리면서도 그들과 친화력이 강하다. 이것은 진괘가 가족관계에서 장자長子를 상징하는 것과도 연관된다.

진괘가 발을 자주 높이 치켜드는 말로 상징되는 것과 아르테미스 유형들의 특성이 연관되는 것도 재미있다. 그들은 자신이 진취적이고 강한 만큼 연약함에 대한 경멸을 숨기지 않기 때문이다.

진괘의 괘사를 살펴보면 "우레에 백 리가 놀란다震驚百里"라는 의미의 구절이 나온다. 이것은 아르테미스가 보여주는 냉정함, 경쟁심을 상징한다고 볼 수 있다. 그녀는 심지어 자신이 사랑한 오리온마저 죽인다. 오리온이 연못에서 목욕하는 것을 본 쌍둥이 남동생 아폴론이 그가 오리온이라는 사실을 숨기고 아르테미스에게 저것을 쏘아 명중시킬 수 있느냐고 비아냥거림으로써 그녀의 경쟁심을 자극했기 때문이다. 곧, 아르테미스가 자신의 소중한 존재를 잃게 된 것은 아폴론에게 지기 싫은 마음 때문이었다. 경쟁심을 이기지 못해 공격성이 발현되기 쉬운 성향은 이 원형의 사람들이 자제할 부분이다.

이에 대한 조언은 예괘豫卦에서 찾아볼 수 있다. 예괘의 하괘는 땅을 상징하는 곤괘坤卦, 상괘는 진괘震卦로 이루어져 있어서 뇌지예괘雷地豫卦이다. 역시 땅을 뚫고 초목이 움터 나와 즐거워하는 상이다. 예豫를 파자하면 '스스로[予]의 모습[象]'이 나타나는 것이며, 문을 열고 밖으로 나오는 상이다.

이 또한 아르테미스의 풋풋함, 진취성, 행동력 등을 상징한다. 다만 예괘의 이미지는 좀 더 의연하고 곧고 바르다. 따라서 아르테미스 유형의 지나치게 독립적이고 때로는 제멋대로인

면, 경쟁적이고 공격적인 면 등에 대해 적절한 조언이 되어줄 것이다.

예괘에 대해서는 공자도 《계사전》 하편에서 육이의 효사를 두고 특별한 언급을 하고 있다.

역에 말하기를 '우뚝 선 바위와 같아서 하루로 끝내지 않으니 바르고 길하다'라고 했다. 바위처럼 굳건한데 어찌 하루로 끝내겠는가. 의심할 바가 없다. 군자는 미세한 것뿐만 아니라 명확한 것은 더 명확하게 볼 줄 알며 유한 것도 강한 것도 잘 알고 있으므로 만인이 우러러본다 易曰 介于石 不終日 貞吉 介如石焉 寧用終日 斷可識矣 君子知微知彰 知柔知剛 萬夫之望.

공자는 바위처럼 의연하고 곧은 성품을 지니고 남들이 미처 보지 못하는 것을 보며 상황에 따라 유연하게 혹은 강하게 대응할 수 있다면, 그는 능히 만인이 우러러보는 사람이 될 수 있다는 사실을 천명하고 있다.

이는 아르테미스 유형이 갖는 단점을 보완하는 문장으로서 거의 완벽하다는 것이 내 생각이다. 따라서 진괘의 강건함과 진취적인 행동력을 갖기를 꿈꾸는 사람에게 가장 필요한 조언이 아닌가 한다.

7 오늘의 치욕을
성공의 밑거름으로 삼아라

지화명이 地火明夷

밝은 빛이 암흑 가운데로 들어가는 것이 치욕이니 이때는
밝은 지혜의 덕을 감추고 고난 속에서도 정도를 지켜야
한다. 그것이 스스로 존엄을 지키는 길이다.

숱한 좌절과 실패를 겪으면서도 살아남은 사람이 어느 날 갑자
기 모든 것을 놓아버리는 때가 있다. 그리고 그를 쓰러뜨린 마
지막 한 방은 대개 치욕의 감정일 때가 많다. 주변에서는 '그렇
게 고생해놓고 그까짓 수치심 하나 못 견딘다고?' 할 수도 있다.
하지만 당사자에게는 그보다 더 끔찍한 형벌이 없는 것이다.

　독일 작가 베른하르트 슐링크는 치욕이야말로 가장 큰 육체
적인 고통을 가져온다는 의미의 말을 했다. 그런 상황에 빠지면
정신이 아니라 몸이 먼저 두 쪽으로 갈라지는 것 같은 고통을
느낀다는 것이다. 나 역시 가장 견디기 힘든 시련 가운데 하나
는 치욕이라고 생각한다. 그런데 불굴의 정신으로 그것을 견뎌

내는 사람들이 있다. 역사 속 인물로는 위대한 역사가 사마천司
馬遷을 꼽을 수 있다.

사마천이 살았던 시대는 한나라의 전성기였다. 그는 알다시
피《사기史記》를 지은 인물이다. 그는 정무를 보면서도《사기》
저술에 온 힘을 기울였다. 그러던 중에 쉰 살을 앞두고 조정의
분규에 휘말려 사형을 선고받았다.

당시 법에 따르면 사형수가 죽음을 면하는 방법은 두 가지였
다. 하나는 거액의 벌금을 내는 것이고, 다른 하나는 궁형宮刑
을 자청하는 것이었다. 큰돈이 없던 그는 결국 치욕을 감수하
며 거세를 선택했다. 그가 그렇게까지 살아남아야 했던 이유는
단 하나《사기》를 완성하기 위함이었다. 중국의 역사서 중 하나
인《한서漢書》에 보면 〈보임안서報任安書〉라고 해서 사마천이
당시 두터운 교분을 나누던 임안이라는 장군에게 보낸 긴 답글
편지 내용이 실려 있다. 편지의 끝머리에서 그는 다음과 같이
쓰고 있다.

전 불행하게도 부모를 여의었고 형제도 없습니다. 그런 제가 새삼
부모와 처자 때문에 살려고 했다고는 생각하지 않으실 것입니다.
저도 생명이 아까운 비겁한 자에 지나지 않으나 거취만은 명확하
게 하고자 합니다. 노비와 하녀도 자결할 수 있습니다. 저 또한 언
제든지 그렇게 할 수 있었습니다. 하지만 마음에 품은 숙원이 있

기에 그 고통과 굴욕을 참아내며 구차하게 살아가고 있습니다. 제가 죽고 나면 후세에 문장을 전하지 못할 것이 비통하고 안타깝기 때문입니다.

감옥에서 나온 그는 울분에 가득 차서 미친 사람처럼 사방을 돌아다니기도 했다. 치욕의 공개적인 경험은 한 개인의 존엄성을 철저하게 파괴한다. 어찌할 수 없는 원망과 분노, 자책과 회한으로 몸부림치지 않을 사람이 어디 있을까. 사마천도 예외는 아니었을 것이다. 하지만 그러한 치욕과 분노 속에서도 그는 마침내 《사기》를 완성하는 위업을 이루었다.

《주역》에서 치욕을 견디는 것에 관한 이야기를 담고 있는 괘가 명이괘이다. 명이괘는 상괘가 땅을 상징하는 곤괘坤卦이고 하괘는 불을 상징하는 이괘離卦로 이루어져 있어서 지화명이괘地火明夷卦이다. 이 괘는 땅속에 불이 들어 있는 형상으로서, 해가 져 땅으로 들어간 형국이며 밝음이 어둠에 묻힌 상태를 나타낸다. 개인적으로나 정치적으로 그런 상황에 놓이면 크나큰 험난함이 예고되어 있다고 봐야 한다. 따라서 아무리 당당하고 바른 사람일지라도 일단은 몸을 낮추고 자신의 정체를 경솔하게 드러내지 말아야 한다. 물론 그런 어려움 속에서도 굳건하게 정도를 지켜나가는 것은 필요하다.

괘사와 이를 풀이한 단전에 그에 대한 묘사가 자세히 나와 있다. 먼저 괘사를 살펴보면 다음과 같다.

빛이 어둠에 드는 것이나, 마음을 곧게 가지면 이롭다 明夷, 利艱貞.

이를 단전에서는 다음과 같이 풀이한다.

빛이 땅 가운데 들어가는 것이 명이의 괘상이다. 안으로는 밝은 지혜의 덕을 감추고 밖으로는 유순한 태도로 대처해야 한다. 문왕이 그렇게 해서 난국을 벗어났다. 고난 속에서도 마음을 곧게 갖는 것이 이롭다 함은 스스로 자신의 빛을 숨기고 내부적으로 어려움에 빠져도 정도를 지켜야 한다는 것이다. 기자가 바로 그런 인물이었다 明入地中 明夷 內文明而外柔 以蒙大難 文王以之 利艱貞 晦其明也 內難而能正其志 箕子以之.

문왕은 《주역》의 체계를 정리한 인물이다. 또한 그는 중국 역사상 가장 포악한 왕이었던 주왕에 의해 온갖 악행을 당한 인물로도 알려져 있다. 그는 주왕에 의해 옥에 갇혀 있으면서도 《주역》을 정리하고, 측근을 시켜 주왕에게 온갖 선물을 바치는 등의 갖은 애를 써서 풀려난다. 그리하여 궁극적으로 아들인 무왕이 주나라를 세울 수 있는 기틀을 다지는 데 성공한다. 그리고 함께 언급된 기자는 주왕의 신하로 역시 옥에 갇히는 등 수

난을 당하지만 미친 척하면서 자신의 지혜를 숨기고 소신을 지킨 인물이다.

한편 그리스 신화에도 그처럼 고난 속에서 자신을 일으켜 세운 인물이 있다. 대장장이의 신 헤파이스토스이다. 재미있는 것은 헤파이스토스가 그리스어로 '땅 밑의 불', 즉 '명이明夷'라는 뜻을 지니고 있다는 점이다. 제우스와 헤라의 적자이건만 못생기고 절름발이로 태어난 그는 부모로부터 차례로 내던짐을 당하며 불행을 겪는다.

그렇게 버림받은 그는 땅 밑의 불 속에서 온갖 물건들을 제련하고 만들어낸다. 그라고 왜 가슴속에 울분이 없었겠는가. 하지만 그는 그 불덩이를 속으로 삼키고 조용히 창조의 열정을 불태운다. 어머니 헤라에 대해서도 원망과 분노 대신 조용한 방법으로 복수한다. 보이지 않는 그물이 드리워진 멋진 황금 의자를 만들어 어머니에게 보낸 것이다. 기뻐하며 의자에 앉은 헤라는 그 그물에 포박당하고 만다.

한편 헤라는 헤파이스토스에게 아프로디테를 아내로 주겠다고 약속하고 그를 올림포스로 오게 한다. 이윽고 그는 올림포스에서 아프로디테와 결혼한다. 하지만 애초부터 어울리지 않았던 이 커플은 자식을 남기지 못했고, 아프로디테는 오히려 전쟁의 신 아레스와의 사이에서 많은 자식을 낳는다.

심지어 그들은 헤파이스토스의 침실에서 불륜 행각을 벌인다. 그러나 이때에도 타오르는 울분은 헤파이스토스에게 창작의 원천이 된다. 그는 이번에도 뛰어난 솜씨로 침대에 보이지 않는 그물을 쳤고, 이 불륜 커플은 신들 앞에서 톡톡히 망신을 당했다고 한다.

이처럼 헤파이스토스는 신들의 멸시와 조롱을 받지만 자신이 겪어야 했던 온갖 불운과 치욕을 탁월한 예술작품을 만들어내는 것으로 승화시킨다. 제우스의 방패와 번개, 아폴론과 아르테미스의 활, 데메테르의 낫과 디오니소스의 술잔 등, 그가 만들어낸 예술작품은 헤아릴 수 없을 정도라고 한다. 비록 신화 속 인물이지만 헤파이스토스는 비극과 아픔을 견디고 《주역》과 《사기》를 완성한 문왕과 사마천과 많이 닮아 있다.

우리 주변에 있는 헤파이스토스 유형 역시 일을 통해 자신의 창조성을 표현하는 데 몰두한다. 하지만 그들은 인간관계에는 서툰 면이 있다. 정치적인 전략의 구사나 사교적인 언어와 처세술에 능하지 못하기 때문이다. 그러한 유형이 성공하려면 명이괘와 도전괘의 관계인 진괘晉卦의 특성을 갖기 위해 노력하는 것도 필요하다.

진괘는 상괘가 이괘離卦이고 하괘가 곤괘坤卦이다. 그래서 화지진괘火地晉卦이다. 명이괘와는 반대로 땅에서 불이 솟아나는 것, 즉 태양이 솟아나는 것을 상징한다. 괘사를 풀이하는 상전에 그 특성이 잘 묘사되어 있다.

빛이 땅 위에 나온 것이 진이니, 군자가 이로써 스스로 밝은 덕을 밝힌다明出地上 晉 君子以自昭明德.

본래의 밝은 성품을 통해 밖을 향해 나아가는 모습을 상징하고 있다. 그런 의미에서 헤파이스토스 유형에게는 부족한 의사소통 능력, 사교성을 갖기를 조언하는 것이라고 하겠다.

8 찰나의 아름다움을 경계하라

☰☷ 산화비 山火賁

아름다움의 끝에는 소박함이 기다린다. 내면의 아름다움
을 가꾸고 또 그것을 알아봐 주는 안목을 키우라. 누구도
다른 사람들보다 낫지 않으므로.

30대 초반의 한 여성이 고부갈등 문제로 찾아왔다. 결혼 초부
터 시어머니가 그녀의 외모에 대해 "살이 뒤룩뒤룩 쪄서는…"
하는 말을 시작으로 일종의 품평(?)을 해온 것이 원인이었다(설
마 뒷담화도 아니고 대놓고 그런 말을 하는 시어머니가 있을까 싶겠으나,
이 세상에는 정말 별별 사람이 다 있다).

그녀는 날씬하지는 않았지만, 그렇다고 뚱뚱하지도 않았다.
그냥 보기 좋은 보통 체격의 젊은 여성이었다. 문제는 그녀가
시어머니의 말에 너무도 큰 상처를 받아서 그 괴로움에서 벗어
나지 못한다는 데 있었다.

"처음 그 말을 들었을 때 죽을 각오로 살을 뺐더라면 좋았겠

지만, 당시에는 너무 충격을 받아서 아무것도 할 수가 없었어요. 화도 못 냈는데, 그냥 내가 너무 바보 같아서 그랬어요. 정신을 차리고 다이어트를 시작한 건 그 말을 듣고 일 년이나 지난 뒤였어요."

그녀의 말이었다. 그 일 년 동안 시어머니는 몇 번이고 비슷한 말로 그녀를 타박했다. 하지만 막상 살을 빼고 나니, 두 번다시 시댁에 발을 들여놓고 싶지 않았다고 했다. 상처받은 자존심이 시어머니와 마주하는 것을 용납하지 않았다는 것이다. 결국 명절 때조차 남편 혼자 본가에 보내면서 고부갈등은 심해져만 갔다고. 그녀는 착한 남편이 중간에서 마음고생을 하는 게 안타깝다고 했다.

상담이 이어지면서 나는 그녀가 상당히 똑똑하고 지혜롭다는 사실을 발견했다. 자기 의견을 가감 없이 명확하게 말하는 자세도 그렇고 생각도 깊었다. 그런 모습을 지켜보면서 나는 곧 그녀가 자신의 선택으로 어느 쪽으로든 마음을 정할 수 있으리라 생각했다.

다행히 그녀는 시어머니와 마주할 용기를 냈다. 시어머니 역시 그동안 느낀 바가 있어서인지 더 이상 예전처럼 막무가내로 말하는 모습은 보이지 않았다. 그녀는 조심스럽게 시어머니와의 관계를 개선해나가기로 했다.

그녀의 사례는 다소 극적이기는 하지만 일부 사람들이 외모에 관해 갖는 편견이 어느 정도인지를 잘 보여준다. 그와 같은 사람들이 알아두어야 할 이야기가 바로 비괘賁卦에 들어 있다. 비괘는 외모보다는 내면을 살펴보라는 조언을 담고 있기 때문이다.

비괘는 산을 상징하는 간괘艮卦가 상괘이고 불을 상징하는 이괘離卦가 하괘로 이루어져 있어서 산화비괘山火賁卦이다. 비賁는 '아름답다', '빛나다', '아름답게 꾸미다' 등의 뜻이 있다. 괘상은 산 아래에서 불이 있는 상태로 빛나는 저녁노을이 산의 초목들을 아름답게 물들이는 모습을 나타낸다. 그렇게 아름다움과 빛남을 꾸며준다고 해서 비괘인 것이다. 생장의 과정을 마치고 아름답게 결실을 맺는다는 의미도 담고 있어서 문명文明의 꾸밈과 질서를 나타낸다고 보기도 한다.

괘사를 살펴보면 다음과 같다.

비賁는 형통하나 그 꾸밈이 작아야 이롭다賁 亨 小利有攸往.

이에 대해 단전에서는 다음과 같은 의미의 해석을 내놓고 있다.

아름다움이 형통하다는 것은 유柔가 강剛을 꾸미기 때문이다. 강이 나뉘어 올라가 유를 꾸몄기에 그 꾸밈이 작아야 이롭다고 한 것이다. 이것이 바로 천문, 즉 하늘의 문채文彩이다. 천문이 밝아서 머물면 그것이 곧 인문이 된다. 천문을 살펴서 때의 변화를 알며 인문을 살펴서 천하를 교화한다賁 亨 柔來而文剛 故亨 分剛上而文柔 故小利有攸往 天文也 文明以止人文也 觀乎天文 以察時變 觀乎人文以化成天下.

꽤나 어렵게 들리는 말이지만, 화려한 겉모습보다 내면의 아름다움을 살피는 것이 더 중요함을 언급하고 있다고 보는 것이 통설이다. 물론 '외모도 권력이다'라는 말이 있듯이, 겉으로 보이는 모습은 중요하다. 따라서 내가 할 수 있는 한, 외모를 단정하고 보기 좋게 꾸밀 필요는 있다. 다만 그것이 지나쳐서는 곤란하다는 것이다.

구삼의 효사 역시 비슷한 이야기를 하고 있다.

보기 좋게 꾸미고 매만져 다듬으니 끝까지 정도를 지켜야 길할 것이다賁如濡如 永貞吉.

그것을 두고 상전에서는 "궁극적으로 겉모습이 본바탕을 넘어서면 안 된다終莫之 陵也"라는 의미로 풀이한다. 그에 대해서는 공자도 《논어》〈옹야편雍也篇〉에서 다음과 같은 말씀을 남기고 있다.

실질적인 바탕이 겉모습보다 두드러지면 속되고 겉모습이 바탕보다 두드러지면 성실하지 못한 사관史官과 같으니 겉모습과 바탕이 적절하게 어울린 뒤에야 군자라고 할 수 있다質勝文則野 文勝質則史 文質彬彬然後 君子.

공자 역시 외적인 면과 내적인 면의 조화와 균형의 중요성을 언급하고 있는 것이다. 상구의 효사에서는 그 궁극의 모습을 "순백으로 꾸미니 무구하다白賁 无咎"라고 묘사하고 있다. 이에 대해서는 많은 사람이 '아름답게 꾸미는 것이 극에 달하면 이윽고 소박한 모습으로 돌아오는' 뜻밖의 반전에 관해 이야기하는 것이라는 데 동의한다. 결론적으로 자연스러운 본연의 아름다움이 가장 낫다는 뜻이겠다.

한편 비괘에 관한 또 다른 해석도 있다. 그중 하나는 '눈부신 저녁 빛이 사라지기 직전의 찬란한 아름다움'을 나타낸다는 것이다. 아무리 어여쁜 꽃도 지는 순간이 있다. 지나치게 아름다움을 뽐낸들 그것이 영원하지 않다. 비괘는 찰나와 같은 아름다움을 경계하라는 의미를 담고 있다.

그런 점에서 미와 사랑의 여신으로 알려진 아프로디테가 거품에서 태어났다는 것은 의미심장하다. 아름다움도 사랑도 절정의 순간이 있으면 반드시 거품처럼 푹 꺼지는 속절없는 순간도 있다는 것을 절묘하게 상징하고 있다고나 할까.

아프로디테가 미의 여신이 된 데는 사연이 있다. 어느 날인가 불화와 다툼의 여신 에리스는 신들의 향연에 초대받지 못한 일에 화가 나 '가장 아름다운 여신에게'라는 문구가 새겨진 황금 사과 한 알을 가져와 향연 테이블에 던진다. 여신들 사이에 불화를 조장하기 위해서였다. 결국 에리스의 의도대로 헤라와 아테나, 아프로디테는 각자 사과가 자기 것이라고 주장한다.

파리스가 제우스를 대신해 그 골치 아픈 결정을 떠맡게 되자 헤라는 그에게 권력을, 아테나는 전장에서 명예를 주겠다고 약속한다. 그러나 파리스는 '세상에서 가장 아름다운 여자'를 주겠노라고 한 아프로디테의 손을 들어준다. 그렇게 해서 아프로디테는 공식적(?)으로 미의 여신이 되었고, 파리스는 그녀의 도움으로 스파르타의 왕비 헬레네를 얻는 데 성공한다. 그리고 그 사건으로 트로이 전쟁이 일어난다. 아름다움을 두고 벌어진 작은 다툼이 큰 비극을 가져온 셈이다.

물론 아프로디테는 사랑의 여신으로서 긍정적인 역할도 맡고 있다. 그녀는 피그말리온이 자신이 조각한 여자의 모습에 반하자 그 조각상을 인간으로 만들어준다. 이 이야기는 '창조의 원천으로서의 사랑'에 관한 가장 아름다운 에피소드 중 하나라고 할 만하다. 이 에피소드에서 유래한 '피그말리온 효과'는 심리학에서도 자주 인용될 정도로 유명한데, 자기 암시가 갖는 창조적 변화를 상징한다.

하지만 앞서 사례에 나온 여성처럼 그 반대의 경우도 일어날 수 있다. 상대가 특히 외모를 두고 "넌 못났다"라는 식의 평가를 계속하는 한 움츠러들지 않을 사람은 없다. 그런 경우, 잠재력이 발휘될 여지는 사라지고 관계 역시 망가질 수밖에 없다. 따라서 겉모습 못지않게 내면의 아름다움을 가꾸고 또 그것을 알아봐주는 안목을 키우는 일은 꼭 필요해 보인다.

프랑스의 대표적인 정신분석가 프랑수아즈 돌토는 말했다. "어느 누구도 다른 사람들보다 낫지 않다." 겉모습에 쉽게 현혹되어 상대를 평가하는 사람들이 특히 새겨들어야 할 말이 아닌가 한다.

9　사람을 대할 때는 기쁘고 온화하게

☱☱ 중택태 重澤兌

두 개의 연못이 잇달아 붙어 있다는 것은 화합과 기쁨의 상징이다. 즐겁고 온화하게 서로를 대할 때 그 기쁨과 신뢰는 커져만 간다. 다만 소인배는 믿지 말라.

이 괘는 하괘와 상괘가 모두 같은 태괘兌卦로 이루어져 있다. 연못, 호수 등을 뜻하는 태괘가 겹쳐 있다고 해서 중택태괘重澤兌卦라고 한다. 이 괘에서 태兌가 상징하는 바는 즐거움, 기쁨, 안락함 등이다. 연못은 언제나 만물을 촉촉하게 적셔줌으로써 생장하게 하므로 만물이 즐거워하고 기뻐한다는 의미를 담고 있다. 그러한 괘가 겹쳐 있으니 즐거움과 기쁨이 두 배인 셈이다.

괘의 모습을 살펴보면 두 개는 강한 양효지만, 밖으로는 유순한 음효가 자리하고 있어서 내강외유內剛外柔를 상징한다. 이 괘는《주역》전체를 통틀어서 거의 유일하게 "기쁨과 즐거움, 안락함에 처하는 도"에 관한 이야기를 담고 있다. 특히 지도자가 내강외유의 덕으로 정도를 지킨다면 만사가 순조롭고 천명天命에 부합하므로 사람들은 즐겁고 기쁜 마음으로 그를 따르게 되어 있다는 것이다.

즐거움이나 기쁨에 관한 이야기를 《주역》과 같은 고전에서 만난다는 사실 자체가 내게는 꽤나 흥미로웠다. 동서고금의 철학서라면 흔히 고해苦海와도 같은 인간사에서 어떻게 하면 자족하는 마음을 가질 수 있는지, 뜻밖의 빈천貧賤에 놓일 때는 어떻게 하면 의연하게 그 상황을 받아들일 것인지 등에 관한 이야기가 주를 이루지 않던가.

예를 들어, 스토아 학파를 창시했다고 알려진 제논의 일화만 봐도 그렇다. 그는 배가 조난되어 자신의 모든 짐이 바다에 빠졌다는 사실을 확인하고는 이렇게 말했다고 한다. "운명의 여신이 내게 물질의 방해에 초연한 철학자가 되라고 명령하는 것이로군."

쿨한 대사이긴 하다. 공자 역시 《논어》 〈이인편里仁篇〉에서 담백하게 한마디 했다.

선비가 도에 뜻을 두고도 험한 옷과 험한 음식을 부끄러워하면 족히 더불어 이야기할 상대가 못 된다士 志於道而 恥惡衣惡食者 未足與議也.

이처럼 '자족함'이나 '빈천의 도'에 관한 이야기는 많지만 딱 꼬집어 기쁨과 즐거움에 대해서 언급한 철학 고전은 쉽게 찾아볼 수 없다. 적어도 내 경험으로는 그렇다. 그런데 《주역》의 태괘가 그 쉽지 않은 이야기를 깔끔하게 정리해놓고 있으니 어찌 흥미롭지 않겠는가.

그러한 이야기를 담고 있는 괘사와 단전을 살펴보면 다음과 같다. 먼저 괘사이다.

태괘는 형통함이니 마음을 바르게 가지면 이롭다兌, 亨 利貞.

태괘가 형통한 이유는 괘의 모습 자체가 기쁨과 즐거움을 상징하기 때문이다. 나아가 마음을 '바르게 가지는 것'이 인간관계에서 사람들과 더불어 즐겁게 지내기 위한 기본 원칙임을 천명하고 있다. 단전에서는 그것을 "태괘는 기쁨이다. 양효[剛]는 가운데에 있고 음효[柔]는 밖에 자리하고 있다. 기뻐함으로써 마음을 바르게 가지는 것이 이롭다. 이것이 곧 위로는 하늘의 명에 따르고 아래로는 사람에게 응하는 것이다象曰, 兌 說也 剛中而柔外 說而利貞 是以順乎天而應乎人"라고 설명한다.

단전은 먼저 내강외유에 관해 언급한다. 내강외유란 안으로는 굳건하고 강한 힘을 지니고 있지만 밖으로 표현할 때는 겸손하고 온화한 모습을 잃지 않는다는 의미를 담고 있다. 만약 그런 사람이 곁에 있다면 누구나 즐겁고 기쁜 마음으로 기꺼이 그와 친교를 나누게 마련이다. 그와 같은 유형의 사람들에게는 한 가지 공통점이 있다. 감정적으로 투명하고 밝고 유쾌한 면모를 지니고 있다는 것이다.

그들이라고 왜 부정적인 감정에 사로잡혀 분노할 일이 없겠는가. 하지만 그들은 자신의 그런 부정적인 감정들을 잘 다스림으로써 외부로 표출하는 일이 거의 없다. 내면의 긍정적인 에너지를 제대로, 즉 '곧고 바르게' 활용하는 남다른 지혜를 발휘할 줄 아는 사람들이다.

그렇기에 그들은 주변 사람들에게 늘 지지와 격려를 보내는 것을 최고의 가치 중 하나로 여긴다. 그들이 보내는 지지와 격려의 힘은 실로 대단해서 사람들은 자신도 모르게 기쁘고 즐거운 마음으로 그에게 대단한 신뢰를 보낼 것이다. 그리하여 즐겁고 기쁜 마음으로 하나가 되어 미래를 향해 나아가는 것이다.

단전에 이어 상전에서는 그러한 이치를 다음과 같이 묘사한다.

두 못이 잇달아 붙어 있어 기쁨을 상징한다. 군자는 그것을 보고 벗과 더불어 학문을 연마한다象曰, 麗澤 兌 君子以朋友講習.

이 문장에서 두 못이 잇달아 붙어 있음을 뜻하는 '여택麗澤'이라는 단어는 인간관계의 화합과 기쁨을 묘사하는 단어로서 예전에는 단체나 모임의 이름으로 많이 쓰였다고 한다. 두 개의 못이 서로에게 스며들어 영향을 미치니 어찌 기쁘지 않으랴. 상전에서는 거기서 더 나아가 마음이 맞는 벗들이 모여서 학문을 연마하는 즐거움까지 언급하고 있다.

이어지는 초구와 구이의 효사는 모두 "즐겁고 기쁘고 온화하게 사람을 대하므로 상서로움으로 나아가는 이치"를 담고 있다. 그런데 육삼의 효사에서부터는 지나침은 모자람만 못한 법, 즐거움과 안락을 위해 대세에 아부하거나 영합하는 태도는 곤란하다는 점을 이야기한다. 특히 "소인배를 믿으면 마치 성실함이 깎여나가듯이 해를 입을 수 있다"라고 경고하며, 쉽게 유혹에 넘어가지 말라고 역설한다.

나를 칭찬하고 추켜올리는 사람을 멀리하기란 쉬운 일이 아니다. 인간의 허영심이 그것을 허락하지 않기 때문이다. 특히 자아가 굳건하지 못한 사람일수록 아부에 약하다. 서머싯 몸 같은 작가는 오죽하면 이렇게 썼을까. "허영심은 심지어 성자의 겸손에도 냉소적인 추파를 던진다. 어떤 빈틈으로 공격해올지 모르기 때문에 누구도 그 습격을 당해내지 못한다."

그런 형편이니 웬만큼 강건한 사람이 아니면 듣기 좋은 말로 현혹하면서 다가오는 사람을 뿌리치기 어렵다. 그래서 마지막 상육의 효사에서는 그렇게 다가오는 사람은 "상대를 유인해 더불어 기쁘게 지내려고 하므로" 더욱 위험하다고 말한다.

누군가에게 아부하고 그 부스러기라도 나누어 받으려는 사람은 늘 있기 마련이다. 그들은 호시탐탐 기회를 엿보며 상대의 허영심을 '습격'하고자 전력을 다한다. 따라서 나의 허영심을 부추기는 상대가 있다면 경계하고, 외부의 유혹을 물리칠 수 있어야 한다. 그렇게 강건함을 키우기 위해 노력하는 사람이라면, 자신의 인생에서 주도권을 갖는 일이 더 이상 어렵게 느껴지지 않을 것이다.

지금까지 연관된 괘를 살펴보았다. 이 괘들에 따르면, 궁극적으로 인생이란 늘 변화의 과정에 있다. 따라서 변화에 적응하기 위해서는 새로운 시도를 두려워하지 말고 언제나 배우는 자세를 가져야 한다. 더불어 물러나야 할 때는 되돌아 나올 수 있는 능력을, 능동적으로 행동해야 할 때는 거침없이 전진할 수 있는 능력을 지닐 때 주도적인 인생을 살아갈 수 있다.

여기에는 한 가지 전제가 필요하다. 스스로에 대해 알고 그 모습을 수용해야 하며, 나에 대한 확실한 앎 위에서 성장과 발전을 위해 노력하는 자세가 요구된다. 한 개인의 삶에 가장 큰 영향을 미치는 것은 타고난 기질과 성격이다. 정신의학에서는 성격, 기질, 지능 등이 합쳐져서 한 개인의 인격을 이룬다고 정의한다. 인격이란 나와 내게 중요한 타인, 그리고 환경에 대한 사고thought, 지각perception 그리고 인간관계에서 지속적으로 보이는 양상을 말한다. 즉, 한 개인이 자신을 포함한 세상의 모든 것에 어떻게 반응하는지를 알 수 있는 척도이며 그 자체라고 할 수 있다.

기질은 태어날 때부터 활동성, 각성, 사회성에 영향을 주는 성향으로 인격의 생물학적인 면을 말한다. 즉, 자극에 대해 거의 자동으로 일어나는 정서적 반응 성향으로서 다분히 유전적이다.

미국 워싱턴대학교의 클로드 로버트 클로닝거 교수는 인간의 기질을 분석해서 크게 세 가지 성향으로 나누었다. 첫 번째는 '자극 추구 성향Novelty Seeking'이다. 새로운 자극을 받으면 행동이 활성화되는 성향으로서 도파민이 그 중심 역할을 한다. 두 번째는 '위험 회피 성향Harm Avoidance'이다. 위험이 예상되는 상황에서 행동이 위축되는 성향으로 여기에는 세로토닌이 관여한다. 세 번째는 '사회적 민감 성향Reward Dependence'이다. 인간관계에서 친밀감과 같은 보상을 받을 때 행동이 활성화되는 성향으로서 노르에피네프린이라는 신경전달물질이 중심 역할을 한다.

클로닝거는 그러한 기질을 어떻게 성장시키고 발전시키는

가에 따라 한 개인의 성격이 결정된다고 주장했다. 즉, 어떤 사람은 익숙한 것을 싫어하고 늘 새로운 자극이나 정보를 찾으려고 하지만 또 어떤 사람은 새로운 것보다는 자신에게 익숙한 것을 선호하며, 또 다른 사람은 그러한 자극보다는 인간관계에서 느끼는 친밀함을 삶의 우선순위로 둔다는 것이다. 나아가서 그러한 자신의 성향을 불필요한 죄책감이나 방해물 없이 수용하고 자각하면서 발휘할 수 있다면 우리의 심리적 갈등은 줄어들고 성격 발달을 촉진할 수 있다고 했다.

하지만 물리의 작용과 반작용 법칙은 어디에서나 발휘되는 것이어서 그처럼 자신의 성향대로 살려는 마음과 그 반대의 작용이 내면에서 서로 충돌할 때 우리는 갈등을 느낄 수밖에 없다. 그러한 심리에는 프로이트가 말한 초자아, 자아, 본능, 의식, 전의식, 무의식 등의 여러 복잡한 면들이 서로 뒤섞여서 작용하게 된다.

그리하여 새로운 것을 시도하려는 사람도 '그랬다가 실패하면 어떻게 하지' 하는 불안감을 느끼고, 위험 회피 성향이 높은 사람도 새로운 시도에 대해 불안해하지 않으려고 애쓰며, 사회적 민감 성향이 높은 사람들은 친밀한 관계를 찾으면서도 또 상처를 입을까 두려워한다. 즉, 우리가 경험하는 갈등의 주된 요인은 실패나 거부에 대한 두려움이고 그것이 불안감으로 나타난다는 것이다.

그러한 심리를 가진 사람들에게《주역》은 앞서 살펴본 다양한 괘를 통해 "인생은 늘 새로움의 시작일 수밖에 없다는 것, 그것은 피할 수 없는 우리 삶의 행로이니 담담하게 받아들이라" 하고 말하고 있는 것이다.

그러한 가르침을 뒷받침해주는 뇌과학 연구도 있다. 즉, 우리의 뇌는 늘 새로운 정보를 받아들이기 위해 준비되어 있으며 실제로 이를 실행한다는 것이다. 우리 뇌 중에서 중요한 대뇌피질은 새로운 정보를 받아들일 때 활성화되며, 익숙해진 정보는 대뇌피질 하부Subcortical Area로 내려보낸다. 그로 인해 우리는 새로운 시도를 두려워하면서도 또 그러한 정보가 없으면 "뭐 새로운 것 없어?" 하고 찾게 되어 있는 것이다.

그 과정을 통해 우리는 인내심을 기르고(정신의학에서 지능을 평가할 때 단지 인지기능만 보지 않는다. 정신의학적으로 두뇌가 좋다는 것은 인지기능과 더불어 기다리는 힘, 즉 인내심까지 포함한 개념이다) 스스로 인생을 주도적으로 살아가고자 노력하기에 이른다. 그것이 내적인 자신감이다. 그러기 위해서는 먼저 자신을 잘 알아야 한다. 매슬로의 말을 빌리자면 "자신이 어떤 사람이며 무엇 때문에 존재하는지를 알지 못한다면 우리는 스스로를 존중할 수 없기" 때문이다.

그런 의미에서 매슬로는 우리가 불행했던 어린 시절의 경험에 영향을 받지만 그 희생물이 될 수는 없다고 믿었다. 그보다는 변화하고 성장하면서 자신의 심리적인 건강을 높은 수준까지 끌어올릴 수 있다는 것이다.

매슬로는 그렇게 할 수 있는 사람은 자신을 포함하여 주변 세계에 있는 사물과 사람을 있는 그대로 받아들이는 성격적 특성을 갖고 있다고 했다. 즉, '물이 축축하다고, 바위가 단단하다고, 나무가 푸르다고 불평하지 않는 것'처럼 자신과 상대의 본성에 대해서도 수용적이라는 것이다.

실제로 그들은 자신을 왜곡시키거나 변조할 필요가 없다. 다만 있는 그대로 자신을 받아들이면서 장점은 더 살리고 단점은 보완하려고 노력할 뿐이다. 그렇게 해서 우리는 자신에 대해 알면 알수록 더욱 분명하게 자신의 발전을 위해 노력함으로써 잠재 능력을 온전히 발휘하는 상태로 갈 수 있다.

3부

_

《주역》과 마음 경영

—

공자의 자기 수양
비결을 담은 9가지 괘

어지러운 세상에서
'나'를 잃지 않는 법

周
|
|
易

누구나 자기 삶이 순탄하게 흘러가기를 바란다. 그러나 인생은
얼마나 자주 그런 소망을 배신하던가. 사람에 따라서 크게 겪거
나, 더 작게 넘어가거나 하는 정도의 차이만 있을 뿐 어느 인생
에나 시련은 있다. 그런데 어쩐 일인지 외부에서 오는 어려움이
없으면 때때로 스스로를 고통스럽게 만드는 존재가 인간이다.
몽테뉴의 말을 빌리자면 '인간의 영혼에는 다양한 면이 존재'하
기 때문이다. 그의 이야기를 좀 더 들어보면 이렇다.

약간 돌려 보거나 조금만 다르게 봐도 온갖 모순이 내게서 발견된
다. 수줍고 건방지고, 정숙하고 음탕하고, 수다스럽고 뚱하고, 통

크고 까다롭고, 영리하고 둔하고, 시무룩하고 상냥하고, 거짓되고 진실하고, 유식하고 무식하고, 기분파인 데다가 인색하고 허랑방탕하고. (…) 나는 내가 이 모든 것을 얼마간 가지고 있음을 보게 된다.

이 구절을 읽으며 나는 격하게 동의하지 않을 수 없었다. 그렇기에 성경에 나오는 "주여, 나를 죄에서 구하소서"라는 기도문에서 죄는 외부의 죄만이 아니라, 내면의 죄도 포함된다는 것이 내 생각이다. 인간은 행복을 추구하면서도 때때로 스스로를 불행에 빠뜨리는 이상한 존재인 셈이다.

결론적으로 그러한 자신의 내적 세계와 대적해나가면서 스스로 발전을 꾀하는 과정은 자기 경영에서 꼭 필요하다. 《우주 변화의 원리》를 쓴 한동석 선생은 자연계의 운동은 전진이 아니라 발전이라고 말했다. 전진은 단지 앞으로 나아가는 것을 뜻하지만 발전은 장애물을 극복하면서 앞으로 나아간다는 의미를 담고 있다. 그처럼 발전하는 나 자신이 되기 위해서는 풍부한 경험과 더불어 지혜가 필요하다. 예를 들어, 살아가면서 가장 필요한 지혜 중 하나는 앞에서도 언급했듯이 지금 내가 어디에 서 있고 어디로 가야 하는지를 아는 것이다. 그것이 비전이고 희망이다. 비전과 희망이 있는 한 우리는 어떤 어려움도 견뎌낸다. 반면 그것이 없다면 조그마한 어려움에도 무너지기 쉽다.

물론 단순히 비전과 희망만으로는 부족하다. 식물이 성장하려면 햇빛과 물, 공기와 영양소가 필요하듯이 사람 역시 제대로 성장하고 발전하기 위해서는 나름의 햇빛과 물, 공기와 영양소가 필요하다. 그리고 그러한 요소들이 무엇인지 알아야만 제대로 된 발전을 꾀할 수 있다.

그렇지 못하면 때로는 아주 작은 틈이 커다란 균열로 이어져 나의 내면을 무너뜨리는 경우도 생겨난다. 공자 역시 이 점을 경계해서 특별히 우리가 인생에 대해 가져야 할 우환憂患 의식에 관해 이야기하고 있다. 《계사전》하편에 나오는 "역을 만든 사람은 세상에 대해 깊은 우환 의식이 있었던 듯하다作易者 其有憂患乎"라는 말이 그렇다.

남회근은 이 문장에 대해 "길게 내다보지 못하면 반드시 근심거리가 생긴다"라는 것이 바로 우환의 이치라고 설명한다. 그는 이어서 공자가 우환 의식 이야기를 한 것은 인생의 여러 가지 시련 속에서 역의 이치를 깨닫는 것이 얼마나 중요한지를 말하기 위함이라고 했다.

공자는 염려하고 괴로워하는 와중에도 군자라면 자신의 덕을 닦아서 앞으로 나아갈 필요가 있다고 생각했다. 그리하여 《주역》의 64괘 중 특별히 아홉 개의 괘를 선택해서 덕의 기틀을 세우라고 조언한다. 이괘履卦, 겸괘謙卦, 복괘復卦, 항괘恒卦,

손괘損卦, 익괘益卦, 곤괘困卦, 정괘井卦, 손괘巽卦가 그것이다.

이 아홉 가지 괘를 하나하나 살펴보면 오늘날의 사람들에게도 꼭 필요한 이치를 담고 있음을 알 수 있다. 어느 대목에서는 감탄이 나올 만큼 우리 시대에 꼭 필요한 이야기로도 여겨진다. 우리는 난세일수록 공자가 말한 우환 의식을 잊지 않으면서 자신의 처신에 더욱 마음을 쓸 필요가 있다. 즉, 공자가 제시한 아홉 개의 괘를 마음 경영의 기초로 삼아 나의 내면을 살피고 외적인 문제도 해결하는 방법들을 찾아낼 필요가 있는 것이다.

이 아홉 가지 괘(삶의 지혜)가 필요한 이유는 내 인생의 리더는 바로 나이기 때문이다. 우리의 부모가 나를 낳아주었으나 나라는 기업, 나라는 나라, 나라는 우주를 성장시키고 발전시켜나가는 주체는 바로 나 자신이다. 우리 몸은 대략 30조의 세포로 이루어져 있다고 한다. 그러한 거대한 조직을 이끄는 내가 당연히 리더가 아니겠는가. 특히 그 어느 때보다 인생의 불확실성이 지배하는 전환기야말로 그러한 이야기들을 살펴보기에 가장 적기가 아닌가 한다.

1 호랑이 꼬리를 밟듯이 신중하되,
    필요할 때는 결단하라

나는 상담을 시작할 때 대체로 심리분석부터 한다. 먼저 답변에
대체로 두 시간 정도 걸리는 심리검사 설문지를 분석한 뒤 내
담자의 기질과 심리상태, 인간관계, 리더십 역량 등을 알아본다
(요즘 같은 시대에는 꽤나 아날로그적으로 들리겠지만 결과를 도출하는
데는 가장 유용한 방식이다).

더불어 명리학의 오행을 통한 분석도 함께 시행하는데 이 부
분이 굉장히 흥미롭다. 심리검사를 통한 기질 및 성격 분석과
오행으로 살펴보는 성격 분석이 90퍼센트 이상 합치하기 때문
이다. 간혹 들어맞지 않는 경우도 있는데, 나중에 알고 보면 내
담자가 억지로 성격을 훈련한 경우가 많다.

예를 들어, 심리검사에서는 매우 외향적인 타입으로 분류된 사람이 오행의 특성으로는 내향성이 더 두드러지는 경우가 있다. 그런데 상담 중에 자신이 본래는 매우 내성적인 사람이라고 털어놓는다. 사회에서 살아남기 위해서는 외향적인 성격이 더 도움이 될 것 같아 끊임없이 그런 쪽으로 훈련했다는 것. 그 과정에서 스트레스가 심해 심리적인 압박을 계속 받고 있다는 사람들도 적지 않다. 그러한 사실을 터놓고 이야기할 수 있어서 후련하다는 이야기도 빼놓지 않는다.

당사자가 조직의 리더인 경우에는 그러한 심리분석 외에 핵심 성공역량 분석을 함께 시행한다. 한 개인이 조직에서 성취를 이루는 면에 있어서 얼마나 유연하고 효율적으로 능력을 발휘할 수 있는지를 여덟 가지 측면에서 분석, 평가하는 것이다.

그 여덟 가지 측면은 책임감, 열정과 도전정신, 신중함과 섬세함, 지구력과 인내심, 정직함과 성실성, 인간관계 능력, 유연함과 개방성, 조직 생활에 적응하는 능력이다. 그것을 검사 도구의 세분화 척도 중에서 각 능력을 평가할 수 있는 척도로 묶어 분석한 다음 각각 0~100퍼센트로 점수를 내서 알아보는 것이 골자이다(앞서 기술한 대로 지난 10여 년간의 내 임상 경험을 토대로 만든 척도이다).

이 분석이 의미를 갖는 것은 당사자가 실제로 조직 내에서 어떤 방식으로 리더십을 발휘하고 있는지를 일목요연하게 보여준다는 데 있다. 꽤 긴 세월 많은 기업 임원을 상담해온 결과 데이터 축적이 가능해졌는데, 여기서도 굉장히 흥미로운 점이 발견된다. 거의 70퍼센트 이상의 임원들에게 공통으로 부족한 역량이 있는 것이다. 바로 '신중함'이다. 즉 신중함과 섬세함이라는 측면에서 대부분의 임원들이 평균적으로 25~50퍼센트를 넘지 못하고 있다. 그들이 '신중함'을 제외하고는 나머지의 핵심 역량을 고루 갖추고 있다는 점에서, 꽤나 흥미로운 현상이다.

물론 직업적인 특성에 따라 다른 결과를 보이기도 한다. 예를 들어, 법조계의 경우 오히려 반대 결과를 보인다. 그 세계에서는 신중함이 가장 필요한 자질 중 하나인 데다, 처음부터 그런 기질을 가진 사람들이 더 많이 진출하기 때문일 것이다. 기업 임원들이 다른 결과를 보이는 이유는 신중함보다는 결단력이나 과감함이 더 요구되는 한국적인 비즈니스 환경이 가장 큰 원인일 것이다. 경제 부흥을 외치던 1970~80년대를 거쳐 오늘날에 이르기까지 한국의 리더에게 요구되는 가장 중요한 덕목은 강한 카리스마와 추진력, 진취성 등이다. 그래서인지 기업 현장뿐 아니라 정치권에서도 강력한 이미지를 내세워 돌파력으로 승부하는 사람들이 인기를 얻곤 한다.

공자의 생각은 좀 달랐던 듯하다. 군자에게 필요한 첫 번째 덕목으로 신중함을 들고 있기 때문이다. 이괘履卦를 대표하는 내용은 '신중함과 조화로움을 통해 위험을 미리 막는 것의 중요성'으로 요약할 수 있다. 이괘는 상괘가 하늘을 상징하는 건괘乾卦, 하괘가 연못을 상징하는 태괘兌卦로 이루어져 있어서 천택이괘天澤履卦이다. 하늘에 못이 비치는 형상이다.

하늘이 위에 있고 못이 아래에 있으니, 분수와 높고 낮음의 의리가 마땅하다고 해서 덕의 근본이라고도 해석한다. 공자가 군자의 아홉 가지 덕목을 이야기하면서 이괘를 맨 앞에 놓은 이유이기도 하다.

이괘의 첫 번째 괘사는 "호랑이 꼬리를 밟아도 사람을 물지 않는다. 형통하다履, 履虎尾 不咥人 亨"로 시작한다.

이履는 일차적으로 조심조심 앞으로 나아간다는 뜻이다. 마치 호랑이 뒤를 따라가듯이 방심하지 않고 신중하게 행동한다면 아무런 해도 입지 않을 것이라는 의미를 담고 있다. 사람이 일정한 위치에 오르고 나서 자만에 빠지지 않기란 정말 어렵다. 물론 처음부터 허세 가득한 사람이 높은 자리에 오르는 경우도 있다. 그런 유형일수록 자기 말이나 생각이 전부라고 여기며 '무조건 전진'을 외치는 사례 역시 적지 않다.

그런 경우 처음에는 마치 성공이 눈앞에 있는 것처럼 호들갑을 떨고 큰소리를 쳐대므로 쉽게 사람들을 현혹한다. 그러나 패색이 짙어지면 가장 먼저 사라지는 것도 그들이다. 책임감은 고사하고 실패를 감당할 만한 뱃심 같은 것은 처음부터 가지고 있지 않은 탓이다. 실제로 그런 사례는 적지 않아서 일일이 예를 들기도 어려울 지경이다.

시작할 때는 소박하고 신중한 처신으로 좋은 평판을 얻은 사람도 시간이 흐르다 보면 자신도 모르게 잘난 체하며 경거망동하는 모습을 내보이곤 한다. 또는 스스로는 분규를 일으키고 싶지 않아도 주변에 부추기는 사람들의 영향으로 그런 사태에 휘말리기도 한다. 물론 기질적으로 신중함과는 거리가 먼 유형도 있을 수 있다.

하지만 책임 있는 자리에 오른 사람이라면 어떤 경우에도 신중함을 지킬 필요가 있다. 안 되면 훈련을 통해서라도 어느 정도까지는 그런 자세를 습득해야 한다. 발타자르 그라시안의 말을 빌리자면 "결코 냉정을 잃지 말고 자기 자신의 온전한 주인이 될 필요"가 있는 것이다. 그라시안은 그렇게만 된다면 "최상의 상황이건 최악의 상황이건 마음이 어지럽혀져서 비난을 사는 일은 없을 것이다"라고 주장한다.

이괘의 효사에 담겨 있는 이야기 역시 그와 다를 바가 없다. 구이의 효사 "밟는 도가 탄탄하니, 그윽한 사람이라, 바르고 길하다履道坦坦 幽人貞吉"라는 문장 역시 그런 자질을 말하고 있다. 이 유형은 남이 알아주든 말든 묵묵히 자기의 길을 가는 사람이다. 그것을 두고 구이의 효사는 "바르고 길하다"라고 한 것이다.

이어서 구사의 효사 역시 앞의 패사와 마찬가지로 "호랑이 꼬리를 밟더라도 조심하면 마침내는 길할 것이다"라는 의미를 담고 있다. 이 구사의 자리는 조직에서는 임원, 인생에서는 40대에 해당한다. 인생의 위기에 노출되어 있는 시기라고 해도 과언이 아니다(기업의 임원 중에는 임원이 '임시 직원'의 줄임말일 뿐이라며 자기혐오를 보이는 사람마저 있을 정도이다). 그만큼 그 시기를 지나는 사람들의 스트레스는 대단하다. 언제 해고통지를 받을지 알 수 없다는 불안감, 성과에 대한 지나친 압박 등등. 하지만 그러한 위기를 잘 극복하면 마침내는 길할 것이라고 구사의 효사는 말한다. 언제나 삼가는 마음으로 신중하다면 자신의 역량을 힘껏 펼칠 수 있는 것이다.

공자는 《계사전》 상편에서 택풍대과괘澤風大過卦 초육의 효사를 인용해서도 '신중함'에 관해 언급하고 있다. 이 괘는 거센 바람을 상징하는 손괘巽卦가 하괘이고 못을 상징하는 태괘兌卦가 상괘로 이루어져 있어서 택풍대과괘이다. 이 괘 초육의 효사는 "아래에 백모를 깔았으므로 허물이 없다藉用白茅 无咎"라고 되어 있다.

여기서 '백모白茅'는 양쯔강 일대에서 자라는 가늘고 하얀 풀로 달콤한 맛이 난다고 한다. 예전 중국에서는 새해가 되면 지인들에게 떡을 보냈는데, 그때 이 백모를 아래에 깔고 그 위에 떡을 얹어서 보냈다는 것이다. 그것을 두고 공자는 이렇게 말했다.

그냥 바닥에 놓아도 되는데 그 아래에 백모를 깔았으니 어찌 허물이 있겠는가. 신중함이 지극하다. 백모는 보잘것없으나 그 쓰임새는 중요하다. 신중함이란 작은 수단에 지나지 않는다. 그러나 만사에 신중히 처신한다면 끝내 허물이 없을 것이다 子曰, 苟錯諸地而可矣 藉之用茅 何咎之有 愼之至也 夫茅之爲物薄而用可重也 愼斯術也以往 其无所失矣.

물론 지나치게 신중하기만 해서도 곤란하다. 언젠가 보고서의 양식과 글자 수에 집착하는 총리의 이야기가 화제가 된 적이 있는데, 그런 정도라면 다소 곤란하다. 이런 집착은 신중함에서 나왔다기보다 대체로 불안과 두려움에서 비롯한 경우로 보인다. 그런 부정적인 감정으로 인해 자신도 모르게 사소한 일에 매달리고 지나칠 정도도 꼼꼼히 살피게 되는 것이다.

실제로 영어의 '꼼꼼한meticulous'이라는 단어는 '두렵다'는 의미의 라틴어 '메티쿨로수스meticulosus'에 어원을 두고 있다. 공자도 지나친 신중함에 대해서는 선을 긋고 있다.《논어》〈공야장편公冶長篇〉에 보면 계문자季文子라는 인물이 세 번 생각한 후에 행하였다는 말을 들은 뒤 공자가 말한다.

두 번이면 되느니라 再斯可矣.

어찌 됐든 신속한 판단력과 결단력은 누구에게나 대단히 중요한 자질이다. 구오의 효사 "결단코 이행하되 정도를 지켜 위험을 막아야 한다夬履 貞厲"라는 구절이 바로 그 점을 말하고 있다. 결단력을 가지고 앞으로 나갈 필요가 있을 때는 과감하게 행동하되, 정도를 넘어서지 않으면 형통함이 기다리고 있다는 것이다.

우리는 누구나 일을 신속하게 처리하되 늘 존재하는 위험에도 대비해야 한다. 결론적으로 신중함이 필요한 순간에는 마치 호랑이 꼬리를 밟듯이 삼가고, 과감함이 필요할 때는 또 단번에 치고 나가는 용기를 가질 필요가 있다.

2   매사 겸손하되
허명에 빠지지는 말라

지산겸 地山謙

겸손한 자는 높아지면 빛이 나고 낮아져도 그를 넘어갈
수 없다. 하지만 그에 따르는 허명 또한 물리쳐야 한다.
그렇지 못하면 겸손도 일종의 페티시일 뿐이다.

어느 중견기업의 젊은 대표가 찾아왔다. 한눈에 봐도 유능하고
세련되며 카리스마 넘치는 모습이었다. 처음에 그는 회사 경영
문제로 압박이 너무 심하다면서 혹시 항불안제와 같은 약물치
료로 괴로움을 줄일 수 있는지 물어왔다. 하지만 상담이 무르익
자 곧 자신이 겪고 있는 문제를 털어놓기 시작했다.

　그는 아버지의 가업을 물려받았고, 일찌감치 미국으로 유학
을 떠나 경영수업도 받았다고 했다. 그런데 막상 회사로 들어
와 내부를 들여다보니 '고루하고 낡은 예전의 방식'대로 운영되
고 있었다. 물론 그는 나중에 가서야 자신의 생각이 잘못됐다는
것을 알았지만 당시에는 확실히 그렇게 보였다. 그는 자신이 최

신 경영기업을 공부한 것에 대한 자부심이 있었고, 스스로를 젊고 유능하고 똑똑하다고 여겼다. 그는 별로 망설이지도 않고 아버지 때부터 함께 일해온 임원들을 내보내고 마음에 맞는 젊은 친구들을 영입했다.

변화의 초기에 회사는 그의 생각대로 잘돼가는 듯했다. 하지만 곧 그의 독단과 젊은 임원들의 오만이 합쳐지면서 회사 분위기가 가라앉았다. 이는 당연히 매출 부진으로 이어졌다. 직원들은 그의 앞에서는 불만을 드러내지 않았으나 뒤로는 수동공격성의 태도로 일관했다. 그는 나중에야 그 사실을 알게 되었다.

상담 과정에서 나는 그와 지산겸괘地山謙卦에 관해서 많은 이야기를 나누었다. 겸괘가 '겸허한 처신으로 더욱 빛나는 면모의 중요성'을 주요 내용으로 하고 있기 때문이다. 다행히 그는 몇 차례 상담을 거치면서 자신이 오만했음을 인정하고 좀 더 부드럽고 겸손한 자세로 경영에 임하게 되었다. 덕분에 직원들도 서서히 마음을 돌렸고 회사 분위기도 한결 나아졌으며, 매출은 다시 정상 수준으로 올라섰다.

겸괘는 땅을 상징하는 곤괘坤卦가 상괘, 산을 상징하는 간괘艮卦가 하괘로 이루어져 있어서 지산겸괘이다. 자연에서 산은 땅 위에 존재하지 그 아래에 있는 법이 없다. 따라서 땅 아래에 산이 있다는 것은 자신을 낮추는 겸손을 나타낸다.

평생 성경과 《주역》을 연구해온 다석 유영모 선생은 이 괘에 대해서 이런 말을 남겼다.

> 우린 겸괘를 가지고 참으로 겸손을 배울 수가 있다. 땅은 위에, 산
> 은 아래에 가 있는 것을 겸손하다고 했는데 그건 우리가 끄트머리
> 에 있다는 것이다. 우린 한 점 찍힌 듯 만 듯, 있는 둥 마는 둥 한
> 존재일 뿐이다. 아무리 태산泰山이라도 지구 전체로 보면 가장자
> 리에 붙어서 있는 둥 마는 둥 한 것과 같은 상태이므로 겸손할 수
> 밖에 없다.

그는 성경을 읽는 사람은 《주역》도 공부해야 한다고 주장했
다. "성경처럼 겸손을 가르치는 책이 없는데, 그것을 구체적으
로 《주역》의 겸괘가 가르쳐주는 것만 봐도 그 이유를 알 수 있
다"라는 것이다.

대부분의 《주역》 해석서에서는 이 겸괘가 풍성한 부를 가졌
다는 의미를 지닌 화천대유괘火天大有卦 다음에 나오는 것에 주
목하라고 말한다. 내가 많은 것을 가지고 있으면 당연히 오만해
지기 쉽다. 익을수록 고개를 숙이라고 하지만 그것이 쉬웠으면
그런 말도 진즉 사라졌을 것이다. 오죽하면 성바오로 수도회 창
립자 알베리오네 신부님도 '교만은 인간이 죽은 뒤에도 세 시간
은 지나야 죽는다'고 말했을까.

그에 대해서는 괴테도 한마디 했다. 그의 소설 《친화력》에 나

오는 말이다.

자신의 우월한 점을 가끔 잔혹한 방법으로 다른 사람들에게 과시
하는 일이 없을 정도로 인격을 갖춘 사람이 얼마나 될까?

교만에 대해서는 당연히 공자의 말도 있다.

만일 주공과 같은 훌륭한 재능을 지니고 있어도 교만하고 인색하다
면 하찮을 뿐이다 子曰, 如有周公之才之美 使驕且吝 基餘不足觀也已.

《논어》〈태백편泰伯篇〉에 나오는 문장이다.
나도 괴테나 공자의 말에 전적으로 동의한다. 나 역시 괴테가
말한 인격을 갖추지 못했고, 주공처럼 재능이 있는 것도 아니면
서 교만할 때가 한두 번이 아니기 때문이다. 그래서 그 비슷한
문제로 상담을 원하는 사람들에게 깊이 공감한다.
그들에게 꼭 필요한 것이 바로 이 겸괘의 이야기다. 겸괘의
첫 번째 괘사는 다음과 같다.

겸허하면 형통하니 군자는 유종의 미를 거둔다 謙, 亨 君子有終.

단전에서는 그것을 다음과 같이 풀이한다.

겸손한 자는 높아지면 빛이 나고 낮아지더라도 그를 넘어갈 수 없다. 군자라야 끝을 마칠 수 있는 것이다 謙尊而光 卑而不可踰 君子之終也.

처음부터 끝까지 겸손함을 강조하고 있는 것이다. 여기에 나오는 원문 중에서 '겸존이광謙尊而光'이라는 구절은 옛사람들이 편액을 만들어 걸어두기 좋아하는 문장 중 하나였다고 한다.

겸괘는《주역》64괘 중에서 전체 효사가 "길하고 좋다"라고 끝나는 유일한 괘이기도 하다. 겸허함을 잃지 않으면 어떤 경우에도 형통하고 상서로울 수 있다는 뜻을 담고 있다. 다만 여기서도 과유불급의 폐단에 대해서는 경계하고 있다.

육사의 효사에 "겸허한 사람이라는 허명虛名을 물리치라 无不利 撝謙"라는 구절이 나오는데, 이는 겸허함이 지나쳐서도 안 되므로 정도를 지키라는 주문으로 해석한다.

허명에 대해서는 맹자도 말했다.《맹자》〈이루장구離婁章句〉하편에 보면 서자徐子가 공자께서 물을 칭찬했는데, 무엇 때문이냐고 묻는 장면이 나온다. 맹자의 대답은 이러했다.

근원이 있는 샘물은 밤낮을 가리지 않고 졸졸 흘러 구덩이를 채운 뒤에 앞으로 나아가 바다에 이른다. 근본이 있는 것은 이와 같으니 이를 취하신 것이다. 진실로 근본이 없다면 칠팔월 사이에 빗물이 모여 크고 작은 도랑을 모두 채우나 그 물이 말라버리는 것을 서서 기다릴 수 있을 정도이다. 그러므로 명성이 실제보다 지나친 것을 군자는 수치로 여긴다原泉 混混 不舍晝夜 盈科而後 進放乎四海 有本者 如是 是之 取爾 苟爲無本 七八月之間 雨集 溝澮皆盈 基涸也 可立而待也 故聲聞過情 君子恥之.

겸허한 사람이라는 것을 포함해 모든 허명은 '가득 찼다 싶은 순간에 어느새 말라버리는 한여름 빗물' 같은 것에 불과하다니, 이 얼마나 멋진 비유인가!

그럼에도 많은 사람이 오늘도 허명에 목숨을 건다. 물론 나도 예외는 못 된다. 다만 맹자의 말씀을 마음에 새기고자 노력한다. 아주 오래전에 유행했던 애니타 브라이언트의 〈종이 장미Paper Roses〉 노랫말을 생각하면서 모조품이 되지 않으려고 말이다. "Oh, how real those roses seemed to be. But they're only imitation. Like your imitation love for me(오, 저 장미는 얼마나 진짜 같은지. 하지만 모조품일 뿐이죠. 나를 향한 그대의 가짜 사랑처럼)."

대체로 교묘하게 위장하여 상대방을 조종하는 데 능한 사람들이 그런 일을 벌이곤 한다. 그런 유형의 사람이 야망을 위해 결심하고 위선의 탈을 쓰면 웬만해서는 넘어가지 않을 도리가 없다. 그렇게 해서 일정한 자리에 오른 후에도 여전히 자신은 정직하고 겸허한 인물인 척 연기를 계속하는 사람들도 있다.

그런 경우 그들에게 정직이나 겸손은 일종의 페티시에 불과하다. 하지만 주변에서는 누구도 진실을 알아차리기 어렵다. 그들의 야심으로 인해 불거진 문제가 해결 난망한 지경에 이르러서야 상황을 이해하게 되는 경우가 대부분이다. 따라서 자신의 허명도 경계해야 하지만, 거짓된 겸손을 알아보고 물리치는 강건함도 지녀야 한다. 더욱이 이는 예전 시대보다도 지금의 우리에게 꼭 필요한 자질이 아닌가 한다.

그래서 공자님이 이 겸괘를 가리켜 '덕의 자루德之柄也'라고 한 것이리라. 도끼도 자루가 없으면 휘두를 수 없듯, 겸손은 다른 모든 덕을 가능하게 하는 근본이다.

3 마음이 무너질 때는 잠시 멈춰도 좋다

☷ 지뢰복地雷復

무너진 것을 되돌리는 데는 시간이 걸린다. 그런 때일수록 스스로를 돌아보고 정기를 회복하고 그 영향력을 넓혀 나가려는 자세가 필요하다.

"4월의 소나기는 5월의 꽃을 부른다April showers bring May flowers"라는 영어 속담이 있다. 예전에 메르켈 전 독일 총리가 현역에 있을 때 '위기危機'라는 한자어를 서방인들에게 소개한 적이 있는데, 이 속담이 거기에 해당하겠다.

비슷한 속담은 우리한테도 있다. 인생의 굴곡에 관해 말할 때 우린 흔히 "새벽이 오기 전이 가장 어둡다"라거나 "골이 깊으면 산도 높다"라는 말을 인용하곤 한다. 큰 고난 뒤에는 그만큼 후한 보상이 따르니 희망을 잃어선 안 된다는 간절함을 담은 표현이다.

복괘復卦를 이해하려면 먼저 그 바로 앞에 나오는 산지박괘山地剝卦에 대해 살펴볼 필요가 있다. 산지박괘는 산을 상징하는 간괘艮卦와 땅을 상징하는 곤괘坤卦로 이루어져 있다. 가장 위에 놓인 상효가 양이고 나머지 다섯 개의 효는 모두 음이어서 산이 무너지는 형상을 상징한다. 그래서 괘의 이름이 '벗겨서 떨어뜨리는 것'을 뜻하는 박괘剝卦이다. 마치 오 헨리의 소설《마지막 잎새》와도 같은 상황이라고 할까.

그런데 이 박괘 다음에 놓인 것이 복괘이다. 복괘는 땅을 상징하는 곤괘坤卦와 우레를 상징하는 진괘震卦로 이루어져 있어서 지뢰복괘地雷復卦이다. 괘의 모습은 맨 아래 초효만 양이고 위의 다섯 효는 모두 음으로 되어 있다. 땅에서 생명이 올라오는 형상이다. 이것은 내 인생이 다 엉망진창이 되어 무너질 것 같은 순간에 새로운 변화에 대한 의지가 생겨난다는 것을 의미한다.

한마디로 박괘는 위기가 스며들어 쇠퇴하는 시기에는 납작 엎드려 이로움과 이롭지 못함을 분별하면서 보내고, 조용히 어려움이 끝날 때까지 기다릴 것을 주문한다. 그렇게 하다 보면 양의 기운이 되살아나면서 밑에서부터 본래의 상태를 회복해가는 복괘의 시절이 온다는 것이다.

나는 이 두 괘야말로 《주역》의 묘미를 가장 잘 나타내고 있다고 생각한다. 서로 도전괘의 관계로서 박괘는 무너지기 일보 직전을, 복괘는 어둠 속에서 새 생명이 움터 나오는 것을 상징한다는 점에서 그렇다. 그야말로 어둠은 새벽의 그림자라는 말과 가장 어울리는 괘의 조합이 아닌가 싶다. 여기에 딱 어울리는 영어 속담도 있다. "최고를 기대하고 최악에 대비하라Hope for the best and prepare for the worst."

그런 의미에서 복復은 동지冬至를 나타낸다고 보기도 한다. 동지를 기점으로 가장 깊은 어둠이 끝나고 서서히 밝음이 시작되기 때문이다. "복은 형통함이다復 亨"라는 문장으로 복괘의 첫 괘사가 시작되는 것도 그런 까닭이다. 동지가 지나면서 땅속 깊은 곳에서는 이미 봄기운이 시작되고, 머지않아 그 생기발랄함이 터져 나올 것이므로 형통하지 않을 수 없는 것이다.

당연히 너무 서둘러서는 곤란하다. 어떤 경우에도 무너진 것을 되돌리는 데는 시간이 걸리기 때문이다. 그래서 복괘의 초구에서부터 육오에 이르기까지 효사를 살펴보면 한결같이 "지난 과오를 깨닫고 정도로 돌아오기 위해서는 어떻게 해야 하는가"에 대한 이야기가 담겨 있다.

누구나 크든 작든 삶의 굴곡을 경험하며 살아간다. 그 고비마다 우리가 겪는 중압감도 작지 않다. 그러한 스트레스에서 벗어나기 위해 꼭 필요한 것 중의 하나가 자기 성찰의 시간이다. 즉, 자신을 힘들게 하는 내면의 문제들을 돌아보고 쉼의 시간도 가지면서 새롭게 심리적 에너지를 충전할 필요가 있는 것이다. 공자 역시 그 옛날에 내면의 휴식의 중요성에 대해 잘 알았던 것 같다. 그렇기에 군자가 갖추어야 할 아홉 가지 덕목 중 하나로 복괘를 꼽았을 것이다. 공자의 심정에 백 번 공감한다.

때때로 삶의 무게가 도저히 참을 수 없게 느껴지는 순간이 찾아온다. 이를 견디지 못해 매너리즘에 빠지거나 알코올이나 약물과 같은 도피처를 찾는 사람도 있다. 특히 일정한 성공을 거둔 사람일수록 지나친 책임감, 과도한 자긍심, 평판에 대한 두려움, 지독한 경쟁심 때문에 삶에서 괴로움을 겪는 경우가 많다. 그들의 내면에서는 분노와 불안, 우울과 피해의식, 인간에 대한 불신과 냉소 등이 점점 커져간다. 그럼에도 자신의 내면의 위기를 제대로 인식하지 못하는 사람이 적지 않다. 대부분 문제가 불거진 다음에야 주위의 강력한 권유로 병원을 찾는 경우가 일반적이다.

상담 초기에 그들은 자신에게 아무런 문제도 없음을 강조하는 데 시간을 쓴다. 하지만 상담이 계속 진행되고 심층 심리분석 결과가 나오면 그제야 "사실은…" 하면서 자신의 이야기를 털어놓는다. 그러면서 누군가에게 자신의 문제를 허심탄회하게 이야기하는 것이 처음이라는 말을 덧붙인다. 타인에게 내면의 문제를 털어놓는 것은 곧 자신의 약한 모습을 보이는 것이라는 등식 속에서 긴 세월 살아온 탓이리라.

하지만 속내를 이야기한 다음에는 대부분 일종의 카타르시스를 경험했노라고 말한다. 그리고 뭔가 새롭게 시작할 용기도 되살아났다고 고백한다. 나는 그들이 이 복괘에서 말하는 '스스로를 되돌아보고 정기를 회복하는 것'의 의미를 실제로 경험한 것이라고 생각한다.

어느 《주역》 학자는 이를 두고 도연명陶淵明의 〈귀거래사歸去來辭〉 중 "길을 잃었으나 아직 멀리 가지 않았나니 지금이 옳고 지난날이 잘못이었음을 깨닫는다"라는 구절이 떠오른다고 언급하고 있다. 도연명의 이 문장을 보기 전부터 나 역시 내면 성찰을 산행에 비유해왔다.

우린 누구나 산에 오를 때 일정한 간격을 두고 쉬면서 아래를 내려다본다. 그사이 얼마나 올라왔는지, 또 앞으로 얼마나 더 올라가야 하는지 가늠도 해보면서 휴식을 취하기 위해서다. 그래야 다시 힘을 내서 정상을 향해 발걸음을 내디딜 수 있다.

우리가 때때로 멈춰서서 내면을 돌아보는 일도 그와 같다. 특히 정신적 에너지가 다 고갈된 느낌이 들거나, 뭔가 일이 잘못되어가는 조짐이 보일 때는 반드시 그러한 멈춤과 돌아봄이 필요하다. 그러지 않고 주변 환경은 물론 자신의 몸과 마음을 황폐하게 내버려둔다면 돌이킬 수 없는 순간을 맞을지도 모른다.

맹자는 이를 두고 '우산牛山의 나무'에 비유하고 있다. 그는 《맹자》 〈고자장구告子章句〉 상편에서 우산의 나무가 일찍이 아름다웠으나 큰 나라 수도의 교외에 있다 보니 사람들에게 늘 찍힘을 당하고 이파리는 자라는 대로 소와 양에게 뜯어먹히는 수난을 당해 형편없는 몰골을 하게 되었다고 했다. 하지만 맹자는 그것이 나무의 본성이 아니니 잘 자라도록 보호해주면 당연히 아름다움을 되찾을 수 있다고 이야기한다. 사람의 마음도 그와 같아서 잘 기르면 자라지 않는 것이 없고, 그러지 못하면 소멸하지 않는 것이 없다는 것이다. 이처럼 나는 맹자 또한 우리가 왜 '스스로를 돌아보고 정기를 회복해야 하는지'에 대해서 이미 저 옛날 명쾌한 해답을 지니고 있었다고 생각한다.

복괘에서 또 하나 흥미로운 것은 억지로라도 자신을 회복해야 한다고 말하는 대목이다. 육삼의 효사에 "얼굴을 찌푸리고 억지로 회복하니, 위험하나 허물은 없다頻復 厲无咎"라는 구절이 그것이다. 이는 곧 우리가 마음을 제대로 경영하기 위해서는 일정한 훈련이 필요하다는 뜻을 담고 있다. 즉, 스스로의 내면을 어떻게 훈련하느냐에 따라 마음 경영에 성공할 수도, 그르칠 수도 있는 것이다.

공자는 《논어》〈양화편陽貨篇〉에서 "사람의 성품은 비슷하나 습성으로 멀어진다性相近也 習相遠也"라고 했다. 누구라도 자기 성찰을 위한 훈련에 마음을 쓴다면 머지않아 그것을 체득하는 순간을 맞을 수 있다는 의미일 것이다. 또 《계사전》 하편에서 복괘 초구의 "얼마 벗어나지 않아 바른길로 돌아오니 후회가 없고 크게 길하다不遠復 无祇悔 元吉"라는 효사를 인용해 다음과 같이 말한다.

안회顏回는 거의 최고의 경지에 이르렀다. 옳지 못한 것을 몰랐던 적이 없고, 알면서 같은 잘못을 두 번 다시 저지르는 일이 없었다顏氏之子 其殆庶幾乎 有不善未嘗不知 知之未嘗復行也.

안회는 공자가 가장 사랑한 제자였다. 그래서인지 《논어》에는 안회에 대한 공자의 애정이 묻어나는 문장들이 많다. 그런데 여기에서도 안회의 성품을 언급하면서 그가 이미 훈련을 통해 일정한 경지에 올랐음을 칭찬하고 있는 것이다.

결론적으로 복괘는 우리가 삶의 굴곡 앞에서 어떻게 마음을 다스려야 할지 그 핵심을 짚고 있다고 하겠다.

4 조용하고 소신 있게
가야 할 길을 간다

뇌풍항 雷風恒

항심恒心을 위해서는 쓸데없이 무게 잡지 말고 나에게 맞
는 역할을 선택하거나 때로 버릴 수도 있어야 한다. 그것
이 균형과 능변으로 발전을 이루는 길이다.

한때 파괴적인 리더를 경계하라는 말이 유행한 적이 있다. 그들
은 대체로 현란한 말솜씨와 매력적인 카리스마, 원대한 비전 등
을 앞세우며 조직원들을 쉽게 사로잡는다. 덕분에 출세도 빨라
서 비교적 젊은 나이에 임원이 되지만 실제로는 자신의 이익에
만 몰두하거나 안하무인의 모습을 교묘하게 감추고 있는 경우
가 많다. 그러다가 충분히 자리를 잡았다고 느끼면 본색을 드러
내 주변 사람들을 힘들게 하고 조직에도 악영향을 끼친다.

그들은 직원들을 모욕하고 동료들을 경멸하고 상사의 명령
을 무시하는 것은 기본이고 알코올이나 약물 중독, 심하면 성희
롱 문제를 일으키기도 한다. 그러면서도 자기는 잘난 사람이니

까 뭐든 자기 맘대로 할 권리가 있다는 식의 자의식 과잉 상태에서 벗어나지 못한다.

미국의 한 조사 결과에 따르면 실제로 약 95퍼센트의 경영자가 그런 임원들 때문에 골머리를 앓아본 경험이 있다고 한다. 그와 같은 파괴적인 유형이 있는 조직에서는 당연히 수동공격성의 심리가 널리 퍼져나갈 수밖에 없다. 조직을 위해 애정을 쏟거나 충성하고 싶은 마음 자체를 갖지 못하게 만드는 것은 말할 것도 없다.

물론 그런 일은 부부 사이에서도 있을 수 있다. 처음에는 배려심 깊고 매력적이며 괜찮은 사람처럼 보이던 배우자가 어느 순간부터 독선과 고집, 병적인 자기애, 심각한 낭비벽, 알코올이나 폭력 문제 등을 일으키는 경우가 있다. 당연히 그 결혼생활은 지속하기 어렵다.

바로 그런 점들을 염려하여 인생에서 '한결같음'의 중요성을 역설하는 괘가 있다. 항괘恒卦는 '변함없는 마음의 중요성'을 논하는 괘이다. '항심恒心'이나 '항구지도恒久之道'라는 말은 지금도 두루 쓰이는 표현이다. 그렇다고 해서 그 실천이 쉬운 것은 아니다. 우리는 천륜이 아니고서는 그 어떤 대상에 대해서도 처음부터 한결같은 마음을 갖기 어렵다. 그것이 사물이든 동물이든 사람이든 애정을 갖기까지는 일정한 시간과 노력을 들여야 한다. 그렇게 해서 작게라도 애착이 생기고 그것이 상대를 귀하게 여기는 마음으로 발전하다 보면 이윽고 항심의 경지에 이르게 되는 것이다.

항괘는 우레를 뜻하는 진괘震卦가 상괘이고 바람을 의미하는 손괘巽卦가 하괘이다. 그래서 뇌풍항괘雷風恒卦이다. 바로 앞에 나오는 택산함괘澤山咸卦와는 도전괘의 관계이다. 따라서 '자연스러운 교감'을 뜻하는 함괘咸卦가 남녀관계의 시작점인 감정 교류를 강조했다면, 항괘는 '부부지도夫婦之道'의 항구함을 강조하고 있다고 보기도 한다. 부부의 도는 영원히 변하지 않아야 하므로 함괘 다음에 항괘로 이어진다는 것이다.

이는 항괘가 부부 사이의 변함없는 관계를 비유의 근간으로 삼는 이유이기도 하다. 《서괘전》에 보면 "부부의 도는 항구적이어야 하므로 항괘가 배열되었으며 항은 영원함을 의미한다夫婦之道 不可以不久也 故受之以恒 恒者久也"라는 구절이 나오는 것도 그 때문이다.

실제로 《주역》의 대가 김석진 선생은 "항恒을 파자하면 부부 간[二]의 일월[日]이 서로 짝하여 끝없이 왕래 순환함으로써 서로의 마음[忄]을 합하여 부부로서 항구한 도를 갖춤을 뜻한다"라고 했다.

괘사를 살펴보면 다음과 같다.

항恒은 형통해서 허물이 없으니 정도를 지키는 것이 이로우며, 앞으로 나아가는 것이 이롭다恒, 亨 无咎 利貞 利有攸往.

이 간단한 문장에는 많은 의미가 함축되어 있다. 단전은 그것을 다음과 같이 풀이한다.

항은 항구함을 뜻한다. 강유剛柔가 위와 아래에 있으니 우레와 바람이 서로 힘을 합쳐서 만물의 성장을 돕는다恒, 久也 剛上而柔下 雷風相與 巽而動 剛柔皆應.

이 문장에는 강함이 필요할 때는 강함을, 부드러움이 필요할 때는 부드러움을 가지고 그 사이에서 균형을 취하는 것 또한 변하지 않는 이치라는 의미도 담겨 있다.

이를 두고《주역의 힘》을 쓴 문킨축閔建蜀은 "사물의 발전에는 영원한 순환법칙이 있다. 강유의 관계도 마찬가지다. 강함만 있고 부드러움이 없거나 부드러움만 있고 강함이 없다면 영원한 관계가 아니다. 강유가 적절하게 어울려야만 영원한 균형 관계를 유지할 수 있다"라고 주장하고 있다.

결론적으로 항괘는 "변화 속에서야말로 항구함이 있다"라는 점을 강조한다. 항구한 도는 형통하지만 그러기 위해서는 정도를 지키면서 새로운 변화 또한 시도해야 한다는 의미다.

실제로 변화를 추구해야만 항구함이 가능하며, 그렇지 않고 안주하면 그것은 항구함이 아니라 퇴보를 의미할 수도 있다. 변화하되, 되는 대로 아무렇게나 해서는 안 된다. 당연히 능변의 과정을 거쳐야 한다. 그러기 위해서는 역시 정도를 지키는 것이 가장 중요하다.

예를 들어, 무슨 일이 있더라도 자신을 잘 통제하며 끝까지 책임을 다하는 사람들이 있다. 그들은 화려한 언변이나 몸짓 대신 자신만의 말하는 방식이나 행동 방식을 터득하고 있으며, 조용하고 소신 있게 자기가 가야 할 길을 간다.

도중에 변화가 필요하다고 여겨지면 역시 자신만의 확고한 방식으로 주변을 설득해가며 변화를 이끈다. 그들은 앞서 언급한 "변하면 통하고 통하면 영원한 삶의 이치"를 터득한 사람들이라고도 할 수 있다. 더불어 그것이 능변의 이치라는 것도.

상전에서는 "우레와 바람이 항이니, 군자가 본받아서 그 방향을 바꾸지 않는다雷風 恒 君子以立不易方"라는 말로 그러한 덕목을 설명한다.

우레와 바람은 계속해서 움직인다. 단, 그 움직이는 방향이 제대로 되어 있어야 한다. 역풍이 되어서는 곤란하다. 우레도 엉뚱한 곳에 치면 낙뢰가 된다. 이처럼 우린 누구나 자기가 나아가야 할 방향과 서 있어야 할 장소를 알아야 한다. 나아가야 할 방향이 아닌데 가다 보면 역풍을 맞게 되어 있고, 서 있어서는 안 되는 곳에 서 있으면 낙뢰를 만날 수밖에 없다.

이를 두고 구사의 효사에서는 다음과 같이 표현한다.

들에 사냥을 나가지만 새가 없다田无禽.

사냥을 나가지만 잡을 새가 없다는 것은 공연히 힘만 쓰고 공이 없다는 것이다.

계속 한 구덩이만 판다고 해서 일이 진척되는 것은 아니다. 아니라고 생각하면 그만둘 줄도 알아야 하는데, 지금까지 들인 공이나 시간이 아까워서 붙들다 보면 결국 낭패를 당하게 마련이다. 따라서 일이나 사람이나 아니다 싶은 생각이 들면 과감하게 돌아서는 결단도 필요하다.

스스로도 한결같음을 유지하기 위해서는 처음부터 무게 잡지 말고 좀 부족하더라도 노력하는 마음을 가져야 한다. 그런 마음이 흔들리면 바로잡으려고 애쓰고, 자리에 따라 맞는 역할을 선택하거나, 아니면 그 자리를 버릴 수도 있어야 한다.

있어야 할 곳이 아닌데 계속 버티다 보면 힘만 들고 결과가 없는 것이 당연하다. 그런데도 우린 '손실 혐오의 법칙'에 따라 변화의 순간을 놓치곤 한다. 이미 발생한 손실을 만회하려고 더 큰 손실의 위험까지 감수하면서 다시 위험에 뛰어드는 것이다. 따라서 현명한 사람이라면 그런 일에 발목을 잡히지 않는 지혜가 필요하다.

이 항괘에서는 그것이 곧 능변이고, 정도를 지켜 항구한 형통함으로 나아가는 길임을 역설하고 있다.

5   내 것을 내어주되, 검소하게 하라

산택손 山澤損

살다 보면 내 것을 덜어서 남을 도와야 하는 상황이 있게
마련이다. 그럴 때는 원망 없이 믿음으로 하되, 넘치지 않
는 분별과 성실함이 있어야 한다.

사람들이 인간관계에서 가장 억울해하는 점 중 하나를 꼽으라
면 "내가 상대에게 해준 만큼 대접받지 못한다"는 것이 아닐까
싶다. 그들은 "나는 상대가 힘들어할 때마다 이야기도 다 들어
주고, 가자고 하면 어디든 다 따라가줬는데, 왜 내가 힘들다고
하면 바쁘다고만 하는지 모르겠다"라며 서운해한다.

더 노골적인 경우에는 "내가 하나를 줬는데 상대도 똑같이
하나를 주는 게 당연하지 않은가. 왜 그게 힘든가?"라고 볼멘소
리를 한다. 그렇게 억울해하는 사람에게 "내가 하나를 주고 상
대가 하나를 주는 걸 어떻게 측정할 수 있는가?" 하고 물으면
마땅한 답을 내놓지 못한다. 그런 억울함을 크게 느끼는 사람일

수록 "이제는 더 이상 상처받기 싫어서 정확하게 주고받는 관계가 아니라면 인간관계를 맺고 싶지 않다"라고 말한다.

상담 중에 많은 사람들이 자기는 인생에서 주위 사람들에게 받지 못한 것이 너무 많다고 이야기한다. 다른 형제들보다 부모의 사랑을 못 받았고, 유산도 물려받은 게 없고, 학교에서는 친구들에게 따돌림을 당했고, 선생님들도 나를 인정해주지 않았고, 사회에 나와서도 마찬가지라는 것이다.

선배나 동료, 후배에게, 친구에게, 애인에게, 배우자에게, 자녀에게 내가 준 만큼 받은 기억이 없어서 모든 것이 억울하다고 한다. 그런 의미에서 내가 임상에서 가장 많이 보는 사례 중 하나가 바로 이 손괘損卦와 연결된다고 생각한다.

손괘는 일차적으로 뇌수해괘雷水解卦 다음에 이어지는 괘라는 데 의미가 있다. 해괘의 핵심 내용 중 하나가 살면서 일어나는 여러 가지 문제를 해결하기 위해서는 주변 사람들의 도움과 협력이 꼭 필요하다는 것이기 때문이다. 또한 해괘에는 해결되는 것도 있지만 완전하지는 않고 누그러진다는 뜻도 담겨 있다. 이 경우에는 잃는 것도 생기므로 손괘로 이어진다고 보기도 한다.

손괘는 상괘가 산을 뜻하는 간괘艮卦, 하괘가 연못을 뜻하는 태괘兌卦로 이루어져 있어서 산택손괘山澤損卦이다. 산이 위에 있고 못이 아래에 있다는 것은 산의 몸체는 높고 못의 몸체는 깊다는 뜻이다. 그처럼 아래가 깊으면 위가 더욱 높아지므로 아래를 덜어서 위를 보태준다는 의미를 갖는 것이다.

김석진 선생은 "윤택한 못의 기운이 산속의 초목과 금수를 생장 활동하게 함과 같이 안을 덜어 밖에 더해주는 것이다. (…) 손괘는 안으로는 기뻐하고 밖으로는 후중히 그치는 덕이 있어 나의 것을 덜어 남에게 보태는 괘"라고 설명하고 있다.

괘사를 살펴보면 다음과 같다.

손損은 믿음을 두면 크게 착하고 길하며 허물이 없고, 바르게 할 수 있으며, 앞으로 나아가기에 이롭다. 덜어냄의 도리는 두 대그릇을 제사에 쓰는 것으로 족하다損, 有孚 元吉 无咎 可貞 利有攸往 曷之用 二簋可用享.

살다 보면 자기 것을 내주어서 남을 도와야 하는 상황이 있게 마련이다. 그럴 때는 상대를 미워하거나 원망하지 말고 믿으면서 할 수 있어야 한다. 하지만 분수에 넘치게 하는 것이 아니라 검소하게 정성을 다해서 하면 된다. 단전 마지막 단락에 보면 그 모든 일은 때에 맞추어 하라고 강조하고 있다.

덜고 더함, 채우고 비움은 모두 때에 맞추어 행해지는 것이다損益 盈虛 與時偕行.

역시 이 문장에서도 《주역》 전체를 관통하는 '때의 중요성'에
관해 언급하고 있다. '덜고 더함, 채우고 비움[損益盈虛]'을 사계
절에 비유해 손損은 봄, 익益은 여름, 영盈은 가을, 허虛는 겨울
을 가리킨다고 해석하는 경우도 있는데, 역시 때의 중요성을 설
명하기 위함이다. 봄에 나온 싹이 여름이면 무르익고 가을에는
열매를 맺으며 겨울에는 이윽고 땅에 떨어져 다시 다음 봄을
기약하듯이 인생의 모든 과정은 적당한 때를 따라 이루어지는
것이 최선이라는 것이다.

인생이란 손해 볼 때도 있고 채울 때도 있으므로 그런 순간
이 내게 다가오면 순리에 따르기 위해 애써야 한다. 즉, 무엇을
하든지 때에 맞추어 성실하게 해야 한다는 것인데, 《맹자》 〈진
심장구盡心章句〉 상편에도 다음과 같은 경구가 있다.

해서 안 될 일은 하지 말며 욕심부려서 안 될 일은 욕심부리지 말
것이니, 군자의 도는 그렇게 하는 것뿐이다無爲其所不爲 無欲其所
不欲 如此而已矣.

한편 괘사를 설명하는 상전 다음 구절에서는 손괘의 또 다른
덕목을 찾아볼 수 있다.

산 아래 못이 있는 것이 덜어냄이니, 군자는 이를 본받아서 성냄

을 징계하고 욕심을 막는다山下有澤 損 君子以懲忿窒欲.

분노와 탐욕은 살면서 반드시 경계해야 할 대상이다. 특히 자신의 지위를 이용해 부당하게 탐욕을 부리는 사람들에 관한 이야기는 인류 역사에서 그친 적이 없다. 공자 역시 일찍이 그 점을 깨달았기에 분노와 탐욕을 경계하는 대목이 나오는 손괘를 우환 의식에 포함하지 않았나 싶다. 따라서 우리가 정신적으로도 건강하고, 대인관계에서도 품위를 지키고, 정도를 따르기 위해서는 무엇보다도 이 두 가지를 경계해야 한다.

육사의 효사가 그 방법을 제시하고 있다.

그 병을 덜되, 빠르게 하면 기쁨이 있어서 허물이 없을 것이다損其疾 使遄有喜 无咎.

이것은 자기 안에 있는 나쁜 것들을 덜어내되, 빨리할수록 좋다는 의미다. 또한 아랫자리에 있든 윗자리에 있든 덜어내는 일이야말로 진심으로 분별을 갖고 해야 하며, 그런 행동이 당장은 손해 같아도 기쁜 마음으로 하면 아무런 허물도 없게 된다는 것이다. 공자가 그와 같은 인물이었으니, 《논어》〈자한편子罕篇〉을 보면 다음과 같은 말씀이 나온다.

공자께서 끊어버린 일이 네 가지 있으니 자기 뜻대로 하는 일이 없었고, 기필코 하는 일이 없었고, 고집하는 일이 없었고, 자기를 내세우는 일이 없었다 子 絶四 毋意毋必 毋固毋我.

오늘날에도 마음에 새길 만한 구절이 아닌가 싶다.

6 전체의 이익을 도모하며
때에 맞추어 행동하라

풍뢰익 風雷益

바람과 우레가 서로 도움이 곧 증익增益이니, 이를 본받아
서 전체의 이익을 도모하면서 때에 맞추어 행동할 때 개
인과 사회는 한 걸음 더 전진한다.

중국 서한 시대 회남왕 유안이 빈객들을 모아 편찬한 일종의
백과사전 《회남자淮南子》에는 공자가 《주역》을 탐독하는 동안
손괘와 익괘益卦를 보고 나서 이런 말을 했다는 구절이 나온다.

더하고 덜어내는 것은 왕의 일이다. 이롭게 하고자 했던 일이 오
히려 해가 되고 해롭게 하려던 일이 오히려 이익이 되기도 한다.
이해利害의 그와 같은 반전은 화복禍福을 부르는 문이 되기도 하
므로 자세히 살피지 않을 수 없다.

순간적으로 마음이 야박해지거나 아니면 기질적으로 손해

보는 것을 참지 못하는 사람들이 있다. 예를 들어, 회사에서 중요한 프로젝트가 진행된다고 해보자. 마감을 맞추기 위해 여러 사람의 손이 급히 필요할 때가 있다. 그럴 때 직원 중에는 '내가 맡은 일은 이미 다 끝냈는데 왜 또 남은 일까지 거들어야 해?' 하는 마음이 들 사람도 있을 것이다. 그때 좋은 마음으로 손을 보탤 것인가, 아니면 '난 그런 손해 보는 짓은 절대 안 해' 하면서 냉정하게 외면할 것인가는 당사자가 결정할 일이다. 다만 후자의 경우, 다음번 프로젝트에서 중요한 역할을 맡을지는 매우 불투명하다.

반대로 소매를 걷어붙이는 것까지는 좋은데, 지나치게 생색을 내는 사람도 있다. 때로는 비굴할 정도로 시키는 대로 하면서 아부하거나 굽신거리는 유형도 없지 않다. 두 경우 역시 힘들게 일하고 나서도 주변으로부터 좋은 평가를 받기는 어렵다. 상사나 동료들이 심성이 나빠서가 아니다. 그들 역시 무의식적으로 상대방의 행동을 평가할 가능성이 크기 때문이다. 그것이 인지상정이다.

그러므로 흔쾌히 손을 보태되, 생색을 내거나 아부는 하지 말아야 한다. 그렇게 하는 편이 결과적으로 나에게 도움이 될 때가 더 많기 때문이다. 바로 이것이 손괘에 이어서 익괘가 하고자 하는 이야기다. 다만 뒤에서 더 살펴보겠지만 익괘에서는 정치적인 면을 좀 더 크게 다루는 점이 다를 뿐이다. 공자가 "더하고 덜어내는 것은 왕의 일이다"라고 한 것은 그런 연유에서다.

익괘는 손괘와 도전괘의 관계를 형성한다. 바람을 상징하는 손괘가 상괘이고 우레를 상징하는 진괘震卦가 하괘여서 풍뢰익괘風雷益卦이다. 마치 바람 아래 우레가 치는 형상이다. 바람은 아래로, 우레는 위로 올라가 서로 부딪침으로써 만물이 크게 요동하고 활약하게 되어 결과적으로 이익으로 이어진다는 것이다.

《주역》의 거의 모든 해석서들이 이 익괘에 대해서만큼은 별로 이견을 보이지 않는다. 나라의 위정자나 조직의 리더가 어떻게 국민이나 부하직원을 이롭게 도우면서 이끌어갈 것인지, 이를 통해 리더십에서 어떻게 성공할 것인지에 관해 가장 유용한 해결책을 익괘가 제시하고 있다는 것이다. 앞서 정치적인 측면이라고 한 것은 이를 두고 한 말이다.

괘사를 보면 다음과 같다.

익益은 가는 바를 둠이 이로우며 큰 내를 건너는 것이 이롭다益, 利有攸往 利涉大川.

단전의 마지막 단락에는 다음과 같은 풀이가 나온다.

이익을 더하여 줄 때 아랫사람은 크게 움직이고 위에서는 겸손하므로 그 사업이 날로 무궁해지며, 하늘은 베풀고 땅은 낳으니 증익增益에 일정한 방향과 장소가 없을 것이다. 무릇 더함의 도는 때와 더불어 행해야 한다益動而巽 日進无疆 天施地生 其益无方 凡益之道 與時偕行.

회사를 예로 들면, 상사가 부하직원의 사기를 높이기 위해 많은 노력을 기울임으로써(잘난 척하지 않고, 억지로 하지 않으면서) 그 사업이 대단히 훌륭한 결실을 본다는 뜻이 담겨 있다. 이 문장 역시 손괘에서와 마찬가지로 때의 중요성을 말하면서 순리에 따라야 함을 강조한다. 그러한 상황에서 윗사람이 갖춰야 할 덕목에 관해서는 상전에서 좀 더 상세한 풀이를 하고 있다.

바람과 우레가 서로 도움이 곧 증익이니, 군자는 이를 본받아서 착한 것을 보면 그것을 따르고 허물이 있으면 빠르게 바로잡는다風雷 益 君子以見善則遷 有過則改.

바람이 맵게 불면 우레가 더 빨라지고, 우레가 격하면 바람이 거세지는 법. 이 둘은 서로를 부추겨 유익함을 만들어낸다. 윗사람은 그러한 현상을 관찰하여 자신에게 무엇이 유익이 되는지 발견해야 한다. 곧 착한 것을 보면 신속하게 배우고 따르되 허물은 서둘러 바로잡는 것이다.

《주역의 힘》의 저자 문킨축은 이에 대해 "상사는 자신의 장점으로 아랫사람의 단점을 보완해야 하지만, 성질이 지나치게 강해서 무조건 따르라고 요구한다면 '위쪽이 아래쪽을 돕는' 원칙을 취하지 못해 서로가 바람직하지 못한 관계가 생긴다"라고 했다.

특히 자신의 잘못을 인정하고 바로잡으려는 노력은 윗사람에게 꼭 필요하다. 물론 상사가 자신의 결정에 대해 아랫사람들에게 "그래, 내가 실수했다"라고 인정하기는 대단히 어렵다. 자신의 권위가 무너진다는 생각이 크기 때문이다. 하지만 진짜 권위는 기꺼이 실수를 인정하고 거기서부터 새롭게 해결책을 모색하는 태도에서 나온다. 특히 조직원들에게 확신을 주고 역동적인 에너지를 끌어내고 싶은 상사라면 이 점을 명심해야 한다.

윗사람이 전체의 이익을 도모하면서 때에 맞추어 행동하는 조직은 발전해나가게 마련이다. 반면 그렇지 못한 경우에는 당연히 좋지 못한 결말을 맞을 수밖에 없다. 상구의 효사가 이 점을 묘사하고 있다.

더해주는 이가 없고 오히려 공격하려고 하며 마음이 항상 같지 않으니 흉하다 莫益之 或擊之 立心勿恒 凶.

이것은 지도자가 아랫사람들을 위하는 마음이 흔들려 제대로 돕지 못하니 오히려 공격받는 흉한 처지에 놓이게 되었다는 뜻을 담고 있다. 공자는 이 효사에 대해《계사전》하편에서 다음과 같이 말하고 있다.

군자는 그 몸을 편안히 한 연후에 행동하며, 그 마음을 편안하게 한 다음에 말하며, 그 사귐을 정한 뒤에야 구하니 이 셋을 닦는 까닭에 온전하다. 위태한 행동은 백성이 더불어 행하지 않고, 두려운 말은 백성이 응하지 않으며, 사귐이 없이 구하면 백성이 주지 않는다. 주는 이가 없으면 곧 상하게 하는 자에 이르게 된다君子安其身而後動 易其心而後語 定其交而後求 君子修此三者 故全也 危以動 則民不與也 懼以語 則民不應也 无交而求 則民不與也 莫之與 則傷之者至矣.

공자의 이 말씀이야말로 익괘의 핵심이라고 할 수 있다. 더욱이 이 문장에서 공자가 이미 지도자의 자질 중 하나가 온전한 자기 경영에 있음을 깨닫고 있었다는 사실을 확인할 수 있다. 그러한 통찰이야말로 공자가 들려주는《주역》이야기가 오늘날 우리에게도 여전히 유효한 이유이다.

7   역경과 고난은 형통으로 가는 문

택수곤 澤水困

'역경과 고난은 뛰어난 사람을 단련하는 용광로'라고 하는
이유가 무엇인가? 그 모든 어려움이 우리의 품성을 단련
하고 형통의 문으로 우리를 이끌어가기 때문이다.

앞에서도 살펴본 것처럼 인생에서 만나는 고난은 언제나 우리
를 시험한다. 보통 사람의 힘으로는 맞서기 어려운 역경도 많
다. 어찌어찌 견디고 일어섰건만 또 다른 시련과 마주해야 하
는 경우도 적지 않다. 그럴 때 고난은 마치 '이렇게까지 하는데
도 항복하지 않겠다고?' 하면서 공격을 멈추지 않는 적군과도
같다. 그래서 우린 그 싸움에서 살아남아 마침내 성취를 이뤄낸
사람들에게 큰 박수를 보낸다.

《주역》에서는 곤괘困卦에서 그런 이야기를 가장 많이 찾아
볼 수 있다. 전체적으로 "힘써 고난에서 벗어나고자 하되, 정도
를 지킨다면 장차 형통함이 기다리고 있다"라는 뜻을 담고 있

기 때문이다.

곤괘는 하괘가 물을 상징하는 감괘坎卦이고 상괘는 연못을 상징하는 태괘兌卦로 이루어져 있어서 택수곤괘澤水困卦이다. 곤困을 파자하면, 사방이 막힌 울타리 안[口]에 나무[木]가 갇힌 형상이다. 나무는 울타리 밖으로 뻗어나가려고 하지만 사방이 막혀 있으므로 괴로울 수밖에 없다.

이는 괘의 모습에서도 나타난다. 물이 가득 차 있어야 할 연못이 위에 있고 그 아래로 물이 있다는 것은 곧 연못에 물이 없어 메마르고 황폐하다는 뜻이다. 그런데 어쩐 일인지 괘사는 오히려 희망을 말하고 있다.

곤은 형통하게 됨을 이른다. 정도를 지켜야 한다. 그러한 대인이라면 길하고 허물이 없다. 다만 말을 해도 믿어주지 않을 것이다 困, 亨 貞 大人吉 无咎 有言不信.

마지막에 "말을 해도 믿어주지 않는다"는 것 또한 매우 현실적인 조언이다. 그렇지 않은가. 누가 딱하고 어려운 처지에 빠진 사람의 말을 끝까지 들어주고 믿어주겠는가. 그럴 때는 차라리 한 걸음 물러서서 자신을 돌아보고 전열을 가다듬는 편이 낫다. 그런 자세로 정도를 지켜나간다면 마침내 그 어떤 고난도 이겨내고 형통의 문으로 나가게 된다는 것이다.

이는 우리 인생에서 가장 필요한 요소 중의 하나가 무슨 일이 있어도 주저앉지 않는 굳건한 의지라는 것을 의미한다. 그런 강건함이 없다면 우리는 인생에 불어오는 작은 비바람에도 큰 타격을 입을 것이기 때문이다.

그래서일까, 곤괘는 마지막 상육의 효사에 이르기까지 우리가 인생에서 겪을 수 있는 여러 가지 어려움을 거의 고르게(?) 묘사하고 있다. 먼저 육삼의 효사를 살펴보면 이렇다.

돌에 막혀 곤란하여 가시 돋친 찔레 풀에 의지한다. 집에 들어가도 아내를 볼 수 없으니 흉하다困于石 據于蒺藜 入于其宮 不見其妻 凶.

이 구절에 대해 공자는 《계사전》 하편에서 다음과 같이 말한다.

간히면 안 될 곳에 갇혀 있으니 이름이 욕되고, 머물러서는 안 될 곳에 머물러 있으니 몸이 위험하다. 이미 욕되고 위험한 상태에서 죽기에 이르렀는데 아내인들 어찌 볼 수 있겠는가非所困而困焉 名必辱 非所據而據焉 身必危 既辱且危 死期蔣至 妻其可得見邪.

그런 욕됨은 계속되어 구사에서는 "천천히 내려오다가 쇠수레에 곤란을 당하며", 구오에서는 "코를 베이고 발을 잘려서 붉은 인끈*을 멘 신하에게서 곤란을 당하는가"라고 하는가 하면 상육에서는 "위태로운 곳에서 칡덩굴에 의해 곤란을 당한다"라 는 식으로 이어지고 있다. 말 그대로 일종의 고난의 전시장 같 은 느낌이 아닌가.

그런데 놀라운 것은 그처럼 힘겨운 상황 뒤에는 반드시 상서 롭고 형통한 길이 기다리고 있다고 이야기하는 점이다. 그것은 모든 효사가 마찬가지다. 단, 서둘러 뉘우치고 인내심과 성실함 으로 정도를 지키고자 최선을 다해야 한다는 단서가 붙어 있다.

《주역》에서 곤괘와 마찬가지로 인생의 험난함을 담고 있는 괘가 또 있다. 바로 수산건괘水山蹇卦이다. 건괘蹇卦는 산을 상 징하는 간괘艮卦가 하괘이고, 물을 상징하는 감괘坎卦가 상괘 로 이루어져 있다. 흥미로운 점은 간괘와 감괘가 모두 험난함을 상징한다는 것이다.

괘상도 아래로는 험난한 산이, 위로는 역시 위험하기 그지없 는 물 구렁텅이가 자리하고 있는 형상이다. 간艮에는 멈춤의 뜻 도 담겨 있다. 한마디로 사방이 위험과 고난으로 꽉 막혀 있어 서 매우 괴로운 상태를 나타낸다. 하지만 건괘 역시 곤괘와 마 찬가지로 험난함을 극복하고 앞으로 나아가면 상서로운 일이 기다린다는 의미를 담고 있다.

• 군사를 동원할 수 있는 무관이 차던 길고 넓적한 녹비 끈.

그리스 신화에서 고난의 상징은 단연 헤라클레스라고 할 수 있다. 제우스는 인간을 위해 자신이 해야 하는 일들을 도와줄 아들을 갖기를 원했다. 그리고 위대한 영웅을 낳아줄 인간 여성을 찾다가 알크메네를 점찍는다. 제우스는 아들이 태어나기도 전에 '헤라의 영광을 위하여'라는 의미의 헤라클레스라는 이름도 지어놓았다. 자신이 바람을 피워 낳은 자식을 보호하고 헤라의 질투심을 누그러뜨리기 위해서였다. 헤라클레스는 실제로 아버지 제우스를 많이 도왔다.

하지만 아버지의 잔꾀에도 불구하고 헤라클레스는 헤라의 질투심에서 벗어나지 못했다. 평생 고난의 길을 걸어야 했던 것이다. 다행스럽게도 그는 훌륭한 덕성을 타고난 것으로 보인다. 고대 역사가 크세노폰에 의해 전해져오는 '헤라클레스의 선택'에 관한 이야기가 그 점을 잘 설명해준다.

이 이야기에 따르면 젊은 날의 헤라클레스는 반쯤 잠든 상태에서 갈림길에 서 있는 자기 모습을 보게 된다. 두 길 중 한쪽에서는 '욕망'이라는 이름을 가진 요염한 모습의 여자가 그를 유혹한다. 그녀는 자기와 함께 가면 고통 없는 환락의 길이 기다리고 있다고 부추긴다. 또 다른 길에서는 '미덕'이라는 이름의 우아하고 품위 있는 여자가 그를 기다린다. 그녀는 자기와 함께 가는 길이 험난하나 그것을 극복하고 나면 행복을 얻을 수 있다고 말한다. 고민 끝에 그는 두 번째 여자를 선택한다.

그런데 훗날 헤라클레스에게는 실제로 엄청난 고난의 길이 기다리고 있었다. 테베의 왕이 숙적을 물리치는 데 큰 도움을 준 그는 왕의 딸을 아내로 맞고, 아들을 셋이나 낳으며 화목한 가정을 꾸린다. 그러던 어느 날, 그는 느닷없이 아내와 아들들을 목 졸라 죽이고 만다. 그를 질투하던 헤라에 의해 미치고 만 탓이었다.

정신을 차린 헤라클레스는 자신이 벌인 끔찍한 짓에 충격을 받는다. 그는 델포이의 여사제를 찾아가 속죄할 방법을 알려달라고 탄원하고, 티린스의 왕 에우리스테우스를 찾아가 종으로서 봉사하라는 신탁을 받는다. 그런데 이 왕은 어리석은 데다가 욕심은 커서 헤라클레스에게 모두 열두 가지의 불가능한 임무를 맡긴다. 그 임무를 수행하는 동안 헤라클레스는 온갖 험난한 일을 겪는데, 고난의 격류 속에서 분투하는 그의 모습은 가히 영웅적이다.

실제로 힘겨운 시련을 통과한 사람이 그만큼 인격적 성숙을 이루고 발전하는 예는 드물지 않다.《채근담》에서는 "역경과 고난은 뛰어난 사람을 단련하는 용광로이자 망치"라고 묘사하고 있다. 그들은 시련 속에서 갖추게 된 강건함을 바탕으로 마침내 성공으로 나아가는 길을 발견한다.

그것이 물질적인 성공이든 삶에 대한 이해와 관조의 자세이든 그들은 더 이상 예전의 자신이 아니다. 새롭게 태어나 훌쩍 성장해 있다. 물론 고난을 품위 있게 감당하고 극복하는 일은 아무나 할 수 있는 일이 아니다. 하지만 그 시련의 불길을 통과한 사람은 영웅이 될 수 있는 것이다.

소설가 폴 오스터의 책에서 미국은 '돌아온 영웅'에 더 열광한다는 이야기를 읽은 적이 있다. 단번에 영웅이 된 사람도 대단하지만, 어찌할 수 없는 운명의 힘으로 인해 바닥까지 떨어졌던 영웅이 그 모든 어려움을 극복하고 다시 일어섰을 때 더 큰 환영을 받는다는 것이다.

물론 모두 그런 영웅이 될 필요는 없다. 다만 자기 인생을 제대로 이끄는 사람이 되고 싶다면 고난을 극복하고 적어도 지금보다 더 나은 사람이 되려고 노력해야 한다. 그러한 도전 끝에 이윽고 형통의 문이 열릴 수 있다면 무엇을 더 바라겠는가.

8   마르지 않는 우물물처럼 관대하라

수풍정 水風井

우물은 마르는 일이 없고 넘쳐흐르는 일도 없다. 오고 가
는 사람 누구나 그 은혜를 입는다. 그처럼 한결같은 덕으
로 사람을 기르고 의義를 지켜나갈 수 있어야 한다.

'공평함'이나 '관용'에 관해 이야기할 때면 나는 늘 프로크루스
테스의 침대 이야기가 떠오른다. 이 이야기는 자신의 입맛에 맞
춰 남을 제멋대로 재단하는 사람의 횡포에 대한 비유를 담고
있다. 크기만 다를 뿐, 누구나 마음속에 자신만의 프로크루스
테스의 침대 하나씩을 두고 살아간다(내 속에 그와 같은 침대는 없
다고 단언할 수 있는 사람은 아마 거의 없을 것이다). 하다못해 손바닥
만 한 거라도 있어야 정상(?)이라고 할 수 있다. 크기가 작은 만
큼 더 쩨쩨하게 맞추고 있다고나 할까. 나도 그런 면에서 예외
가 아니다. 다만 그런 나 자신을 인지하고 가능한 한 그런 잣대
를 적용하지 않으려고 노력할 뿐이다.

어느 기업 대표의 이야기다. 그는 얼마 전 유능한 임원을 해고했는데, 뒤늦게 자신의 실수를 안타까워하며 상담을 청했다.

대표가 해고한 임원은 수익 창출에 뛰어난 능력이 있었다. 그런데도 그 임원을 그만두게 한 데는 이유가 있었다. 대표는 그 임원이 어느 고객사에 전달한 계획서가 평소와는 달리 마음에 들지 않았다. 그렇더라도 좀 더 지켜보았으면 좋았겠지만, 그는 성급하게 그 회사의 대표에게 자기 생각을 전달하고 임원에게도 그에 맞춰 내용을 수정하라고 지시했다. 그런데 어찌 된 일인지 상대 회사에서 그 임원의 제안을 더 마음에 들어 했고, 그 바람에 일이 꼬이기 시작했다.

결과적으로 대표가 아랫사람과 치졸한 기 싸움을 벌이는 모양새가 됐다. 심지어 모두에게 그가 졌다는 인상을 주기에 이르렀다. 대표는 화를 참지 못하고 임원을 해고하는 것으로 일을 마무리했다. 그는 상담 과정에서 자신이 공평하지도, 너그럽지도 못했으며 지금은 자신의 결정을 후회한다고 토로했다. 엎질러진 물이라는 것은 아는데 그런 실수를 한 자신을 용서하기 어렵다는 것이었다.

나는 그에게 이렇게 말해주었다. "사람은 누구나 실수합니다. 살면서 자신의 한계에 직면하고 단점을 노출하지 않는 사람은 없습니다. 내가 이전에 대단한 성공을 거두었다고 해서 그런 일이 일어나지 말라는 법은 없습니다. 중요한 것은 지금처럼 실수를 인정하는 태도입니다. 그래야 아랫사람들도 당신에 대한 신뢰를 유지할 수 있을 테니까요."

그는 몇 번의 상담 과정을 거치면서 자신의 실수를 있는 그대로 받아들였다. 나아가 실수를 받아들이는 데에도 용기가 필요하다는 사실을 깨닫고 나서야 마음을 추스를 수 있었다.

하루에도 몇 번씩 자신의 옹졸함과 맞닥뜨리는 것이 인생이다. 다만 그것을 극복하고자 노력하느냐, 아니냐에 따라 결과가 달라질 뿐이다. 다행히 《주역》의 정괘井卦가 그와 같은 노력에 대해 매우 유용한 실천 방안을 담고 있다. 마치 아무리 퍼서 써도 마르지 않는 우물물처럼 관대한 태도를 기르되, 공평무사한 의義로써 행하라고 조언하고 있는 것이다.

정괘는 "치우치지 않는 한결같은 마음으로 사람을 길러내고 자신을 수양하는 미덕"에 관한 이야기를 담고 있다. 물을 상징하는 감괘坎卦가 상괘이고 바람을 상징하는 손괘巽卦가 하괘로 이루어져 있어서 수풍정괘水風井卦이다.

이때 손巽은 바람을 나타내기도 하지만 어딘가로 들어간다는 입入의 뜻도 있어서 여기서는 물을 긷는 두레박을 가리킨다(손을 나무로 해석해 두레박으로 본다는 설도 있다). 그래서 우물을 뜻하는 정괘가 되는 것이다.

괘사를 보면 다음과 같다.

고을은 고치되 우물은 고칠 수 없다. 우물은 마르는 일이 없고 넘쳐흐르는 일도 없다. 오고 가는 사람은 누구나 그 은혜를 입는다. 두레박이 우물 입구를 거의 빠져나올 때 뒤집힌다면 흉하리라改邑不改井 无喪无得 往來井井 汔至亦未繘井 羸其瓶 凶.

단전에서는 이를 다음과 같이 풀이한다.

두레박을 물속에 넣어서 물을 길어 올리는 것이 우물이며, 우물이 길러내는 것은 무궁하다. 고을은 고칠 수 있어도 우물은 고칠 수 없다. 이는 곧 강剛한 기운이 한가운데에 있기 때문이다. 두레박이 거의 우물을 빠져나올 때 뒤집힌다는 것은 아직 공덕이 미치지 못했음에도 두레박이 망가진다면 흉하다는 뜻이다巽乎水而上水 井井養而不窮也 改邑不改井 乃以剛中也 汔至亦未繘井 未有功也 羸其瓶 是以凶也.

이 정괘에 대해서도 대부분의 《주역》 해석서가 "오고 가는 사람 누구에게나 크게 쓰임이 있는 우물을 본받아 한결같은 덕으로 사람을 기르고 의義를 지켜나가는 것의 중요성"을 설파한 것이라는 데 뜻을 같이한다.

그런 면에서는 《맹자》〈이루장구〉 하편에 나오는 말씀도 귀담아들을 만하다.

치우침이 없는 인격을 갖춘 사람은 그렇지 못한 사람을 길러주고, 재능 있는 사람은 재능 없는 사람을 길러준다. 그러므로 사람들은 잘난 부형이 있는 것을 즐거워한다. 만일 과불급이 없는 인격을 갖춘 사람이 그렇지 못한 사람을 버리고, 재능 있는 사람이 재능 없는 사람을 버린다면 잘난 사람과 못난 사람의 거리는 한 치의 간격도 못 될 것이다 中也 養不中 才也 養不才 故 人樂有賢父兄也 如中 也 棄不中 才也 棄不才 則賢不肖之相去 其間 不能以寸.

맹자의 이 말씀은 앞서 말한 "치우치지 않는 한결같은 마음으로 사람을 길러내고 자신을 수양하는 미덕"의 확장 버전인 셈이다.

그런데 흥미롭게도 정괘는 초육에서 구사의 효사에 이르기까지 우물의 황폐함에 관해 언급한다. 다음은 초육의 효사이다.

우물에 진흙이 쌓이면 마시지 못한다. 우물이 닫히면 새도 찾아오지 않는다 井泥不食 舊井无禽.

이어지는 구이의 효사는 이렇다.

우물은 작은 물고기를 기를 정도이며, 부서진 두레박은 물이 샌다 井谷射鮒 甕敝漏.

다음은 구삼의 효사이다.

우물을 청소해도 마실 수가 없으니 내 마음이 몹시 측은하다. 서둘러 이 물을 길어 마셔야 할 터이니 왕이 현명하면 왕과 백성이 함께 그 복을 누릴 것이다 井渫不食 爲我心惻 可用汲 王明 並受其福.

중국 서주徐州사범대학교 교수이자《우주 자연의 이치와 인생의 지혜 주역》을 쓴 쑨잉쿼이孫映達와 양이밍楊亦鳴은 이 효사에 대해 "왕이 어질고 유능한 인재를 등용해 그 역할을 다할 수 있게 하기를 기대하는 것"이라고 풀이한다.

이어서 사마천이《사기》에 기록한 굴원屈原과 회왕懷王의 이야기를 통해 이 효사의 뜻을 좀 더 밝히고 있다. 이야기인즉 이렇다. 초나라 회왕은 충신을 구분할 줄 몰라서 안으로는 정수鄭袖라는 인물에게, 밖으로는 장의張儀에게 현혹당해 굴원의 충언을 내치고 말았다. 그로 인해 결국 회왕의 군대는 패망하고 왕 자신은 진秦나라에서 객사하여 천하의 웃음거리가 되었다.

실제로《사기》의 〈굴원열전〉에 보면 회왕의 패망은 전적으로 "인재를 제대로 알아보지 못한 데서 생긴 재앙"이라는 문장이 나온다. 이어서 사마천은 정괘 구삼의 효사를 인용하면서 "왕이 현명하지 못한데 어찌 복을 받을 수 있겠는가" 하고 탄식한다.

다행히 육사와 구오의 효사는 다시 희망을 전하고 마지막 상육의 효사에서는 다음과 같이 상서로움으로 마무리한다.

물을 길어낸 우물은 뚜껑을 덮지 말라. 성실하게 솟아나는 우물물은 크게 길하다 井收 勿幕 有孚 元吉.

결론적으로 사람을 길러내는 데 가장 중요한 요소 중 하나는이 정괘의 조언을 어느만큼 잘 지키느냐에 달려 있다. 우물물은한자리에서 끝없이 솟아나되 모자라지도 넘치지도 않으면서오가는 사람들에게 시원한 물을 끊임없이 제공한다. 이처럼 공평무사한 마음과 관용으로 한결같이 사람을 대하는 태도야말로 우리 인생에도 꼭 필요한 덕목이라 하겠다.

9 바람이 그러하듯이
유연하게 적응하라

≡≡ 중풍손重風巽

마치 바람이 그러하듯이 겸양의 모습으로 순리를 따르고
어떤 상황에서도 유연하고 적절한 적응 능력을 발휘하는
것, 그것이 곧 자기 경영의 비결이다.

나의 임상경험으로 보면 자기중심적인 면이 아예 고착화된 사
람들이 있다. 그런 사람일수록 몸에 힘이 잔뜩 들어가 있는데,
대체로 자아가 허약한 것이 한 원인이다. 하지만 당사자는 전혀
그렇게 생각하지 않는다. 그들의 특징을 살펴보면, 대부분 자기
생각과 신념만 고집한다. 당연히 태도 또한 관습적이고 권위적
이고 통제적일 때가 많다. 도무지 유연한 생각이 비집고 들어갈
틈이 없다. 그러다가 결국 문제를 일으킨다.

중간 규모의 기업을 운영하는 한 지인이 한 부서 전체를 대
상으로 상담을 의뢰한 일이 있었다. 팀원들 간에 적대적인 기류
가 번지더니 회사의 매출 부진으로 이어지고 있다는 것이다. 상

담을 진행하는 동안 흥미로운 사실이 드러났다. 팀원들 대부분이 모든 문제의 원인으로 특정 인물을 지목하고 있었다. 그 사람이 지나치게 자기중심적이고 오만한 태도를 보인다는 것이다. 알고 보니 그는 사장이 최근에 새로 영입한 사람이었다.

회사에 새로 들어온 그는 사장에게는 매우 깍듯하고 점잖은 태도를 보였다. 그러나 부하직원들은 말할 것도 없고 동료들을 대할 때는 매우 거만했다. 심지어 자기 생각에 반대하는 상대에게는 경멸과 적대감을 드러냈다. 몇몇 팀원들이 항의도 했지만 사장으로서는 그에 대한 신임을 쉽게 거둘 수 없었다. 일단은 상대를 믿고 싶은 마음이 컸고, 사장 역시 자기 생각이 틀렸음을 인정하기 어려웠던 것이다. 결국 회사 분위기가 어수선해지더니 하루가 다르게 활력을 잃어갔다. 당연히 생산성도 나빠질 수밖에 없었다.

상담을 위한 면담과 심리검사 결과 새로 들어온 직원은 열등감을 과도한 자만심으로 채우고 있는 전형적인 유형인 것으로 나타났다. 기질적으로도 자기중심적이고 통제적인 면이 매우 강했다. 그 모든 것을 자세히 설명해주면서 상담을 이어가는 동안 그의 태도가 조금씩 바뀌기 시작했다. 그 역시 심층 심리에서는 자신의 진짜 모습을 어렴풋이나마 인지하고 있었던 것이다.

그는 어린 시절 아버지의 직업 때문에 여러 번 학교를 옮겨 다녀야 했고, 그 때문에 종종 적응 문제를 겪었다고 했다. 머리가 좋아서 공부는 잘했지만 자신의 정체성에 대해 확신을 갖기 어려웠다고 했다. 그래서인지 어른이 된 뒤에도 자기 확신의 측면에서 늘 부족함을 느꼈고 과도한 자만심으로 포장해온 것 같다고 털어놓았다.

건강한 자긍심을 가진 사람이 굳이 몸과 마음에 힘을 줄 이유는 없다. 하지만 자아 이미지가 허약한 경우 다른 방식으로라도 낮은 자존감을 보상받고 싶은 것이 사람 마음이다. 자신도 모르게 어깨에 힘을 주고 지나치게 경직된 생각과 태도를 갖게 되는 것이다. 나는 먼저 그에게 몸에서 힘부터 뺄 것을 당부했다. 그는 똑똑한 사람답게 내 이야기에 귀를 기울였고 유연함의 필요성에 대해서도 받아들였다.

우리 인생에서 가장 중요한 요소 중 하나가 자기 확신이다. 그것은 자신의 내적 힘을 분명하게 인식하고 그것을 신뢰하는 사람만이 가질 수 있는 일종의 은총(?)이라고 할 수 있다. 그만큼 중요하다는 뜻이다.

여기서 자기 확신과 자만심을 혼동하지 말아야 한다. 자기 확신을 지닌 사람들은 타인에게 자신의 믿음을 강요하지는 않는다. 오히려 엄격하리만큼 스스로에게 성실한 경우가 많고, 동시에 유연한 태도로 순리를 따르는 일에도 큰 의미를 부여한다. 그들은 자기중심적인 고집은 곧 독단과 오만이라는 폐해를 가져온다는 사실을 잘 알고 있기 때문이다.

중풍손괘는 그러한 이야기를 담고 있다. 이 괘는 흥미롭게도 상괘와 하괘가 모두 바람을 상징하는 손괘巽卦로 이루어져 있다. 그래서 손위풍괘巽爲風卦라고도 한다. 여기서 손巽은 겸손과 사양을 뜻하는 손遜이란 의미로 쓰였다고 본다. 앞서 정괘에서 언급한 '안으로 들어간다'라는 뜻으로도 쓰이고 있다.

바람은 어떤 물체를 만나든지 그 모습에 맞추어 방향과 속도에 변화를 준다. 바람이 드나들지 못할 곳은 없다. 아주 작은 틈새라도 어려움 없이 그 안으로 투명한 몸을 집어넣을 수 있다. 그렇다고 해서 바람이 갖는 본래의 특성이 훼손되는 일은 없다. 바람은 언제나 바람 그 자체로 남는다.

그런 의미에서 손괘는 "마치 바람이 그러하듯이 겸양의 모습으로 순리를 따르며, 어떤 상황에서도 그에 맞는 유연하고 적절한 적응 능력을 발휘하되, 내면의 균형을 잃지 않는 미덕"에 관한 이야기라고 할 수 있다.

《좋은 기업을 넘어서 위대한 기업으로》를 쓴 짐 콜린스는 '겸양과 의지'를 동시에 지닌 인물을 가장 바람직한 리더의 모델로 꼽는다. 기업을 위대하게 도약시킨 리더들을 긴 시간 연구한 결과 그들 모두 한결같이 '겸손하면서도 의지가 굳고 변변찮아 보이면서도 두려움이 없는 이중성'을 지니고 있음을 발견했다고 그는 말한다.

그들은 또한 성공의 순간이 찾아오면 다른 사람들과 외적인 요인, 그리고 자신이 가질 수 있었던 운에 그 공을 돌리곤 했다. 물론 실패에 대해서는 오직 자신만이 책임을 지는 것을 원칙으로 삼았다. 그가 말하는 '겸양과 의지'를 지닌 리더야말로 이 손괘에 부합하는 인물이 아닌가 한다.

물론 《주역》의 괘가 대부분 그러하듯이, 손괘에서도 그런 면모가 지나쳐서는 안 된다고 강조하고 있다. 마지막 상구의 효사는 다음과 같다.

몸을 낮춰 침상 아래에 자리하나 날카로운 도끼를 잃었으니 정도를 지켜 흉함을 막아야 한다 巽在牀下 喪其資斧 貞凶.

곧 겸손한 도가 지나쳐 아무한테나 비굴하게 머리를 숙인다면 중정의 도를 잃게 되니, 옳은 일이라도 지나치면 흉하다는 뜻을 담고 있다. 괘의 마지막 효사에 이처럼 지나침을 경계한 것 역시 적절한 적응 능력과 내적인 균형의 중요성을 역설한 것이라고 하겠다.

살다 보면 때때로 주변 사람들에게 그들의 삶이 변화할 수 있도록 길을 안내하는 역할을 해야 할 때가 있다. 그러기 위해서는 이 손괘에서 강조하고 있는 것처럼 정도를 지킬 수 있어야 한다. 내면의 균형을 갖춘 리더로서 최선을 다할 때 하늘도 우리를 돕기 위해 나서지 않겠는가.

'자기Self'라는 단어가 주목받기 시작한 것은 융의 분석심리학이 등장하면서부터이다. 그는 '자기'는 정신의 전체성을 의미하며 인격 성숙이 나아가는 방향이라고 말했다. 그리고 이를 위해서는 '자기의식Self-Consciousness', 즉 가능한 한 자기 자신을 아는 과정이 필요하다고 주장했다. 이 과정을 거쳐 우리는 '개성화Self-Individuation', 즉 남과 다른 나만의 특성을 발현해서 잠재 역량을 발휘하는 '자기 실현화Self-Activation'를 이룰 수 있다는 것이다. 그것이 곧 자기 경영의 기본이다.

그러나 앞서 아홉 개의 괘 이야기에서 살펴봤듯이, 자기 경영에 성공하는 것은 쉬운 일이 아니다. 공자 역시 그런 뜻에서 우환 의식을 이야기했을 것이다.

　최근 정신의학에서 가장 많이 다루어지고 있는 감정의 하나도 불안이다. 두려움은 실질적인 고통을 예견할 때 일어나는 감정이다. 그러나 불안은 그 근거가 이해되지 않으면서 광범위하게 번져나가는 불쾌한 느낌을 말한다. 불안이 역기능만 있는 것은 아니다. 불안에는 한 개인을 각성시킴으로써 다가오는 위험에 적절히 대처하게 만드는 기능도 있다. 따라서 학자들은 적절한 수준의 불안은 한 개인을 활성화하고 곤란을 극복하고 적응하게 하여 더욱 높은 수준으로 성장하게 만든다고 주장한다.

　그런 이야기는 고전에도 등장한다. 다음은《맹자》〈진심장구편盡心章句篇〉에 나오는 문장이다.

　사람의 도덕적 지혜와 기술적 지식은 늘 고난 속에서 깨어난다. 오직 외로운 신하와 버림받은 서자만이 위태할까 조심하고 고난이 있을까 깊이 염려하므로 사리를 깨우치게 된다 人之有德慧術知者恒存乎疢疾 獨孤臣孽子 其操心也危 其慮患也 心故達.

　맹자 역시 불안의 순기능을 역설하고 있다.《주역》이 만들어진 계기도 불안과 두려움 때문이다. 그런 의미에서 정신의학과《주역》은 불안과 두려움을 극복하고 한 인간으로 성숙해나가는 과정에서 만나는 학문이라고 할 수 있다. 공자 역시 그런 의미에서 앞서 살펴본 아홉 개의 괘를 특별히 골라 설명해놓은 것이 아닐까 싶다.

우린 누구나 불확실성의 세계에서 살아간다. 어느 조직의 임원이 "그만두기 겨우 이틀 전에 해고를 통보받았습니다. 어떻게 그런 일이 있을 수 있나요? 결국 이게 임원의 삶입니다" 하고 분노를 쏟아냈다. 나는 그에게 "직장뿐만 아니라 삶도 그렇습니다. 놀러 가다가 사고로 죽는 사람도 있지요. 궁극적으로 우리 삶이 힘든 이유는 우리가 불확실한 세상에 살기 때문입니다"라는 요지의 말을 들려줄 수밖에 없었다. 곰곰 생각에 빠져 있던 그는 내 이야기를 이해하고 수용했다.

융 역시 '다른 데서는 이성적인 사람도 미래의 일에 대해서는 점을 보지 않는가' 하는 의미의 말을 한 적이 있다. 그만큼 미래에 대한 불안에서 자유로운 사람은 없다는 뜻이겠다.

정신분석적으로 인간의 감정은 인간의 욕구 체계와 밀접한 관계가 있다. 자신이 원하는 것이 채워지면 행복하고 채워지지 않으면 불행하고 슬프다. 우리는 언제 불안하고 두려운가. 자신이 원하는 것이 과연 채워질까 의심스러울 때 불안하다. 그리고 그 욕구가 채워지지 않으면 자신은 과연 어찌 될까 걱정할 때 두려워진다.

매슬로는 인간이란 그 누구를 막론하고 우주적이고 본능적인 욕구를 가지고 태어난다고 주장했다. 그 욕구가 인간을 성장하게 하고 발달하게 하며 자아실현을 가능하게 하는 원동력이라는 것이다. 다시 말해, 심리적인 성숙과 건강을 향한 잠재 능력은 인간이 태어날 때부터 지니는 것이며 그것은 자아실현 욕구에 의해 이루어질 수 있다는 것이다.

그는 자아실현을 위해 노력하는 사람들은 자신에게 결핍된 뭔가를 갖기 위해 노력하는 것이 아니라 '성장 동기Growth Motivation'에 의해 행동한다고 했다. 이 성장 동기는 자신의 잠재 능력을 완전히 성취하며, 삶의 경험을 더욱 풍요롭게 하고 다양하게 하며, 살아 있다는 기쁨과 열정을 더욱 증가시키는 데 있다는 것이 그의 주장이다.

그런가 하면 미국의 심리학자 칼 로저스는 자아실현을 할 수 있는 사람의 특징으로 경험에 대한 개방성을 들고 있다. 이는 삶이 제공하는 경험을 수용하고 지각과 경험의 새로운 길을 여는 데 융통성이 있음을 말한다. 정신적으로 건강한 사람은 모든 경험에 개방적이므로 그로 인해 끊임없이 영향을 받거나 새롭게 된다는 것이다.

에리히 프롬 역시 인간에게는 자기 삶을 적극적으로 형성하려는 욕구가 있다고 주장했다. 그는 인간은 창조적 활동으로 존재의 수동성과 우연성을 넘어서 목표 의식과 자유 의식을 갖는다고 믿었다. 그렇게 함으로써 통제력을 가지고 자기 삶을 경험할 수 있다는 것이다.

자기 경영의 측면에서 매슬로나 로저스, 프롬의 말은 전적으로 옳다고 봐야 할 것이다. 하지만 그 실천 여부에 관해서는 아마 누구도 "그렇다"라고 시원하게 대답할 수 없을 것이다. 물론 나 역시 마찬가지이고, 어쩌면 공자도 그랬을지 모른다. 그리하여 공자는 끊임없이 인생의 불안과 우환 의식에 관해 이야기하며 아침마다 괘를 벌이곤 했던 것은 아닐는지.

언젠가 자기 마음이 단단해지기를 바라는데 그게 안 되어서 힘들다는 사람이 있었다. 그에게 나는 이런 말을 해주었다. "우리의 마음은 절대로 단단해질 수 없습니다. 우리 몸 중에서 가장 안쪽에 자리 잡은 점막 세포가 가장 여리듯이 인간의 내면 깊숙이 자리 잡은 마음은 가장 여릴 수밖에 없지요. 그처럼 여리기에 상처가 치유되는 데도 시간이 더 필요합니다. 그러므로 우리가 아무리 오래 살아도 마음은 절대로 기계나 돌처럼 단단해질 수 없지요."

그렇잖은가. 오랫동안 치과 치료를 받은 사람 중에는 치과 문만 열려도 치석 제거기의 진동이 온몸으로 느껴져서 치료를 시작하기도 전에 이미 몸이 오그라든다는 이도 있다. 나도 마찬가지다. 그리고 몸만 그런 것이 아니다. 마음은 과거에 상처를 입은 경험과 비슷한 일만 생겨도 그때의 감정을 다 끄집어 낸다. 공황장애도 바로 그런 종류이다.

결론적으로 인간의 실존적 불안에 관한 가장 간단한 대답 중

하나는 "늘 깨어 있으라"라는 성경 말씀에 들어 있다는 것이 내 생각이다. 적어도 내 경우 나이를 먹을수록 이 말씀이 무슨 뜻인지 알 것 같다. 젊은 날에는 "어떻게 매 순간 깨어 있어? 사람이 방황도 해보고 해야지" 했건만 지금은 그 '방황'으로 놓친 수많은 기회와 시간이 너무 아깝다.

그것을 생각할 때마다 증폭되는 불안감은 또 말해 무엇하랴. 그래서 후회는 늘 뒤늦게 오는 것이리라. 그러나 늘 깨어 있기 위해 애쓰면서 하루하루를 살아간다면 우리 모두 자기 경영에 그만큼 한 걸음 다가간다는 뜻이 아닐까 싶다.

4부

《주역》과 인간관계론

—

'나 어때?'에서
'나 중심'으로의 관계 혁명

다 내보일 수도, 다 알 수도 없는
인간관계에서 중심 잡기

우연히 《언더랜드》라는 지하세계를 탐사한 책을 읽을 기회가 있었는데, 생각보다 흥미로운 이야기들이 많았다.

1990년대 초반 캐나다 연안의 브리티시컬럼비아주에서 있었던 일도 그중 하나이다. 산림 생태학자 수잰 시마드는 그곳에서 하층 식생을 연구하던 중이었다. 그녀는 한 조림지에서 우리가 흔히 미송美松이라고 부르는 더글러스 전나무 묘목을 키우고 있었다. 그 묘목을 더 튼튼하게 자라도록 하려면 주변의 백자작나무 묘목을 솎아내야 했다. 전나무를 위한 토양 자원을 보호하기 위해 긴 세월 으레 해오던 일이었다. 그런데 시마드는 오히려 자작나무를 제거한 곳에서는 전나무도 시들거리면서 잘 자라지 못한다는 사실을 발견했다.

그녀는 동료들과 힘을 합해 지하세계를 들여다보기로 했다. 그리고 놀라운 사실을 알아냈다. 땅속에서는 일종의 곰팡이실이 나무들의 뿌리와 뿌리 사이에 대단히 촘촘하고도 복잡한 네트워크 시스템을 형성하고 있었다. 좀 더 심층적인 조사 결과 30제곱미터의 조사 지역에 있는 모든 나무가 이 시스템에 접속해 있었다. 심지어 그곳에서 가장 오래된 나무는 무려 47그루의 다른 나무와 연결되어 있었다.

이 조사로 앞서 나온 전나무와 자작나무의 관계도 실마리가 풀렸다. 이 시스템 덕분에 전나무는 자작나무로부터 자기가 준 것보다 더 많은 광합성 탄소를 받고 있었다. 그랬기에 자작나무가 사라지자 전나무 역시 덩달아 생기를 잃고 만 것이었다. 시마드의 연구 덕분에 나무들은 숲에서 개별적인 개체로서 서로 경쟁하기보다는 일종의 소셜 네트워크를 구축하면서 서로 협력하고 있다는 사실이 알려지게 되었다.

이 이야기를 읽으면서 나 역시 흥미를 느끼지 않을 수 없었다. 우리가 미처 알지 못하는 사이에 나무들조차 '상호 간의 협력을 통해 상생의 지혜를 모아오고' 있었다니! 정말로 놀랍기 그지없는 사실이었다.

소설가 스티븐 킹은 "친목을 도모하려는 습성, 그건 인간에게 저주다"라고 일갈했지만, 그만큼 인간은 혼자서는 살아갈 수 없는 존재라는 뜻을 역설적으로 내비치는 말이기도 하다. 문제는 그처럼 필수 불가결한 인간관계가 때로는 인생에서 일종의 방해물로 작용할 수도 있다는 점이다. 그래서 지금도 너무나 많은 사람이 인간관계 문제로 고민을 거듭한다.

임상에서 상담을 진행할 때, 사전에 심리검사를 시행하는 경우가 많다. 이때 당사자의 기질과 성격적 특성이 한 개인을 이루는 세로축이라면 그의 대인관계 패턴은 가로축에 해당한다. 자신의 기질과 성격적 특성 그리고 현재의 전반적인 심리 상태, 스트레스 여부 등이 외부로 표출되어 나타나는 것이 바로 대인관계 패턴이기 때문이다. 이것은 거꾸로 대인관계 패턴을 통해 한 개인의 성격 및 기질, 리더십 유형까지도 살펴볼 수 있음을 의미한다.

이때 사람들의 대인관계 패턴은 크게 세 가지로 나뉜다. 적극적으로 타인을 지배하고 통제함으로써 자신이 우위에 서고자 하는 지배형, 인간관계에 불편감을 느끼고 거리를 두려고 하는 회피형, 인간관계에서 친밀감과 애착 관계 형성을 중요하게 생각하는 친밀형 등이다. 우리가 건강한 대인관계 역량을 발휘하기 위해서는 시의적절하게 이 세 가지를 골고루 사용할 수 있어야 한다. 그리고 그건 그가 어떤 성품의 소유자인지, 어떤 가치관을 가지고 사람을 대하는지, 어떤 대인관계 패턴을 지니고 있는지와 크게 관련이 있다.

카네기 재단에서 성공한 사람들 1만 명을 대상으로 한 조사 결과에 따르면 그들의 성공에서 능력이 차지하는 비율은 15퍼센트에 지나지 않았다고 한다. 나머지 85퍼센트에 영향을 미친 것은 그의 사람됨, 즉 그가 지닌 성품이었다는 것이다. 그런가 하면 "기업에서 인재를 채용할 때는 경력을 먼저 살피지만 해고할 때는 인간성 때문이다"라는 말이 있다. 이는 곧 누군가의 성공은 그의 인간성과 함께 간다는 뜻이기도 하다.

우리 주변에도 거칠고 졸렬한 방법으로 권위를 내세우며 가정이나 조직을 이끄는 사람들이 있다. 그런 경우, 대부분의 가족 구성원이나 조직원들은 무력감에 빠지기 마련이다. 당연히 제대로 된 커뮤니케이션 기능이 작동할 리가 없다. 대개는 수동 공격성의 심리가 만연하고 악순환의 고리는 좀체 끊어지기 어렵다. 그러한 상황을 만들지 않으려면 때때로 멈추어 서서 자신을 돌아볼 필요가 있다. 특히 자신이 사람들과 어떤 방식으로 소통하고 있는지 살펴볼 수 있어야 한다.

특히 요즘 우리 사회는 소셜 미디어와 유튜브 등으로 인해 인간관계 자체가 더욱 어려워진 측면이 많다. 한마디로 많은 사람들이 세상을 향해 "나 어때?" 하고 안테나를 세우고 남들이 나를 어떻게 볼지에만 몰두해서 살아간다고나 할까. 뇌과학에 따르면 이는 우리 뇌에서 실행력과 즐거움에 작용하는 신경전달물질인 도파민과도 어느 정도 연관이 있다. 소셜 미디어에 내가 올린 글이나 사진, 영상을 보고 사람들이 '좋아요'를 누를 때마다 이 도파민이 팍팍 분비된다는 것이다. 그러니 일종의 중독에 빠지는 것도 무리가 아니다. 내가 아는 어느 방송인은 심지어 생방송 중에도 자신의 소셜 미디어를 확인하지 않으면 못 견딘다고 털어놓기도 했다.

하지만 누구도 남에게 나를 다 내보일 수 없고, 또 상대방의 마음을 다 알 수도 없는 법이다. 인간관계에서도 남에게 휘둘리지 않고 나 중심으로 살아가는 노력이 필요하다.

나는 여기에서도 《주역》이 도움이 될 수 있다고 생각한다. 《주역》이 우리가 알아야 할 인간관계에 관한 조언을 매우 엄중하면서도 세밀하게 제시하고 있기 때문이다. 나는 그중 "상호 간의 협력을 통한 상생의 지혜"를 모으는 데 도움을 주는 괘를 중심으로 그 안에 담긴 생생한 이야기를 나누어보고자 한다.

1   결국 소송을 해야 하나?

천수송 天水訟

하늘과 물이 어긋나서 송사에 이르니, 일을 도모할 때는 처음부터 잘 헤아리는 것이 중요하다. 길을 잘못 들었을 때는 되돌아 나와야 하고 다툼은 중도에 멈춰야 한다.

살다 보면 때로는 하루에도 몇 번씩 살까, 죽을까 하는 것이 인생이다. 그 과정에서 날 힘들게 하는 대상에 대한 원망과 분노가 쌓이면 도저히 한자리에 가만히 있기 어렵다. 무슨 수를 써서라도 내가 당한 만큼 되갚아주지 못한다면 살아도 사는 게 아니다.

그렇다고 할리우드식의 액션 영화를 찍는 게 아니라면, 개인적인 복수는 더 많은 문제를 일으킨다. 그래서 오늘도 우리 주변에는 법에 호소하는 송사가 넘쳐난다. 하지만 실제 송사를 겪은 사람치고 그것을 권장하는 사람은 거의 없다. 대부분 "송사는 정말 못할 짓"이라고 입을 모은다.

지인이 자기 나름으로는 억울한 일을 당해 송사를 하겠다고 변호사를 찾아갔다. 그 변호사는 지인에게 '소송을 한다는 것은 이제 마음대로 내려오지 못하는 롤러코스터에 타는 것과 같다. 그런데도 하겠는가?' 하고 물어봤다고 한다. 나는 아주 가끔 친한 지인들이 부탁하면 괘를 뽑기도 하는데, 마침 이 송괘가 나와 그를 말렸다.

하지만 이런 경우 소송을 부추기면서 장밋빛 결과를 말해주는 사람들의 말에 더 흔들리기 쉬워 그는 끝내 소송을 진행했다. 최근에 그가 몇 년간의 기나긴 법정 다툼 끝에 자신이 원하는 결과도 얻지 못하고 후회하고 있다는 이야기를 다른 사람들을 통해서 전해 들었다.

공자도 소송은 피하라고 당부하면서 다음과 같이 말씀하고 있다.

소송을 듣고, 판결하는 일은 나도 남처럼 할 수 있지만, 반드시 송사가 없게 만들어야 한다聽訟 吾猶人也 必也使無訟乎.

《논어》〈안연편顏淵篇〉에 나오는 문장이다. 송사에 뛰어드는 것이 얼마나 삶을 힘들게 하는지 공자 역시 잘 알고 있었던 것이다.

송괘는 상괘가 하늘을 뜻하는 건괘乾卦이고, 하괘는 물을 뜻하는 감괘坎卦로 이루어져 있어서 천수송괘天水訟卦이다. 괘의 모습을 보면 하늘의 기운은 위로 올라가고 물은 아래로만 내려가서 서로 화합하지 못하고 어긋나는 형상이다. 송訟을 파자하면 공공公公한 말씀[言]이 된다. 서로 다툼이 있을 때는 사사로움을 배제하고 엄중한 말로 그 시시비비를 가려야 한다는 뜻이겠다.

실제로 송괘는 소송의 의미를 지니고 있다. 이 괘는 그 앞에 나오는 수천수괘水天需卦와 도전괘의 관계이다. 앞서 살펴봤듯이 수需는 기다린다는 뜻이다. 즉, 인생에서 위험이 앞에 놓여 있을 때 강건한 사람은 "잠시 인내하며 때를 기다리므로 쓸데없이 내달리지도 않고 곤란한 일을 당하지도 않는다"라는 것이다.

수괘需卦는 인간의 일생을 의미하기도 한다. 그런 수괘 다음에 도전괘로 송괘가 놓였다는 점이 의미심장하다. 인생살이에는 다툼과 싸움이 있게 마련이고, 그것이 결국 인생이라는 의미이다. 즉, 그런 다툼을 어떻게 하면 현명하게 해결해나갈 수 있는지 보여주는 괘가 송괘이다.

송괘의 괘사 또한 공자의 당부와 별반 다를 게 없다. 수괘의 괘사를 보면 "성실함이 있으니 빛나고 형통하며 바르고 길하다有孚 光亨貞吉"라는 구절로 시작한다. 반면에 송괘의 괘사는 첫 문장이 "성실함이 있으나 크게 막힌다有孚 窒惕"라고 되어 있다.

똑같이 성실함이 있지만 한쪽은 길하고 한쪽은 막힌다는 상반되는 이야기를 하고 있기에 두 괘는 앞뒤로 나란히 놓일 수밖에 없었지 않나 싶다. 양쪽 괘를 자세히 살펴서 어떻게 처신하는 것이 내게 더 도움이 되는지 판단하라는 뜻에서 그렇다.

첫 문장에서 이어지는 송괘의 괘사를 보면 이 점이 더욱 분명해진다.

중도에 멈추면 길할 것이나 끝까지 가면 흉하다. 대인을 만나면 이롭고 큰 내를 건너는 것은 이롭지 않다中吉 終凶 利見大人 不利涉大川.

한마디로 흉사로 이어지므로 송사는 끝까지 가지 말라는 뜻이다.

송사를 끝까지 밀어붙이면 상대방 역시 "그래? 그렇다면 갈 데까지 가보지 뭐, 나도 이판사판이야" 해서 결국은 양쪽 다 상처를 입게 되어 있다. 그러므로 내가 옳다는 생각으로 끝까지 가서는 곤란하다.

물론 나로서는 당연히 내가 억울하고 내가 옳다는 사실을 확인받고 싶다. 문제는 상대방 역시 나와 똑같은 생각을 한다는 것이다. 그러다 보면 결과적으로 양쪽 다 피만 흘리고 소득은 없는 상태가 되고 만다. 따라서 괘사도 송사만은 피하라고 조언하고 있는 것이다. 그 대신 상전에서는 다음과 같이 강조한다.

하늘과 물이 어긋나서 송사에 이르는 것이니, 군자는 일을 도모할 때 처음부터 잘 헤아리는 것이 중요하다天與水違行 訟 君子以作事 謀始.

상담을 하다 보면 기업 대표나 임원들이 나에게 송사에 관해 조언을 원하는 경우가 종종 있다. 주로 회사 직원들의 불미스러운 행동, 예를 들어 지위를 남용한 독선이 선을 넘었거나 동료와의 갈등에 폭력을 동원했거나 돈 문제를 일으켰거나 했을 때 단순한 제재만으로 일단락을 짓기 어려운 경우가 생겨난다는 것이다. 생각 같아서는 소송을 통한 법적인 해결 방법을 취하고 싶은데, 그렇다고 당사자의 앞날을 완전히 무시하기에는 또 마음이 좋지 않아서 결단이 서지 않는다는 것이다.

나는 그때마다 이 송괘의 이야기를 들려주는 것을 원칙으로 삼고 있다. 물론 결정을 내리는 것은 내담자의 권한이다. 내가 거기까지 관여하지는 않는다. 그러나 어떤 문제든 일단 누군가에게 허심탄회하게 이야기를 털어놓는 것만으로도 반은 해결되는 법이다. 대부분은 상담 과정을 거치고 나면 홀가분한 표정으로 결단을 내린다.

송괘는 이어지는 모든 효사에서도 송사를 벌일지 말지를 조언하고 있다. 설령 송사가 일어났어도 반드시 중간에서 멈추는 것이 모두를 위해 가장 나은 해결 방법이라는 것이다. 예를 들어 초육의 효사를 보면 다음과 같다.

소송을 오래 끌지 않으면 말은 조금 듣겠지만 마침내 길할 것이다不永所事 少有言 終吉.

구사의 효사 역시 비슷하다.

송사를 해결할 수 없다. 돌아와 명에 따르고 태도를 바꾸어 편안한 마음으로 참고 있으면 길하다不克訟 復卽命 逾安貞 吉.

해결할 수 없는 싸움에서 이기려고 안간힘을 쓰기보다는 구설口舌을 듣더라도 적절한 타이밍에 멈추는 것도 일종의 용기다. 그럴 때는 얼른 자기 자리로 돌아와 마음을 비우고 순리를 따르는 편이 현명하다. 그런데도 아집을 버리지 않고 끝까지 가는 경우 어떤 일이 일어나는지를 보여주는 것은 상구의 효사다.

혹 반대鞶帶를 하사하더라도 아침이 끝날 때까지 세 번 빼앗길 것이다或錫之以鞶帶 終朝三褫之.

반대란 관복을 입을 때 두르는 띠로서 여기서는 관직을 상징한다. 혹여 관직에 나가는 명예를 얻더라도 아침이 채 지나기도 전에 무려 세 번씩이나 박탈당하는 수모를 겪게 된다는 것이다. 이는 분쟁을 개의치 않고 높은 자리에 오른다 한들 오래가는 일은 결코 없다는 뜻을 담고 있다고 하겠다.

　살다 보면 누구나 길을 잘못 들 때가 있다. 그럴 때 사람들은 대개 두 부류로 나뉜다. 한 부류는 푸념하고 원망하면서 계속 잘못된 길로 가고, 다른 부류는 곧바로 되돌아와 표지판을 다시 읽고 새롭게 올바른 길로 나아간다.

　송괘는 두 번째 길로 인생의 방향을 잡으라고 당부한다. 당장은 그편이 훨씬 힘들 수도 있다. 그러나 모든 일은 다 지나가는 때가 온다. 힘든 과정이 끝난 뒤에는 내가 내린 결정이 잘한 것이었음을 깨닫는 순간이 오게 마련이다. 그것이 지고도 이기는 길이 아니겠는가. 적어도 그 비결을 깨우치고 있어야 한다는 것이 송괘가 주는 최종적인 조언이라고 하겠다.

2 쓸데없는 분노는 인간관계의 재앙이다

중수감 重水坎

분노는 인간관계를 망치는 가장 파괴적인 감정 중 하나이다. 분노를 다스리려면 성실하고 마음속에 형통함이 있어야 하니, 이는 강건함과 중도를 행하고자 하는 데 있다.

프로이트는 분노를 가장 문제가 많은 인간 본성 중의 하나라고 생각했다. 찰스 다윈은 분노가 많은 사람은 진화가 덜 되었다는 의미의 말을 남기기도 했다. 오죽하면 그랬으랴만, 우리 주변에서도 이런 사람을 종종 찾아볼 수 있다. 화를 다스리지 못해 잦은 분노로 문제를 일으키는 유형이다. 성격적인 결함이나 오만함이 주된 이유로, 대개는 습관적으로 화를 내는 사람들이 이유형에 속한다.

만약 상사가 그런 유형이라면 그 조직원은 머지않아 정신적 외상에 시달릴 가능성이 높다. 이 유형의 사람은 대체로 아부에 약하고, 반면 자존감은 낮다. 만약 남편이나 아내가 분노발작이 잦은 유형이라면 결혼생활 역시 거의 지옥에 한 발을 담그고 있다고 봐야 한다. 이는 부모 자녀 관계도 마찬가지다. 부모 중 어느 한쪽이 혹은 자녀가 공격적이고 잔인한 말이나 행동으로 계속해서 분노를 표출할 경우, 그 가족 전체에 미치는 영향은 실로 엄청나다.

그만큼 분노는 인간관계를 망치는 가장 파괴적인 감정 중 하나다. 더욱이 제때 다스리지 못하면 놀랄 만큼 빠르게 증폭되는 경향이 있다. 따라서 분노는 어느 경우에나 또 다른 분노를 불러오기 마련이다. 분노하는 당사자는 말할 것도 없고 상대방 역시 그 감정에 압도되어 헤어나지 못할 가능성이 커진다. 이런 일이 반복되다 보면 그 인간관계는 당연히 파탄지경에 이를 수밖에 없다.

《주역》에서 그처럼 중첩되는 험난함에 이르는 괘가 바로 감괘坎卦이다. 물을 상징하는 감괘가 두 개 겹쳐 있어서 감위수괘坎爲水卦라고도 한다. 감坎은 일차적으로 물을 의미하지만 한번 빠지면 벗어날 수 없는 구덩이라는 뜻도 지니고 있다. 물은 생명의 근원이지만 때로는 홍수처럼 엄청난 재난을 몰고 오기 때문이다. 여기서는 두 번째 의미로 쓰였다는 것이 통설이다.

감괘가 가진 험난함이 얼마만큼인가 하면 앞서 살펴본 둔괘屯卦, 건괘蹇卦, 곤괘困卦를 포함한 네 개의 난괘難卦 중 하나로 일컬어질 정도이다. 감괘는 두 개의 음효 사이에 하나의 양효가 자리 잡은 형상이다. 음효의 가운데에 있으니 양효가 그것을 벗어나기가 쉽지 않다. 그러한 감괘가 두 개나 겹쳐 있으니 험난함이 가중될 수밖에 없다.

인간관계에서 그런 재난을 몰고 오는 감정이 바로 분노다. 내가 감괘를 분노와 연관해 생각하게 된 이유도 그 때문이다. 그리고 이 감괘가 의미하는 분노의 원형을 그리스 신화에서 발견할 수 있다. 바로 바다의 신 포세이돈이다. 그는 질풍노도의 감정으로 인해 늘 파괴적인 정서와 대격변에 시달린다. 그 점에서 《주역》의 어떤 괘보다도 감괘와 매우 닮았다.

제우스가 냉정한 모습으로 탁월한 정치적인 감각과 전략을 보여준다면 포세이돈은 어느 노래 제목처럼 '순정 마초'에 가깝다. 순진한 낭만주의, 격렬한 감정 폭발, 결단력이나 전략과는 거리가 먼 변덕스럽고 즉흥적인 선택 등. 포세이돈은 특유의 극적인 성품으로 인해 자주 험난한 상황에 빠진다. 특히 제우스를 제거하려는 음모를 꾸미다가 실패한 뒤로는 분노, 파괴 등 바다의 폭풍우를 상징하는 면모를 거침없이 내보인다. 한마디로 그는 자신의 감정에 매우 충실하다. 원하는 것이 있으면 즉각적으로 가져야 한다. 실패하거나 좌절을 경험하면 당장 상처받은 동물처럼 울부짖으며 복수를 계획한다. 그런 점에서 인간의 공격성과 분노를 가장 솔직하게 드러내고 있는 캐릭터인 셈이다.

그와 같은 유형한테는 무엇보다 자신의 감정을 참고 다스리는 훈련이 필요하다. 특히 당사자가 힘을 가진 자리에 있다면 더욱 그런 훈련이 요구된다. 강력한 권력을 가진 리더가 바닷물이 상징하는 것처럼 변덕스럽고 언제 파도와 해일을 일으킬지 모르는 분노 유형이라면 그 조직은 항상 긴장감이 팽배할 수밖에 없기 때문이다.

그런 의미에서 포세이돈 유형에게 주는 조언은 기다림과 인내를 뜻하는 수괘需卦에서 찾아볼 수 있다. 앞서도 살펴봤듯이 수괘에서 주는 조언은 "바깥의 세상이 험하더라도 굳세게 수양하고 덕을 쌓으며 때를 기다린다면 오랜 가뭄 끝에 단비가 내리듯 앞으로 나아갈 때가 있다는 것"이다. 따라서 포세이돈의 격하고 파괴적이고 위험스러우며 폭풍우와 소란을 동반하는 특성을 잠재우기 위해서는 이 수괘에서 조언하는 것처럼 기다리는 마음이 필요하다.

이는 수괘의 하괘인 건괘乾卦가 지닌 생각이 깊은 면, 합리적이고 강건하며 긍정적인 면과도 연관된다. 분노 폭발이 잦은 감정적인 사람들일수록 어둡고 비관적이고 공격적인 성향을 띠기 쉽다. 그럴 때 건괘의 밝고 진취적인 마음이 필요한 것이다.

흥미로운 것은 수괘와 도전괘의 관계인 송괘를 살펴보면 이 포세이돈의 특징을 더 잘 알 수 있다는 점이다. 송괘는 앞서 살펴본 대로 송사, 다툼을 의미한다. 그래서 이 괘에서는 끝까지 다툼을 일으키지 말고 중간에서 타협하기를 권유한다. 이는 포세이돈의 과격함에 대한 조언으로 볼 수 있다.

포세이돈은 자신에게 한 번이라도 상처를 준 상대방에게는 미칠 듯이 분노하며 2대, 3대에 걸쳐 복수하곤 했다. 한 예로 미노스 왕이 약속을 지키지 않자 포세이돈은 그의 아내가 황소와 열렬한 연애를 하도록 해서, 머리는 황소이고 몸뚱이는 사람의 모양을 한 괴물 미노타우로스를 낳게 했다.

감정적이고 분노를 참지 못하는 사람들도 머리로는 잘못된 행동을 그만두어야 한다는 사실을 잘 안다. 그러면서도 마치 가속력이 붙은 차를 운전하듯이 완전히 박살이 난 다음에야 행동을 멈추곤 한다. 따라서 자신이 포세이돈 유형이라고 생각하면 이 송괘에서 말하는 멈춤의 가르침 또한 마음에 새길 필요가 있다.

다행히 감괘에서도 해결 방법을 제시하고 있다. 가만히 놔두어도 낮은 곳으로 흐르는 물처럼 험난함을 만나더라도 성실하게 돌파하고자 노력하면 난관을 극복할 수 있다는 것이다. 조언은 괘사에서부터 다음과 같이 나타난다.

거듭된 곤경이다. 성실하고 오직 마음속에 형통함이 있어야 그 행동이 존중받는다習坎 有孚 維心亨 行有尙.

그것을 단전은 이렇게 풀이한다.

마음속 형통함이란 강건함과 중도를 행하고자 하는 데 있다維心亨 乃以剛中也.

물론 쉬운 이야기는 아니다. 분노와 같은 감정 폭발은 대개 자신도 모르게 일어나는 경우가 많기 때문이다. 하지만 그렇게 되기까지 '거의 습관적으로' 분노를 표출하는 측면이 있다. 몽 테뉴의 표현을 빌리자면 "분노란 저 혼자 장구 치고 북 치며 부 풀어 오르는 정념"이다.

결국 그런 행동은 스스로를 멸시하는 것일 뿐 아니라 상대방 의 멸시를 부르는 법이다. 그리하여 인간관계 역시 돌이킬 수 없는 지경에 이르고 만다. 나는 그것을 대단히 단호하게 표현해 놓은 놀라운 문장을 《맹자》에서 발견했다. 〈이루장구〉 상편에 나오는 말씀이다.

사람은 반드시 스스로 멸시한 뒤에 남이 멸시한다夫人 必自侮然後 人侮之.

폴 오스터도 비슷한 이야기를 하고 있다. "일단 자기에 대해 반감을 품게 되면 다른 사람 모두가 자기에게 반감을 품고 있 다고 믿는 건 그리 어려운 일이 아니다"라고.

3   이 사람이 왜 날 도와주지?

䷇ 수지비 水地比

땅 위에 물이 있으니 서로 스며들어 화합하고 도움을 주고받는다. 그럴수록 서로에 대한 믿음과 정체성을 지키는 것이 중요하다. 그것이 근본적인 도리인 까닭이다.

산택손괘에서도 언급했듯이, 우리는 누구나 다 내면에 보상심리를 지니고 있다. 내가 준 만큼 상대방도 내게 주기를 바라는 것이다. 그런가 하면 우리는 단지 거부 불안 때문에 상대방의 도움 요청을 거절하지 못하기도 한다. 그런 경우에는 괜히 자신이 더 변변치 못한 것 같아 화가 나고, 그러면 오히려 그것을 숨기기 위해 더 상대방에게 지나친 도움을 주는 일도 일어난다. 문제는 그런 일이 이어지다 보면 스스로 중심을 잃어버리는 결과를 가져올 수 있다는 것이다.

누군가를 도와주는 것도 나의 선택이다. 그러므로 내가 도움을 주었음에도 상대로부터 아무런 보답이 없다면 그것 역시 기꺼이 받아들이는 자세가 필요하다. 가장 가까운 가족은 챙기지 않으면서 남을 돕는 일에는 앞장서는 사람도 있다. 이 역시 바람직한 행동은 아니다. 물론 가까운 사람을 배려하기가 쉽지는 않다. 늘 내 곁에 있어서 소중함을 잊기 쉽고, 좀 무심해도 이해해줄 거라는 믿음 때문이다. 하지만 가까운 사람에 대해 배려하는 사람이 진심으로 남도 도와줄 수 있는 법이다.

비괘比卦는 그러한 이야기들을 담고 있다. 상괘는 물을 상징하는 감괘坎卦, 하괘는 땅을 상징하는 곤괘坤卦로 이루어져 있다. 땅 위에 물이 있는 형상이어서 수지비괘水地比卦이다. 땅 위에 물이 있다는 것은 서로 스며들어 화합하고 도움을 주고받음을 뜻한다. 따라서 이 괘는 인간관계에서 서로 도움을 주고받는 데 따르는 근본적인 도리를 다루고 있다.

비괘는 그 앞에 놓인 지수사괘地水師卦와는 도전괘의 관계이다. 사師는 무리 또는 군대를 뜻한다. 따라서 사괘는 무력으로 전쟁을 치르는 것에 관한 이야기를 담고 있다. 그런데 사괘에 바로 이어서 비괘가 놓였다는 것은 무엇을 뜻하는가?

비比라는 글자는 두 사람이 나란히 서 있는 형상을 상징한다. 즉, 사람들이 나란히 함께 모여서 서로 돕고 친애하는 모습을 나타내고 있다. 전쟁이 마침내 끝났으니 이제부터 서로 간에 화합하면서 평화롭게 살아가야 함을 강조하고 있는 것으로 풀이할 수 있겠다.

이쯤에서 재미있는 사실을 하나 더 알아보려고 한다. 앞서 살펴보았듯이,《주역》에서 건괘, 곤괘 다음에 이어지는 여섯 괘는 둔괘屯卦, 몽괘蒙卦, 수괘需卦, 송괘訟卦, 사괘師卦, 비괘比卦이다. 그런데 이 여섯 괘에는 흥미롭게도 물을 상징하는 감괘坎卦가 하나씩 들어 있다.

김석진 선생은 이를 두고 "만물이 자라려면 물이 필요하기 때문"이라고 해석하고 있다. 그런가 하면 앞서도 살펴보았듯이 감괘가 험난한 상황을 상징하므로 둔괘에서 비괘까지 성장하기가 쉽지 않음을 설파하기 위해서라고 보는 설도 있다.

후자를 택하고 있는 이야기가《조선왕조실록》에 실려 있다. 성종成宗 때의 문신 이승소李承召가 수성守成*의 어려움을 설명하면서,《주역》에 험난함을 상징하는 감괘가 하나씩 들어 있는 괘들이 계속 이어지는 것을 그 예로 들고 있다.

그는 "대저 치세를 이루기는 어려우므로 처음에는 둔괘, 몽괘, 송괘, 비괘, 소축괘小畜卦를 말한 뒤에 태괘泰卦에 이르렀고, 난세를 이루기는 쉬우므로 곧 비괘否卦로써 연계하였으니 성인聖人이 괘를 만든 뜻이 깊습니다. 이는 인군人君으로 하여금 수성이 쉽지 않다는 것을 알게 하고자 함입니다"라고 주장했다.

치세를 이루려면 감괘가 상징하는 어려운 단계들을 하나씩

• 선조들이 이룩해놓은 업적을 지켜나감.

통과하고 나서야 태괘가 상징하는 번영과 편안함에 이르나 난세는 단번에 일어날 수도 있어서 곧바로 많은 것이 어긋나는 비괘否卦를 놓았으니 이는 그만큼 수성이 쉽지 않음을 보여주고자 함이라는 것이다.

김홍호 선생도 건괘, 곤괘 다음에 물이 들어간 여섯 개의 괘를 놓은 것은 "젊어서 고생은 사서도 한다"라는 속담과 연관된다고 풀이한다. 즉, 누구나 인생의 고통을 경험해봐야만 성숙한다는 것이다.

비괘로 돌아가서 먼저 괘사를 살펴보면 다음과 같다.

비는 길함이니 그 근원을 잘 살펴야 한다. 크고 오래고 곧으면 허물이 없을 것이다. 편안치 않음이 닥쳐오니 뒤늦은 사람은 흉할 것이다比, 吉 原筮 元永貞 无咎 不寧方來 後夫凶.

원문에서 원元은 인군과 어른의 역할을 하는 도를 얻는 것을, 영永은 늘 변함없이 오래 할 수 있는 것을, 정貞은 바른 도를 얻는 것을 말한다. 윗사람이 아랫사람을 돕고 이끄는 데는 반드시 이 세 가지가 있어야 하며, 아랫사람이 윗사람을 돕고 따름에도 반드시 이 세 가지를 구하면 허물이 없다는 뜻이다.

그렇게 하면 상하가 모두 호응하게 되므로 불온한 태도를 보이던 자도 이윽고 모여들고 그 대열에서 뒤떨어지는 자는 결국

화를 입게 마련이다. 그것이 곧 "편안치 않음이 닥쳐오니 뒤늦은 사람은 흉할 것이다"라는 괘사가 의미하는 바이다.

이어지는 효사에서는 도움을 주고받는 방식이 좀 더 구체적으로 묘사되어 있다.

먼저 초육의 효사에 나오는 조언은 이렇다

믿음을 가지고 도와야 허물이 없다有孚比之 无咎.

누군가를 돕기 위해 선행되어야 하는 것은 당연히 신뢰이다. '이 사람이 날 왜 도와주지?' 하는 불신을 품게 되면 상대방의 의도에 대해 살피게 되는 것이 사람 심리이다. 그러면 내 편에서 진심으로 도와주려고 해도 그 마음이 상대에게 잘 가닿지 않을 수 있다.

반대로 내 편에서 생색을 내서도 안 된다. 상대방의 필요가 아닌 내 본위에 따르는 도움도 문제가 있기는 마찬가지다. 그런 경우 거의 무의식적으로 상대방의 감사와 헌신을 요구하면서 지배 욕구를 만족시키려는 시도가 배후에 있을 가능성이 크기 때문이다. 그런 사람들일수록 자신이 원하는 것을 상대방이 주지 않으면 더 크게 분노하는 모습을 보인다.

맹자 역시 그런 일들을 경계하라고 하면서, 남을 책망하기보다 먼저 자신을 돌아보라고 조언한다. 다음은 《맹자》〈이루장구〉 상편에 나오는 말씀이다.

> 남을 사랑하는데 친해지지 않으면 나의 인자함을 돌아보고, 남을
> 다스리는데 다스려지지 않으면 나의 지혜를 돌아보고, 남을 예우
> 하는데 답례가 없으면 나의 공경하는 태도를 돌이켜봐야 한다愛
> 人不親 反基仁 治人不治 反基智 禮人不答 反基敬.

그의 말씀이 인간관계에서 신뢰를 회복하는 지름길임은 말
할 나위도 없다.

부부 관계이든, 부모 자녀 관계이든, 사회적인 관계이든 신뢰
가 없으면 오래갈 수 없다. 예를 들어, 자녀가 부모의 사랑을 의
심하게 되면, 즉 부모가 단지 욕심과 체면 때문에 자신에게 '척
하는 것뿐'이라고 생각하게 되면 어떨까? 이 경우 아이들은 오
히려 부모의 바람과는 반대 방향으로 나아가려고 한다. 수동공
격성의 심리 때문이다. 그러므로 누군가와 믿음의 관계를 형성
하지 못하고 돕는다면 그것은 제대로 돕는 것이 아니다.

인간의 행동은 효율적이어야 한다. 불필요한 일로 인생을 낭
비하지 말아야 한다는 의미에서 그렇다. 특히 누구를 돕고 따를
때는 과연 상대방이 그럴 만한 그릇인지를 살피는 일이 중요하
다. 그리하여 도움을 청하는 사람은 기꺼이 도와주고, 도움을
받지 않으려는 사람은 억지로 도와주지 말아야 한다. 한편 아랫

사람의 경우 충성을 다해 윗사람을 도울 수는 있다. 그렇다고 해서 보상을 기대하며 억지로 헛되게 자신을 굽히거나 권모술수를 쓸 필요는 없다. 내가 크게 쓰이고 안 쓰이고는 상대의 선택에 달려 있다.

결론적으로 비괘는 인간관계에서 도움의 도를 강조한 것이다. 사람을 도울 때는 서로 믿음을 가져야 하고 자기 정체성이 분명해야 함을 이야기하고 있다. 그렇게 서로 돕고 친애할 때 이윽고 화합과 평안의 자리가 마련되는 것이다.

4 　화목한 가정을 이루려면

풍화가인 風火家人

불길 속에서 바람이 일어나니, 집안을 다스리는 데는 그
처럼 작은 것에서부터 삼가고 조심하지 않으면 안 된다.
말은 언제나 사실에 근거하고 행동은 원칙을 따르라.

남편이 사고로 사망한 후 우울증에 빠진 여성이 있었다. 그녀
는 우울증이 깊어지면서 남매인 아이들을 학대하고 돌보지 않
았다. 그 와중에도 큰딸은 공부를 잘해서 원하는 대학에 들어갔
고, 엄마를 대신해 나이 차가 많이 나는 남동생을 살뜰하게 돌
보았다. 딸이 좋은 남자를 만나 결혼하고 자리를 잡았을 때는
동생도 대학 졸업반이 되었다.

그런데 엄마가 유독 딸을 미워했다. 주변에서 딸을 칭찬하는
이야기를 들으면 "아버지가 남겨놓은 돈으로 자기 하고 싶은 것
다 하면서 그깟 좋은 학교 좀 나왔다고 뭐가 그리 자랑이냐"부
터 시작해서 "집안이 너무 기우는 남자와 결혼한 걸 보면 남자

보는 눈이라곤 조금도 없는 멍청이"라는 말도 서슴지 않았다.

당연히 딸은 엄마로부터 깊은 상처를 받았다. 남매를 돌보지 않은 것은 남편이 세상을 떠난 후유증으로 우울하고 무기력해진 탓이려니, 어느 정도 이해할 수 있었다. 그러나 딸인 자신을 향한 그런 막무가내식 화풀이는 도저히 받아들이기 어려웠다. 특히 엄마는 딸이 조금이라도 잘되면 못마땅한 마음이 드는 것이 분명했다.

결국 견디다 못한 딸은 상담을 받기에 이르렀다. 나와 진료실에 마주 앉은 그녀는 "세상에 어느 엄마가 자식 잘되는 걸 미워할 수 있느냐?"라고 하면서 눈물을 쏟았다.

나는 그녀에게 어머니를 만나볼 수 있는지 청했다. 큰 기대를 하지 않았지만, 그녀의 어머니는 이상할 정도로 순순히 상담에 응했다. 대화를 나누면서 알게 되었지만, 어머니 또한 그동안 누군가에게 속마음을 털어놓고 싶었으나 그 방법을 몰랐다고 했다.

상담이 진행되면서 어머니는 거의 쉬지 않고 자신의 이야기를 들려주었다. 그녀는 성장 과정에서 부모의 학대로 학교조차 제대로 다니지 못했다고 했다. 원하는 학교에 가서 마음껏 공부하고 싶었지만 그러지 못해서 한이 생겼다. 남편을 만나 결혼했지만 기우는 집안 딸이라고 온갖 구박을 받아야 했던 기억, 아내의 시집살이를 못 본 체하면서 무심하기만 했던 남편에 대한 원망 등이 상담을 통해 고스란히 쏟아져 나왔다.

상담 과정에서 그녀는 자기 회한 때문에 딸을 시기하고 미워하는 마음이 생겼고, 그것을 여과 없이 표현해왔다는 사실을 깨닫게 되었다. 이윽고 그녀는 딸과 아들에게도 용서를 빌었다. 그제야 딸은 조금이나마 어머니를 이해하게 되었고 마음의 상처도 점차 나아져갔다.

위의 사례처럼 여러 관계 중에 가장 근본적이고 삶에 큰 영향을 주는 관계가 가족관계이다.《주역》에서 가족 간의 화목함이 얼마나 중요한지를 이야기하는 괘는 풍화가인괘이다. 상괘는 바람을 뜻하는 손괘巽卦이고 하괘는 불을 뜻하는 이괘離卦로 이루어져 있어서 풍화가인괘風火家人卦이다.

불은 위로 타오르고 바람은 아래로 내려오므로 '불길 속에서 바람이 이는' 형상이다. 과거에는 밥을 짓기 위해 불을 피웠고, 바람이 일고 굴뚝에서 연기가 나면 사람들은 그 집안이 밥을 지어 먹을 정도로 풍요롭다고 생각했다. 풍화가인괘는 이 모습을 보고 유추한 것으로 보인다.

한편 예로부터 흔히 가족을 식구食口라고 불렀고, 명리학에서도 돈을 버는 재주를 상징하는 오행을 식신食神이라고 일컬었다. 그만큼 우리 선조들은 먹는 일을 꽤나 중시했다. 그러니 음식을 만드는 데 꼭 필요한 과정인 불을 때고 바람으로 지피는 일도 중요하게 생각하게 된 것이 아닌가 싶다.

풍화가인괘는 가인家人이라는 글자가 나타내는 뜻 그대로 집안을 다스린다는 의미를 담고 있다. 불은 위로 타오르고 바람은 아래로 내려오므로 남녀가 서로 만나 화합한다는 뜻도 있다. 괘의 모습도 양효인 상구를 제외하고는 모두 바른 자리에 있으면서 상하가 응하고 있는데, 이 역시 가족 구성원 모두가 자기 자리를 지키면서 화목하게 지낸다는 것을 상징한다. 괘사를 살펴보면 다음과 같다.

가인은 가정을 말함이며 여자가 정도를 지키는 것이 이롭다家人 利女貞.

다음은 단전의 해석이다.

가정에서 여자는 안에서 바른 자리에 있고 남자는 밖에서 바른 자리에 있다. 그렇게 남자와 여자가 각자 바른 자리에 있는 것이 천지의 큰 뜻이다家人 女正位乎內 男正位乎外 男女正 天地之大義也.

상전에서는 이렇게 덧붙인다.

불길 속에서 바람이 일어나는 것이 가인의 괘상이다. 군자는 그것을 보고 언행을 삼가니 말은 사실에 근거하고 행동은 원칙을 따른다 風自火出 家人 君子以言有物 而行有恒.

집안을 다스릴 때 작은 것부터 삼가고 조심할 것을 당부하고 있는 것이다.

그리스 신화에서 가정의 수호신은 여신 헤스티아이다. 그녀는 불과 화로의 신이기도 한데, 가인괘에서와 마찬가지로 그리스 신화에서도 불과 화로를 다스리는 여신이 가정의 수호신인 점이 매우 흥미롭다. 《주역》의 시대가 그러했던 것처럼 고대 그리스에서도 불과 화로가 가정의 중심이었다는 이야기일 것이다.

가정의 수호신으로서 헤스티아는 조용한 가운데 강건함을 간직하고 자신의 목표를 이루어가는 모습을 하고 있다. 이는 가인괘의 초구에서 "가정을 처음 이룰 때는 사악함을 방비하기 위해 애초부터 기강을 확립할 필요가 있다"라는 상전의 내용과도 합치한다. 그러한 헤스티아의 원형을 지닌 여성은 내면의 성찰을 통해 자긍심을 갖는 유형에 속한다.

그런 유형은 외적인 것에 대해 별로 관심이 없다. 자신에 대한 남들의 평가에도 그다지 영향을 받지 않는다. 그녀에게는 자기의 가치관과 신념을 따르는 일이 중요하다. 그런 경우 흔히 냉정하기 쉬운데 그녀는 오히려 따뜻하면서도 품위 있게 자기 뜻을 지켜나간다. 그것이 신화에서는 둥근 화로의 불길로 묘사되고 있다.

재미있는 것은 가인괘의 마지막 효사인 상구에도 집안을 다스림에 있어서 "진실하면서도 위엄이 있으니 끝내 길하다有孚 威如 終吉"라고 해서 그러한 헤스티아의 모습을 잘 보여주고 있다는 점이다.

이런 헤스티아 원형을 지닌 여성에게서 부족한 점은 외향성이다. 사회생활에 적응하기 위해서는 좀 더 적극적으로 자기를 표현할 필요가 있는 것이다. 그런 점에서 그리스 신화에서 가인괘와도 어느 정도 들어맞는 여신 헤라의 적극적이고 영웅적인 면을 닮을 필요도 있다(헤라는 영웅을 뜻하는 '히어로hero'의 여성형이다).

그리스 신화에서 헤라는 결혼의 수호신으로 의식에 따라 엄숙하게 섬김을 받는 여신이다. 계절에 따라 봄에는 처녀 헤라로, 여름과 가을에는 완벽한 여성 헤라로, 겨울에는 과부 헤라로 숭배받았다. 그녀는 바람을 피우는 제우스를 직접 처단하려고 형제들을 모아 술수를 쓸 만큼 대단히 담대한 면모를 지니고 있었다. 그러나 나중에는 제우스의 바람기를 견디지 못하고 질투심과 원한이 가득 차서 신화 속에서 온갖 악역을 담당한다. 바로 그런 점 때문에 결혼의 수호신임에도 불구하고 가인괘와는 살짝 거리가 있다고 하겠다.

단, 헤스티아 유형의 여성들에게 부족하기 쉬운 점을 헤라에게서 찾아내 배울 필요는 있을 것이다. 헤라가 애초에 지니고 있던 당당함과 자긍심, 영웅적인 면모 등은 헤스티아 원형의 여성들이 보완해야 할 큰 장점이기 때문이다.

한편 풍화가인괘는 화풍정괘火風鼎卦와도 연관된다. 정괘는 가인괘와 상괘와 하괘의 위치가 바뀌어서 불이 위에 있고 바람이 아래에 있다. 괘의 이름인 정鼎은 솥을 상징한다.

이 괘는 융과 관련해서 흥미로운 일화가 전해진다. 융은《주역》의 영어판 서문을 써달라고 부탁받은 일이 있었다. 그는 글을 쓰기 전에《주역》이 과연 어떤 의미가 있는지 생각하기 위해 괘를 벌였다고 한다. 그때 나온 괘가 이 화풍정괘이다. 그래서 그는 '솥이 음식 재료를 넣어 끓여서 사람들이 먹을 수 있는 음식으로 만드는 도구인 것처럼《주역》은 인간의 지혜를 다 집어넣어 마음의 양식으로 만드는 도구'라고 생각하고 서문을 썼다고 한다.

이처럼 인간관계, 특히 가족관계를 현명하게 유지하려면 가인괘와 더불어 이 정괘에서 주는 교훈을 생각할 필요가 있을 것이다.

5   어떻게 진실한 관계를 맺을까?

☰☱ **택산함** 澤山咸

산은 못을 품고 못은 산의 물기운을 수용하니 그 자연스
러운 감응에 천하 만물이 움직인다. 진실한 관계도 그와
같아서 서로 교감하고 배려함으로써 정도를 지켜나간다.

우리가 누군가와 자연스럽게 감정을 나누고 공감을 주고받기
위해서는 몇 가지 전제가 필요하다. 무엇보다도 먼저 내 마음이
정리되어 있어야 하고 편견과 선입견이 없어야 한다. '저 친구
는 원래 저래' 하고 이미 내 안에 선을 그어놓으면 아무리 상대
가 착한 일을 해도 그다지 좋게 보이지 않는다. 마찬가지로 '내
생각이 옳아' 하고 선을 그으면 누가 아무리 옳은 이야기를 해
도 내 귀에는 들리지 않는다.

물론 우리는 누구나 자기 경험으로부터 자유롭지 못하다. 예
를 들어 건강한 사람은 아픈 사람을, 가진 사람은 못 가진 사람
을, 상처를 주는 사람은 상처 받는 사람을 이해할 수 없다. 내가

보고 듣고 겪은 것만이 나를 이루는 세상의 전부이기 때문이다. 어쩌면 우리가 나만의 잣대를 가지고 사람이나 세상을 바라보는 것은 불가피한 일인지도 모른다.

그래서 관계 맺기에 가장 필요한 것이 수용이다. 상대가 처한 상황을 이해하고 있는 그대로 받아들이려고 노력할 수 있어야 한다. 상대가 느끼는 감정에 대해서도 마찬가지다. 비판하고 따지기보다 자연스럽게 그 감정을 함께 느끼고 이해하려고 애써야 한다. 이는 자연스러운 교감과 수용의 기본자세이다. 그리고 정신의학적으로 한 개인의 정신적 성숙도를 평가하는 중요한 척도이다.

이 점에 관해 명쾌한 방법론을 내놓은 인물이 몽테뉴이다.

"남과의 대화를 통해(이것이야말로 세상에서 가장 훌륭한 학교 중 하나이다) 항상 무엇이든 배워보려고, 나는 여행 중에 만난 이야기 상대를 그들이 제일 잘 아는 것에 관한 화제로 이끄는 방법을 구사한다."

실제로 나는 몽테뉴식의 대화법이 가져오는 성공을 수없이 보아왔다. 이 세상에 자기 관심사에 상대도 똑같은 관심을 기울여주는 순간 마음을 열지 않을 사람은 거의 없다. 그것이 불러오는 자연스러운 친밀감이야말로 인간관계에 꼭 필요한 윤활유라고 할 수 있다.

함괘는 그러한 이야기들을 담고 있다. 이 괘는 상괘가 연못을 상징하는 태괘兌卦이고, 하괘는 산을 상징하는 간괘艮卦로 이루어져 있어서 택산함괘澤山咸卦이다. 함咸은 감정, 감응 등과 같이 서로를 느껴 함께한다는 뜻이다.

괘의 모습을 살펴보면 산마루에 연못이 있는 형상이다. 연못의 물은 늘 산 쪽으로 느리게 스며들고 반대로 산의 물기는 계속해서 조금씩 상승해 연못으로 되돌아감으로써 서로 자연스럽게 감응하고 화합한다는 뜻을 담고 있다.

그런 의미에서 이 괘는 인간관계에서의 자연스러운 교감, 수용, 화합 등을 나타내며 젊은 남녀가 서로의 마음에 구애하는 것을 상징하기도 한다. 상괘는 젊은 여자, 하괘는 젊은 남자에 빗대어 남자가 여자의 발아래 무릎을 꿇고 사랑을 구하는 모습이라는 것이다.

실제로 대부분의 괘, 효사를 남녀 간의 구애에 빗대어 묘사하고 있는 것도 이 괘의 특징이다. 그런 점이 흥미로운 까닭에 다른 괘와는 달리 가능한 한 모든 효사를 하나씩 다 살펴보기로 한다. 먼저 괘사를 보면 다음과 같다.

함은 형통함이니 정도를 지키는 것이 이롭다. 아내를 취하면 길할 것이다咸 亨 利貞 取女吉.

김흥호 선생은 함은 사랑이라고 단정하며 이 괘사에 대해서

도 "사랑은 형통하고 아름답고 진실하니 결혼이 길하다"라고
풀이한다. 물론 단전에서는 그것을 좀 더 어려운 말로 해석하고
있다.

함은 감응이다. 유柔의 기운이 위에, 강剛의 기운이 아래에 있으
며 두 기운이 교감해서 친밀하게 돕는다. 머물러서 기뻐하고 남자
가 여자에게 내려오니 형통하고 정도를 지키는 것이 이롭다. 아내
를 맞이하니 길하다. 천지는 교감하여 만물을 생성하고 성인聖人
은 인심을 감화하므로 천하가 태평해진다. 그러한 감응의 이치를
깨닫게 되면 천지 만물의 마음을 알 수 있다咸 感也 柔上而剛下 二
氣感應以相與 止而說 男下女 是以亨利貞 取女吉也 天地感而萬物化生 聖
人感人心而天下和平 觀其所感 而天地萬物之情可見矣.

남녀의 구애로 시작해 그것을 보고 천지 만물의 생성과 그
마음을 얻는 과정까지 묘사하고 있으니, 아무래도 쉬운 내용이
라고는 할 수 없겠다.

초육에서 시작해 육이, 구삼으로 이어지는 효사와 상전은 남
녀의 애정이 발전하는 단계에 빗대어 인간관계에서 일어나는
상호감응의 시작 단계와 때를 기다려야 할 타이밍, 맹목적인 애
정이 아닌 자신의 중심을 지키는 것의 중요성 등을 이야기하고
있다. 그것을 살펴보면 다음과 같다.

초육의 "엄지발가락에서 감응한다咸其拇"라는 효사에 대해 상전에서는 "엄지발가락에서 감응한다는 것은 밖으로 뻗어갈 뜻이 있다는 것이다咸其拇 志在外也"라고 풀이한다. 인간관계의 시작 단계를 묘사하고 있다.

육이의 효사는 "종아리에서 감응한다. 흉하다. 가만히 있으면 길할 것이다咸其腓 凶 居吉"라고 한다. 이를 두고 상전에서는 "순응하면 해롭지 않다順不害也"라고 풀이한다.

흉하지만 가만히 있으면 길하고 순응하면 해롭지 않다는 것은 인간관계에서 지나치게 나서거나 독선적으로 굴거나 치졸하게 반항하기보다는 조용히 때를 기다리는 편이 훨씬 낫다는 의미를 담고 있다.

"허벅지에서 감응한다. 다른 사람을 따르는 데 집착하니 수치를 당할 것이다咸其股執其隨 往吝"라는 구삼의 효사에 대해서는 상전에 "허벅지에서 감응한다 함은 편안히 거처하지 않는다는 뜻이다. 다른 사람을 따르는 데 뜻을 두고 집착하니 궁지에 빠질 것이다咸其股 亦不處也 志在隨人 所執下也"라고 덧붙이고 있다.

인간관계에서 주도적으로 행동하지 못하고 비굴한 모습을 보이거나 맹목적으로 다른 사람에게 집착하고 추종하는 것은 나의 내면에 중심이 서 있지 못하기 때문이다. 당연히 수치를 당하거나 궁지에 빠질 가능성도 크다. 그러한 면을 경계하라는 뜻이다.

230

이어지는 구사의 효사는 다음과 같다.

정도를 지키면 길하다. 후회가 없다. 불안한 마음에 분주히 생각이 오고 가면 벗만이 너의 뜻을 따를 것이다 貞吉 悔亡 憧憧往來 朋 縱爾思.

정도를 지킨다는 것은 일차적으로 내 마음을 지킨다는 뜻이다. 그렇지 못하고 독선이나 아집에 빠지면 인생은 잘못된 길로 들어설 여지가 많다. 불안한 마음에 온갖 생각들이 뒤숭숭하게 오가지만 결국에는 실패와 회한이 난무하거나 아니면 아무런 영향력도 발휘하지 못하는 초라한 상황에 놓일 수밖에 없다. 우린 누구나 그런 상황에 놓이게 될 것을 경계하고 마음을 가다듬어야 한다.

공자 역시 《계사전》 하편에서 이 효사에 대해 다음과 같은 문장을 남기고 있다.

역에 '불안한 마음에 분주히 생각이 오가면 벗만이 너의 뜻을 따를 것이다'라는 구절이 있다. 천하에 깊이 생각할 것이 무엇이 있겠는가. 천하의 온갖 서로 다른 길들은 하나로 통한다. 온갖 생각이 하나로 통하니 천하에 깊이 생각할 것이 무엇이 있겠는가. 해가 지면 달이 뜨고 달이 지면 해가 떠오르니 해와 달이 서로 밀어

밝음이 생겨난다 易曰 憧憧往來 朋從爾思 子曰 天下可思何慮 天下同歸
而殊塗 一致而百慮 天下可思何慮 日往則月來 月往則日來 日月相推而明
生焉.

물론 공자는 아예 생각 자체를 하지 말라고 이야기하는 것이
아니다. 그보다는 매사에 어수선한 생각에 골몰해 있는 동안에
는 자연스러운 사고가 불가능하므로 마음을 비우라는 의미를
담고 있다. 우리의 생각이라는 것도 인위적이고 가식적인 면이
있을 수 있으며, 따라서 그것을 버리고 함괘가 상징하는 자연스
러운 감응에 따라 사고할 것을 주문하는 것이라고 볼 수도 있다.
　그리하면 해가 가고 달이 오듯이 언젠가는 나의 내면에도 자
연스러운 나만의 철학이 자리 잡게 되고, 그것이 더욱 발전해나
가다 보면 마침내 크나큰 진전을 이루는 날이 오지 않겠는가.
실제로 내면에 자기만의 철학이 없는 사람은 부화뇌동하다가
결국에는 무대에서 사라지는 수치를 당할 가능성이 크다.
　누군가가 내면에 중심이 잡혀 있고 자기만의 철학이 있다는
것은 가치관이 분명하고 확고한 비전이 있으며 진실함을 갖추
고 있음을 의미한다. 그러한 역량을 갖춘 사람은 매사에 최선을
다한다. 그리고 문제가 생겼을 때는 은폐하거나 조종하는 대신
상황을 이해하고 수용하려고 노력하면서 정공법으로 돌파해나
가고자 한다.

그 과정에서 성실하게 주변 사람들과 교감을 나누고 설득해서 모두의 힘을 하나로 모으는 것도 그의 역할이다. 반면에 그렇지 못한 유형은 대체로 상황에 따라 이리저리 흔들리고 어디하나 제대로 집중하지 못한다. 문제가 생기면 무슨 수를 쓰든 은폐하고 조종하는 데만 골몰한다. 그러면서도 스스로에 대해 부끄러움을 느끼지 못한다. 오히려 그런 자신을 수완 좋고 정치에 능하다고 착각하는 경우가 더 많다.

그들은 자신이 원하는 것은 무엇이든 가질 자격이 있다고 생각해서(실제로는 그 무엇도 가질 자격이 없음에도 불구하고) 탐욕을 부리다가 자기 자신은 물론이고 때로는 조직이나 국가의 운명까지 나락으로 밀어 넣는다. 실제로 우리는 주변에서 그런 유형을 자주 만날 수 있다.

이어지는 구오의 효사 역시 비슷한 이야기를 하고 있다

등에서 감응하니 후회가 없을 것이다 咸其脢 无悔.

이를 두고 상전에서는 "등에서 감응한다는 것은 그 뜻이 보잘것없는 지경에 이르렀음이다 咸其脢 志末也"라고 풀이한다. 등은 눈에 보이지 않으므로 감응한다고 해도 그 느낌이 무딜 수밖에 없다. 그런 경우 상대방의 감정에 대해 제대로 이해하기 힘들다. 후회할 일도 없겠지만 좋은 일도 기대하기 어렵다. 그러므로 뜻이 보잘것없는 지경에 이르는 것이 당연하므로 가능한 한 그런 일을 만들지 말아야 한다는 것이다.

상육의 효사는 거기서 한 걸음 더 나아가 입으로만 상대방을 감응시키는 것은 소용이 없음을 이야기한다.

"볼과 뺨과 혀로 감응한다咸其輔頰舌"라는 효사를 두고 상전에서 "그것은 입으로만 떠들어대는 것을 말한다滕口說也"라고 못 박고 있는 것이다.

진실함을 갖춘 관계는 자연스럽게 서로 교감을 나누고 수용하고 배려함으로써 정도를 지켜나간다. 즉, 입으로만 떠들어대는 것이 아니라, 산은 못을 품고 못은 물기운을 수용하는 것과 같은 자연스러운 감응으로 서로를 감동시키는 것이다. 그리고 그러한 관계야말로 서로를 이롭게 하는 근원이 된다는 것이 이 괘의 결론이라고 할 수 있다.

6 갈등과 반목을 피하는 법

화택규 火澤睽

위에는 불이 있고 아래에는 못이 있으니, 이는 인간관계
의 갈등과 반목을 상징한다. 그럴 때일수록 서로의 공통
점은 취하고 다른 점은 인정하는 지혜가 필요하다.

나는 개인적으로 갈등이나 반목과 같은 어휘를 볼 때마다 떠올
리는 문장이 하나 있다. 바로 미국의 영화배우 로버트 레드퍼드
의 말이다.

"표면적으로 도저히 어울릴 수 없는 적에게조차 서로 동의할
수 있는 여지가 얼마나 많은지 우린 깨달아야 한다."

그의 말은 왜 우리가 인간관계에서 나와 갈등하고 반목하는
사람도 기꺼이 인정할 수 있어야 하는지를 명확하게 보여준다.
물론 우린 나와 코드가 맞는 사람들을 선호하게 되어 있다. 연
애할 때도 서로 유전적으로 끌리는 사람끼리 만나야 더욱 순식
간에 빠져들지 않던가. 그건 인간관계에서도 마찬가지다. 하지

만 뜨거운 연애도 그 유효기간이 정해져 있는 것처럼 나와 맞는 인간관계도 그 열정이 식으면 사소한 오해로도 쉽게 금이 갈 수 있다.

인간관계가 나에게 도움이 되려면 나의 꿈을 공유하고 지지해줄 사람이 곁에 있어야 한다. 하지만 동시에 내가 미처 생각하지 못한 건설적인 비판과 대안을 제시하는 사람 역시 똑같은 비율로 꼭 필요하다.

사회란 온갖 다양한 사람들이 모인 집합체다. 그들이 한결같이 나와 맞기를 기대할 수 없다. 그런데도 주변에서 나와 코드가 맞는 사람만 챙기면 당연히 소외와 갈등, 반목이 생겨날 수밖에 없다. 그러한 파행을 막기 위해서 언제라도 상대와 나의 다름을 인정할 자세가 되어 있어야 한다. 레드퍼드의 말처럼 '적에게조차 동의할 여지는 수없이 많기' 때문이다.

더욱이 인간은 자기 속에 다중적인 면을 가지고 있다. 누구라도 그 점에서 예외일 수는 없다. 그 점을 인정하기만 해도 우린 적어도 나만의 잣대로 다른 사람을 재단하는 일은 삼갈 수 있다. 이번 장에서 설명할 규괘에서 말하고자 하는 바가 이와 다르지 않다는 것이 내 생각이다.

규괘는 연못, 호수 등을 뜻하는 태괘兌卦가 하괘이고 불을 뜻하는 이괘離卦가 상괘로 이루어져 있어서 화택규괘火澤睽卦이다. 규睽는 서로 어긋난다는 뜻이다. 자연의 속성상 연못의 물은 아래로 흘러내리며 땅을 적시는 반면 불은 계속해서 위를 향해 타오른다. 두 괘가 서로 만나지 못하고 어긋나기만 하는 것이다.

그런 의미에서 규괘는 불화, 갈등, 분열, 배신, 반목 등을 상징한다. 규괘 바로 앞에 놓여 있으면서 가정의 화목을 뜻하는 가인괘家人卦와 도전괘의 관계인 것도 그 때문이다. 가인괘에서도 살펴봤지만, 사실 인간관계에서 가장 어긋나기 쉬운 것이 바로 가족관계이다. 우리는 남에게는 절대로 갖지 않는 기대치를 상대가 단지 가족이라는 이유만으로 갖는 경우가 많다. 그리고 그 기대치가 채워지지 않으면 곧장 분노를 쏟아내는 것도 상대가 가족이기 때문이다.

그러나 전체적으로 규괘가 함축하는 바는 인간관계에서 흔한 어떠한 분열과 반목도 노력 여하에 따라 화합과 융화로 바뀌어나갈 수 있다는 것이다. 이런 의미는 처음에 나오는 괘사와 단전에 이미 분명히 나타나 있다.

먼저 괘사를 살펴보자.

규는 작은 일에 길할 것이다睽 小事吉.

인생이든 인간관계이든 어긋나는 것을 보면 언제나 그 시작은 작은 데 있다. 사람의 심리도 실은 작은 일일 때 더 잘 드러난다. 김수영 시인의 "나는 왜 조그마한 일에만 분개하는가"라는 한탄처럼 우린 대체로 작은 일에 더 분개하고 사소한 일에 더 '목숨'을 건다. 사소한 일일수록 나의 나르시시즘에 더 즉각적인 영향을 주기 때문이다.

사람들은 큰일이 닥치면 한마음으로 해결할 수밖에 없다는 점을 받아들인다. 예를 들어, 올림픽이나 촛불집회가 열리면 한마음으로 응원도 하고 시위도 한다. 하지만 그런 큰 이슈가 사라지면 작은 일을 가지고 서로 갈등하고 반목하는 예가 허다하다. 어찌할 수 없는 인간의 속성이다.

그러한 어긋남을 상징하는 규괘의 괘사가 "작은 일에 길할 것"이라는 것은 그만큼 시사하는 바가 크다. 사소한 일에서부터 길함이 생겨난다면 그것을 넓혀나감으로써 더욱 큰 상서로움에 다다를 수 있다는 의미를 내포하고 있기 때문이다.

단전의 해석을 보면 그러한 면이 더욱 명확해진다.

규괘는 불이 위로 타오르고 못은 아래로 내려온다. 두 여자가 함께 있으나 생각이 다르므로 행동이 같을 수 없다. 기뻐하며 밝은 곳을 따르고 부드럽게 나아가 위로 오르고 바르게 처신함으로써 강剛에 응한다. 이것이 곧 작은 일을 함에 길하다고 한 것이다. 하늘과 땅은 어긋나도 그 일이 같으며, 남자와 여자는 서로 달라도 그 뜻이 통하며, 만물은 상반되어도 그 일의 종류는 같으니, 규괘의 때와 쓰임은 클 뿐이다睽 火動而上 澤動而下 二女同居 其志不同行 說而麗乎名 柔進而上行 得中而應乎剛 是以小事吉 天地睽而其事同也 男女睽而其志通也 萬物睽而其事類也 睽之時用大矣哉.

이는 이 세상 모든 것은 어긋나고 다르나 한편으로는 그 다름 안에서 이미 같은 것을 품고 있음을 의미한다. 상전에서는 한 걸음 더 나아가 '같으면서도 다름'을 인식하고 있어야 한다고 역설한다.

위에는 불이 있고 아래에는 못이 있는 것이 규의 괘상이다. 군자는 이를 보고 같으면서도 다른 것을 생각한다上火下澤 睽 君子以同而異.

이것을 좀 더 현대적으로 해석해 인간관계에 적용하면 곧 '서로의 공통점은 취하고 다른 점은 인정하는' 지혜의 필요성을 역설하는 것으로 볼 수 있다. 이는 인간관계에서 갈등과 반목을 해결하는 가장 바람직한 방법이기도 하다.

규괘는 초구에서부터 상구에 이르기까지 여섯 개의 효사 모두 서로 어긋나는 것이 세상사이고 인간관계라고 이야기한다. 그렇긴 하나 결국에는 화해하는 방법을 발견하고 배워나감으로써 상서로움에 이르게 된다는 내용을 담고 있다. 따라서 초구와 마지막 상구의 효사만 살펴보기로 한다.

먼저 초구의 효사는 다음과 같다.

후회가 없을 것이니 말을 잃어도 쫓아가지 않으면 스스로 돌아올 것이다. 악한 사람을 만나도 허물이 없을 것이다悔亡 喪馬勿逐 自 復 見惡人 无咎.

말이란 동물은 제풀에 달아났을 경우 이편에서 붙잡으러 쫓아갈수록 더 멀리 달아날 가능성이 크다. 그럴 때는 그냥 내버려두는 편이 상책이다. 시간이 흐르면 역시 제풀에 돌아올 것이기 때문이다. 이것은 갈등을 해결하는 방법에 관한 하나의 비유라고 할 수 있다.

이 세상에 갈등이 없는 인생은 없다. 서로 갈등하지 않는 인간관계도 없다. 윌리엄 포크너도 말했다. "인간의 마음속에 있는 갈등이야말로 글로 쓸 만큼 가치가 있는 유일한 주제"라고. 그러한 갈등을 해결하려면 때로 기다림의 시간이 필요하다. 행여 강제로 화해를 모색하다가는 더 큰 반발을 불러올 수도 있기 때문이다. 그런 경우에는 조용히 기다리면서 때를 보는 편이 훨씬 낫다.

그런가 하면 갈등은 때로 변화와 혁신을 앞당기는 기폭제가 되기도 한다. 그 점에 대해서는 엘리 위젤 교수가 매우 인상적인 말을 남겼다. 홀로코스트 생존자이자 작가이고 노벨평화상 수상자이기도 한 그는 생전에 한 강의에서 이렇게 말했다.

두 사람의 의견이 다를 때 그리고 서로 자신의 뜻이 옳다고 고집할 때 둘 사이에는 공간이 생깁니다. 그 공간은 두 사람의 의견이 달랐기 때문에 생겨난 것이지요. 거기서부터 혁신이 시작됩니다. 반면에 둘이 같은 입장에 서게 된다면 혁신은 결코 일어날 수 없습니다. 그러므로 갈등은 올바른 방향으로 가기만 한다면 매우 긍정적인 효과를 낼 수 있습니다.

갈등에 관한 한 이보다 더 멋진 결론은 없지 않을까 싶다. 그렇게만 된다면 설령 악한 사람일지라도 계속해서 자기를 고집하기는 어려울 테니 허물 또한 없게 되는 것이다.

마지막으로 상구의 효사는 이렇다

어긋나고 반목하므로 고독하다. 상대방이 진흙투성이 돼지나 수레에 탄 귀신처럼 보여 활을 쏘려고 시위를 당기나 곧 오해가 풀려 화살을 버린다. 상대방은 도적이 아니라 혼인을 하자는 것이니 앞으로 나가 단비를 맞으면 길할 것이다 睽孤 見豕負塗 載鬼一車 先張之弧 後說之弧 匪寇 婚媾 往遇雨則吉.

상구는 어긋남이 극에 달한 사람이고, 밝음이 극에 달한 경우이다. 어긋남이 극에 달한 사람은 조급하고 사나워서 자세하게 살피지 못하고, 밝음이 극에 달하면 지나치게 살펴서 의심이 많아지게 된다. 상구는 스스로 의심해서 외로움에 처한 사람이다. 그리하여 다른 사람을 돼지와 귀신처럼 보는 사람이다.

인생의 어긋남 중에서 가장 고치기 힘든 것이 스스로 만들어내는 어긋남이다. 즉, 자신만의 잣대를 고집하면 아무리 좋은 것을 보여줘도 제대로 볼 수 없는 것이다.

그래서는 곤란하다. 이 경우 인간관계의 온갖 어려움 앞에서 균형감각을 유지하기 어렵기 때문이다. 그런 상황에서라면 갈등과 반목이 일어나는 것도 전혀 이상할 게 없다. 따라서 우리는 이 규괘의 이야기를 통해 최소한 어긋남을 바로잡고 매사에 열린 시각을 갖기 위해 노력해야 한다.

위젤 교수의 말을 한 번 더 빌리자면 "우린 서로 다르기 때문에 그리고 각자 가야 할 다양한 길을 알고 있기에 서로에게 필요한 존재"이다. 그리하여 서로의 다름을 인정하고 공통점은 취하고자 할 때 비로소 갈등과 반목은 화합과 융화로 변화할 수 있다.

7 고독만큼 훌륭한 파트너도 없다

화산여 火山旅

나그네로서의 한평생이 인간의 삶이라면 때로 홀로 있으면서 내면을 들여다보는 일은 숙명 같은 것일지도 모른다. 그런 의미에서 고독만큼 훌륭한 파트너도 없으리라.

"홀로 있는 곳으로 가는 길은 누구도 제대로 찾아갈 수 없다." 몽테뉴의 말이다. 저 옛날에도 이미 고독은 때때로 결심하고 일부러 찾지 않으면 안 되는 것이었나 보다.

사회생활을 하다 보면 수많은 사람을 만나게 된다. 여기저기 모임도 많다. 나도 한때는 그런 분위기에 휩쓸려서 이 사람 저 사람, 이 모임 저 모임에 참석하곤 했다. 그런데 언제부터인가 아주 가깝거나 편안한 사람들 말고는 만나는 일을 꺼리게 되었다. 그랬더니 "대인관계에 관해 상담하고 책도 쓰는 사람이 그래도 돼요?"라고 불만을 내비치는 사람들이 생겨나기 시작했다.

사람들은 흔히 대인관계를 잘하는 것을 많은 사람을 만나는 것으로 생각한다. 물론 세상살이를 잘 해나가려면 정보도 필요하고 네트워크도 필요하다. 더욱이 삶이 복잡해질수록 더 많은 정보가 필요하므로 사람들과의 관계 역시 더 긴요할 수 있다. 문제는 그 과정에서 너무 많은 에너지가 소모된다는 점이다.

우선 대인관계에서 다양한 일을 하는 사람들을 만나면 상대방의 이야기에 귀를 기울여야 하는데, 그런 마음의 여유를 갖기가 쉽지 않다. 잘난 척하는 사람들 때문에도 피곤하다. 자기만이 최고라고 생각해서 남들이 관심을 가지든 말든 장황하게 자기 이야기를 하는 사람들이 어느 모임에나 꼭 있기 마련이다. 그나마 거기에서 그치면 좋겠는데, 그런 사람들일수록 꼭 남에 대해서는 신랄하게 말을 던지는 경우가 많다. 그러니 피곤할 수밖에.

이래저래 홀로 있는 시간을 늘리자고 결심했건만 실제로는 거의 그렇게 되지 않는다. 특히 요즘처럼 SNS와 유튜브, OTT 등 읽을거리, 볼거리가 넘치는 세상에서 조용히 혼자만의 시간을 갖는다는 것은 쉬운 일이 아니다. 게다가 주변에서 벌어지는 자잘한 일상들에 신경을 쓰다 보면 '고독'이 얼마나 큰 사치인가 싶을 때가 한두 번이 아니다. 아마 나만 그렇지는 않을 것이다.

그래서인지 요즘은 명상이나 힐링 체험 등이 하나의 트렌드가 되어가는 느낌이다. 그렇게 해서라도 온전한 고독과 마주할 수 있으면 좋겠지만 그 역시 쉬운 과정은 아니다. 대개는 '나'라는 존재가 홀로 있는 순간에도 늘 내 발목을 붙잡고 놓아주지 않는 탓이다. 나라는 존재가 지닌 모든 오점과 싸워야 하기 때문이다.

그러나 한 가지 명백한 사실은 그 모든 어려움에도 불구하고 우리는 때때로 홀로 있으면서 자기 내면을 들여다볼 수 있어야 한다는 것이다. 그런 시간이 없으면 자기와의 싸움에서 이기기 어렵기 때문이다. 그건 소크라테스 시대부터 변함없이 내려오는 전통이다. 실제로 소크라테스는 어느 인물이 여행을 다녀오고 나서도 전혀 나아진 게 없더라는 이야기를 전해 듣자 "그 사람, 자기를 지고 갔다 온 모양이지"라고 말했다고 한다.

그것이 우리의, 아니 나의 현실이다. 그래서 나는 때때로 나 자신조차 내려놓고 거리낄 그 무엇도 없이 홀로 먼 길을 떠나는 방랑자를 꿈꾼다. 실제로 그 모습은 고독과 관련해 나에게 늘 떠오르는 이미지이기도 하다. 그런데 《주역》에서 나는 그 이미지에 딱 들어맞는 괘를 발견했다. 바로 화산여괘이다.

여괘는 산을 뜻하는 간괘艮卦가 하괘이고 불을 뜻하는 이괘離卦가 상괘로 이루어져 있어서 화산여괘火山旅卦이다. 여기서 산 위에 있는 불은 빛, 태양을 의미한다.

태양은 아침에 떠올라 저녁이 될 때까지 동東에서 서西로 여행을 계속한다. 그래서 괘의 이름이 여旅가 되었다. 다만 홀로 떠올라 홀로 저무는 해처럼 고독한 나그네의 이미지가 강하다. 풍성하고 성대한 것을 상징하는 풍괘豐卦 다음에 놓여 영허盈虛, 즉 '차면 기우는' 인생 법칙을 나타내는 측면도 있다. 그것을 《서괘전》에서는 다음과 같이 풀이한다.

성대함이 궁극에 이른 자는 반드시 거처할 곳을 잃는다. 그것이 풍괘 다음에 여괘가 놓인 까닭이다窮大者必失其居 故受之以旅.

예전에는 여행이 지금처럼 낭만적인 이미지와는 거리가 멀었다. 말 그대로 풍찬노숙風餐露宿의 신세가 될 때가 훨씬 많았다. 그처럼 힘든 여정에서 나그네는 불안을 숙명처럼 안고 이리저리 떠돌 수밖에 없다.

하지만 유랑하는 방랑자 신세라도 가슴에 품은 이상은 얼마든지 산 위의 불처럼 타오를 수 있다. 다만 그것을 함부로 내세우지 말고 정도를 지켜가는 자세는 필요하다. 풍찬노숙의 신세일 때는 어려움을 극복하려고 무리하지 말아야 한다. 묵어갈 수 있는 마을이라도 발견하면 그곳의 풍습에 따르고자 애써야 한다. 그렇다고 애초의 여행 목적을 잊어서는 안 된다. 괘사에서는 그것을 다음과 같이 묘사한다.

나그네가 떠돌아다니는 것이니 약간의 형통함이 있다. 마음을 바르게 가져야 길하다旅 小亨 旅貞吉.

단전의 뜻풀이는 다음과 같다.

나그네가 약간이라도 형통할 수 있는 것은 외지에서 온 유순한 사람이 양강한 자의 뜻을 따라 편안히 머물 수 있기 때문이다. 그래서 나그네가 마음을 바르게 가져야 길하다고 한 것이다. 이는 나그네로서 떠도는 바의 의미가 참으로 중대함을 나타낸다旅 小亨 柔得中乎外而順乎剛 止而麗乎明 是以小亨 旅貞吉也 旅之時義大矣哉.

어떤 의미에서 여괘의 본질은 나그네로서 한평생을 살아가는 인간의 삶을 상징하는 것이라고 할 수 있다. 값지고 유한한 삶을 의미 있는 것들로 채워가야 하는 것이 나그네의 운명이니 어찌 중대하지 않겠는가. 아마도 단전에서 말하고자 하는 바도 그런 것이 아닐까 싶다.

그리스 신화에서 그와 같은 고독한 나그네의 이미지에 가장 부합하는 신은 디오니소스이다. 헤르메스가 여행가의 신으로서 말 그대로 길을 안내하는 역할을 맡고 있다면 디오니소스는 떠돌이, 방랑자, 순례자라고 할 수 있다. 그런 점에서 여괘의 고독한 나그네 이미지에 훨씬 더 잘 들어맞는다. 또한 그는 술과 황홀경의 신, 신비주의자, 광란의 연인으로서 영원한 청년의 이미지를 갖고 있다.

디오니소스는 제우스와 테베의 공주 세멜레 사이에 태어났다. 이를 질투한 헤라의 눈을 피해 그는 동방의 한 산에 사는 요정들의 손에 양육된다. 그는 동방의 여러 곳을 떠돌며 포도를 재배하는 법과 포도주 만드는 법을 배운 다음 그리스로 귀향한다. 실제로 그가 동방에서 시작해 펠레폰네소스반도로 이동하는 여정은 포도와 포도주가 들어온 경로와 일치한다고 한다.

사람들에게 포도 재배와 포도주 만드는 법을 가르치면서 방랑자로서 떠도는 동안 그는 점차 술의 신이자 광기의 순례자로서 사람들의 마음을 사로잡는다. 특히 당시 억압이 심했던 여자들에게 인기가 있었다고 한다. 여자들은 집을 떠나 무리를 지어 다니며 술을 마시고 취한 상태에서 광란의 야간 집회를 열었다.

당시 그들은 미친 여자들이란 뜻의 '마이나데스Mainades'라고 불렸는데, 이는 영어에서 광기Madness의 어원이 되었다는 이야기도 있다. 그런 광기 덕분에 그리스에서 디오니소스는 그다지 환영받지 못했다. 차갑고 합리적인 이성을 대표하는 아폴론을 사랑하는 그들에게 디오니소스는 당혹감을 안기는 존재였다.

이 디오니소스의 원형을 지닌 사람들은 오늘날에도 이성적이고 논리적인 사람들 사이에서는 썩 환영받지 못한다. 그들은 일단 규칙적이거나 지속적인 일은 잘해내지 못한다. 변덕스럽고 충동적이며 다소 미친 것 같은 분위기를 풍기기 때문이다.

더욱이 그들은 때때로 혼자 있기를 고집한다. 안으로 침잠해서 자신과 싸우다 보면 그들의 내면에서는 대개 놀라운 상상력이 피어나곤 한다. 그들의 본성 안에는 디오니소스적인 창조성이 자리하고 있는 경우가 많기 때문이다. 그런 점에서 그들은 확실히 예술가 유형이다.

따라서 그들이 만약 조금만 더 현실적이고 합리적으로 사고하고 처신한다면 인간관계의 측면에서도 어느 정도 성공할 수 있다. 앞서 여괘의 괘사에서 언급한 대로 조금만 더 정도를 지키기 위해 노력한다면 불가능한 일도 아니기 때문이다. 그러기 위해서는 일부 아폴론적인 면도 받아들이려고 노력하는 것으로 충분하지 않을까 싶다.

물론 디오니소스적인 유형이 아니더라도 때때로 홀로 있으면서 내면을 들여다보는 일은 꼭 필요하다. 그렇게 하는 편이 오히려 인간관계에도 더 큰 도움을 준다. 나를 이해함으로써 타인에 대한 이해와 수용도 커질 수 있기 때문이다. 그런 의미에서 고독은 때때로 인간관계에 오히려 좋은 영향을 주는 훌륭한 파트너이다. 요즘 스트레스를 극복하는 방법 중의 하나로 홀로 즐기는 '조용한 즐거움Quiet Enjoyment'을 강조하는 것도 그러한 이유가 아닐까 싶다.

8 함께 모여 성장하는 도리

택지췌 澤地萃   **지풍승** 地風升

땅 위에 물이 모여들어 연못이 생기는 것처럼 사람이 한곳에 모여 서로 도우며 함께 성장하는 것은 자연스러운 이치이다. 그럴수록 그 관계에는 활력과 신의가 살아난다.

불우한 성장 과정으로 인해 원하는 만큼 성공하지 못한 사람이 있었다. 그는 늘 자기 직업이 불만이었다. 더 좋은 직업에서 일하고 있어야 할 내가 있을 곳이 아니라는 생각 때문이었다. 그러한 불만을 해소하기 위해 그는 항상 어딘가 더 높이 뛰어오를 곳을 찾았다. 덕분에 그의 명함에는 무슨 무슨 협회의 회장이라는 문구가 주렁주렁 달렸다.

그런데 그에겐 문제가 하나 있었다. 어느 조직이든 그가 무언가 역할을 맡으면 그만 독재자처럼 권위적으로 구는 것이었다. 조금만 자기 마음에 안 들어도 상대를 공격적으로 대하거나 무시하니 그를 좋아하는 사람이 없었다. 정작 당사자인 그는 왜 사람들이 자기를 싫어하는지 이해하지 못했다. 자기가 어떤 행동을 하고 있는지 본인도 잘 모르고 있었기 때문이다.

상담이 진행되면서 비로소 그는 자기 내면을 살펴보게 되었다. 그는 남들에게 무시당하는 것이 두려워 거부 불안을 갖고 있었고, 그로 인한 뿌리 깊은 피해의식이 자리하고 있었다. 그런 심층 심리의 반동형성으로 인해 그는 오히려 더 상대를 무시하고 쉽게 공격성을 띠곤 했던 것이다. 그 사실을 깨닫자 그는 자신의 태도를 고쳐나가기 시작했다.

사실 이런 유형은 조금씩 그 양상만 다를 뿐 흔하게 볼 수 있다. 더 심한 경우에는 나만 잘났다는 식의 독선과 아집, 안하무인의 태도, 언제 어디서나 자기 이익을 위해서는 서슴지 않고 상대를 깎아내리는 행동 등을 일삼는 사람들이 있다.

그런데 나의 임상경험에 의하면 그들에게는 한 가지 공통점이 있다. 앞서의 사례처럼 "왜 사람들이 날 싫어하는지 모르겠다"라고 반응한다. 자기 행동에 대해서는 돌아보지 않고 남들에게서 그 원인을 찾으려 한다는 점도 그들의 공통점이다.

그런 사람들에게 필요한 이야기가 들어 있는 괘가 바로 택지 췌괘와 그 뒤에 이어지는 지풍승괘地風升卦이다. 두 괘가 전하는 가장 중요한 메시지가 '함께 모여 서로 도우며 성장하는 도리'이기 때문이다.

먼저 췌괘는 연못, 호수 등을 뜻하는 태괘兌卦가 상괘이고 땅

을 뜻하는 곤괘坤卦가 하괘로 이루어져 있어서 택지췌괘澤地萃
卦이다. 췌萃는 '한곳에 모인다'는 뜻이다. 땅 위에 물이 모여들
어 연못이나 호수가 생겨나는 것처럼 사람이 한곳에 모여 서로
도우며 함께 성장하는 것 또한 자연스러운 이치라는 뜻을 담고
있다. 한편 태兌는 기쁨을, 곤坤은 유순함과 부드러움을 상징한
다. 곧 사람들이 유순하고 기쁜 마음으로 하나로 모인다는 뜻을
나타낸다.

괘사를 살펴보면 다음과 같다.

한곳으로 모이니 형통하다. 군왕이 감동으로 종묘에 제사 지낸다.
대인을 만나는 것이 형통하고 이롭다. 큰 희생을 바침이 길하며
앞으로 나아가는 것이 이롭다萃, 亨 王假有廟 利見大人 亨利貞 用大
牲吉 利有攸往.

옛날에는 군왕이 무리를 이끌고 종묘에 제사하는 일만큼 경
사스러운 행사도 없었다. 당연히 수많은 사람이 모이고 또 그들
이 앞으로 나아가도록 이끄는 사람이 있어야 했을 터, 그것이
형통함에 이르는 길이라고 말하고 있다. 단전 앞머리에서는 그
것을 이렇게 풀이한다.

췌는 한곳에 모인다는 뜻이다. 유순함으로 기뻐하고 강한 기운이

호응하므로 한곳에 모이는 것이다 萃, 聚也. 順以說 剛中而應 故聚也.

이 말씀은 요즘에도 여전히 유효하다. 인간관계에서 아무리 가까운 사이라도 우리는 서로를 완전히 알 수 없다. 아무리 상대를 잘 안다고 해도 때로는 알 수 없는 벽에 부딪히기 마련이다. 그런가 하면 앞서 사례에서처럼 자기 내면을 돌아보는 일에 어려움을 겪는 사람들 역시 인간관계가 원만하지 못한 경우가 많다. 그로 인해 서로 멀어져서 관계 자체가 영영 틀어지고 마는 경우도 적지 않다. 하지만 그런 때일수록 한데 모여서 서로의 관계를 돌아보고 함께 그 관계를 더욱 성장시키기 위해 노력할 필요가 있다. 그럴 때 관계에 활력이 생기고 호응이 커지고 신의도 생겨난다. 그것이 췌괘가 당부하는 점이다.

언젠가《리스본행 야간열차》를 읽으며 너무도 공감 가는 글을 발견한 적이 있다. 다음과 같은 글이다.

"신의가 생길 수 있는 이유─발전을 향해 함께 가는 발걸음, 함께하는 고통, 함께하는 즐거움, 죽음이 주는 결속감, 같은 확신, 외부를 향한 공동의 싸움, 같은 장점, 같은 단점, 친근함이란 공통된 욕구, 같은 취미, 같은 혐오, 나누는 비밀, 함께하는 상상과 꿈, 함께하는 열광, 함께하는 유머, 공통의 영웅, 함께 내린 결정, 함께하는 성공과 실패, 함께하는 실망, 함께 저지른 실수."

그 모든 것을 통해서 우리는 성장한다.

췌괘에 이어지는 지풍승괘에서는 바로 그 점을 역설한다. 승괘는 땅을 상징하는 곤괘坤卦와 바람을 상징하는 손괘巽卦로 이루어져 있어서 지풍승괘地風升卦이다. 땅 위에서 바람이 일어 올라가는 형상이다. '사물이 모여 높이 쌓이게 되면 위로 올라 갈 수밖에 없음'을 나타내고 있다고 본다. 손巽을 나무로 보아 새싹이 땅을 뚫고 큰 나무로 쑥쑥 커가는 형상으로 해석하기도 한다.

《서괘전》에서는 췌괘 다음에 승괘를 잇는 이유를 이렇게 설명한다.

췌는 모인다는 뜻이다. 그렇게 모여 성장하는 것이 상승이다. 따라서 승괘로 이어진 것이다萃者聚也 聚而上者謂之升 故受之以升.

괘사는 다음과 같다.

승은 크게 형통하며 대인을 만나 쓰임을 받는다. 근심하지 말 것이며 남쪽으로 가면 길할 것이다升 元亨 用見大人 勿恤 南征吉.

여기서 '남쪽으로 간다'는 것은 '전진한다'는 의미를 담고 있다는 것이 통설이다.

단전의 풀이는 이렇다.

유순한 기운이 때에 맞추어 상승하니 순리에 들어맞는다. 강한 기운으로 가운데 자리에 응하고 자연에 순응하므로 크게 형통하다 柔以時升 巽而順 剛中而應 是以大亨.

여기에서도 역시 상승의 '때'에 관해 이야기하고 있는 점이 흥미롭다. 늘 올바른 때를 알고 거기에 순응하라는 가르침이야 말로《주역》전체를 관통하는 주제이기 때문이다.《주역》은 전 진해야 할 때, 머물러야 할 때, 뒤로 물러서야 할 때가 있음을 분명히 밝히고 있다. 그런데 승패는 상승을 통해 전진할 것을 조언한다.

"쇠가 뜨거울 때 두드리라Strike while the iron is hot"라는 영어 속담이 있다. 뜨거울 때 두드려야 쇠를 원하는 모양으로 만들어 가기가 수월하다. 인생도 인간관계도 마찬가지다. 인간관계에 서 좋은 사람들과 만나 어울리다 보면 내 인생 역시 좋은 쪽으 로 발전할 가능성이 높다. 그러므로 인생에서 마음을 나누는 상 대를 만난다면 망설이지 말고 더욱 함께 성장, 발전해가도록 서 로를 돕는 자세가 필요하다. 췌괘와 승패는 그에 대한 모범답안 을 제시하고 있다.

9   진실한 태도에 관하여

풍택중부 風澤中孚

진실한 관계란 학이 보이지 않는 곳에서 울면 새끼들이
화답하여 우는 것과 같도다. 내면이 성실한 그대, 내게 좋
은 술이 있으니 더불어 나누어 마시며 즐기도록 하세.

30대 초반의 A씨는 이중적인 회사 동료 때문에 괴롭다며 상담
을 청했다. 그녀와 동료 직원은 모두 경력사원으로 비슷한 시기
에 입사해서 금방 친해질 수 있었다. 그 동료는 회사의 다른 동
료 직원은 물론이고 상사들과도 친하게 지냈다. 그녀의 상냥한
태도에 모두 쉽게 마음을 여는 듯했다. 그런데 A씨는 동료의 언
행에서 이따금 마음에 걸리는 부분이 있었다. 딱 꼬집어 표현할
수 있는 건 아니고 그냥 살짝 불쾌한 느낌을 받았다. '왜 굳이
저런 말을 하는 거지?' 가끔 의구심이 생기는 정도였다.

그러던 어느 날 회사에서 A씨 팀이 맡고 있던 프로젝트에 약
간의 문제가 생겼다. A씨 잘못은 아니었지만 연대 의식 때문에

그녀도 책임을 지겠노라고 했고, 회사에서도 이를 받아들였다. 상사에게 불려가 문책을 당하고 하루밖에 지나지 않은 때였다.

퇴근 후 회사 앞 카페에서 A씨는 그 동료의 진짜 모습을 보게 되었다. A씨가 있는 줄 모르고 그 동료는 칸막이 자리에서 상사와 대화를 나누고 있었다. 동료가 상사에게 자기는 A씨와 '가까운 사이가 아니어서 잘 모르지만' 그런 실수를 할 사람 같지는 않은데 이상하다고 이야기하고 있었다. 그런데 그 내용이 뭔가 A씨를 옹호하는 듯하면서도 깎아내리는 것이 아닌가. 얼핏 들으면 진실을 파악하기 어려울 정도로 교묘하긴 했다. 하지만 A씨는 그 순간 왜 그 동료에게 때때로 불편한 의구심을 느꼈는지 이해했다. 친절한 태도 뒤에 감추어져 있는 대단히 자기중심적이고 히스테리에 가까운 뭔가가 드러나는 순간이었다.

그날 이후로 A씨는 그 동료와 멀어졌다. 문제는 그 동료가 여전히 그 기묘한 태도로 주변 사람들에게 A씨 이야기를 하고 다닌다는 점이었다. A씨는 몹시 화가 났다. 그러나 그 동료의 이중적인 행태를 눈치채는 이들은 여전히 없는 것 같았다. 오히려 이따금 A씨를 향해 이상한 시선을 보내는 사람들이 많아졌다. A씨는 좌절감과 무력감에 사로잡혔고 결국 견디다 못해 병원에 오게 된 것이었다.

우리 주변에는 A씨의 동료 같은 유형이 더러 있다. 착한 척, 진실한 척하지만 알고 보면 이중적이고 자기중심적인 면으로 가득 찬 사람들 말이다. 그들은 A씨의 동료처럼 사근사근한 태도로 포장하고 있는 경우가 많아서 웬만해서는 본모습을 들키지 않는다. 때로는 자기가 정말 괜찮은 사람이라고 믿고 있는 경우도 많다. A씨처럼 당사자가 되어야 그 본모습을 알게 되지만 좌절과 무력감은 오히려 상처받는 사람의 몫이다.

그런가 하면 한번은 대기업 팀장으로 있는 사람이 우울증 문제로 상담한 적이 있었다. 회사에서 시행한 다면평가(상사의 평가는 물론, 동료 직원과 부하직원의 평가까지 인사고과에 반영하는 제도)에서 형편없는 점수를 받은 것이 원인이었다. 가장 많이 나온 이야기가 그가 말이 너무 많다는 것이었다. 그것도 종종 상대를 너무 심하게 구석으로 몰아붙이곤 한다는 평가가 많았다.

그는 평소에 자신의 장점이 말을 잘하는 것인 줄 알았다고 했다. 특히 남들이 차마 하지 못하는 이야기도 자기는 속 시원하게 하곤 했다는 것이다. 그런 이야기를 하면 주변 사람들도 좋아하기에 그런 줄 알았다고. 그런데 자기 앞에서는 손뼉 치던 사람들이 뒤로는 그런 평가를 했다는 사실에 큰 충격을 받았다. 다행히 회사 복지로 정신적 문제를 겪을 때 상담할 수 있는 제도가 있어서 내게 오게 된 것이었다.

그는 능력도 있고 야망도 커서 동기들에 비해 일찍 팀장에 오른 경우였다. 스스로는 앞으로 고위 임원까지 바라볼 수 있는 비전도 있다고 여겼다. 다만 그러한 능력과 야망에 더해 자신의 언행까지는 미처 생각하지 못한 것이다. 상담 과정에서 그는 언행의 중요성, 특히 말이 갖는 일종의 나비효과에 관해서 이해하게 되었다.

벤저민 프랭클린은 "못 하나가 없어서 편자를 잃었고, 편자가 없어서 말을 잃었고, 말이 없어서 기수를 못 보냈고, 기수가 없어서 전쟁에서 졌다"라는 의미의 말을 했다. 그의 경우 함부로 말하는 습관이 부족한 '못' 하나가 될 수도 있었다. 자칫하면 그것이 복병이 되어 자신의 앞날에 그림자를 드리울 수도 있었다. 거기에까지 생각이 미치자 그는 비로소 자신의 문제를 진지하게 보기 시작했고, 바로잡기 위해 노력했다.

인간관계에서 그와 같은 유형을 만나는 경우는 적지 않다. 자신은 인간관계를 잘한다고 여기지만 남들의 호응에만 열심히 매달려 선을 넘거나 A씨의 동료처럼 마음을 나누기보다 이중적인 태도로 사람을 대하는 데 능한 경우가 있는 것이다. 그들의 인간관계에는 상대에 대한 존중이나 진심이 빠져 있지만 정작 당사자는 그것을 잘 모르는 경우가 많다. 그러다 보니 상대에게 상처 주는 언행을 하고도 자신을 돌아볼 줄 모른다.

그런 사람들에게 도움이 되는 이야기가 담겨 있는 것이 중부괘이다. 하괘가 연못을 상징하는 태괘兌卦이고 상괘가 바람을 상징하는 손괘巽卦여서 풍택중부괘風澤中孚卦이다. 연못 위로 바람이 불어서 물결이 이는 모습을 의미한다. 누군가에게 진심으로 다가가면 물결이 잔잔하게 이는 듯한 감동을 줄 수 있다는 뜻을 담고 있다. 괘의 모습을 보면 '안과 밖은 실하고 가운데가 비어 있으므로 마음속으로는 호응하여 밖으로는 공손히 처하는 덕이 있다'고 풀이한다.

중부中孚의 부孚를 파자하면 '과爪+자子'로 구성되어 있다. 어미가 날개[爪]로 자식[子]을 감싸고 있는 모습이라고 풀이하는 것이 통설이다. 그만큼 내면이 성실하고 진실하다는 뜻을 담고 있다. 남회근은 우리가 흔히 말하는 '중용의 도리'도 이 중부괘에서 연유했다고 보았다. 그만큼 중부가 지닌 뜻이 중요하다는 이야기일 것이다.

중부괘에서 가장 유명한 문장은 구이의 효사에 나온다.

학이 보이지 않는 곳에서 우니 새끼들이 화답하여 운다. 내게 좋은 술이 있으니 그대와 더불어 나누어 마시며 즐기도록 하세鳴鶴在陰 其子和之 我有好爵 吾與爾靡之.

많은 학자들이 이 구이의 효사를 두고 마치 한 편의 시처럼 정취가 있다고 입을 모은다. 나한테 맛있는 술이 있으니 어미와 새끼가 서로 화답하는 것처럼 함께 나누어 마시며 마음을 나누는 것보다 좋은 일이 어디 있으랴. 아마도 소통과 교감이라는 측면에서 더 이상 바랄 것이 없지 않을까. 앞선 사례에서 A씨의 동료나 팀장이 배워야 할 측면 역시 '함께하며 마음을 나누는 것'이어야 할 것이다.

공자도 《계사전》 상편에서 이 구이의 효사를 언급하면서 다음과 같이 토로하고 있다.

군자가 자기 집 안에서 한 말이라도 선하면 천 리 밖에서도 호응한다. 하물며 가까운 곳에서랴. 집 안에서 한 말이라도 선하지 못하면 천 리 밖에서도 시비가 일어난다. 하물며 가까운 곳에서랴. 말은 입에서 나가 다른 사람에게, 행동은 사소한 것이라도 멀리까지 영향을 미친다. 그러므로 언행은 군자에게 가장 중요하다. 명예와 치욕도 언행에 달려 있다. 군자는 언행으로 천지를 움직이니 어찌 삼가지 않을 수 있겠는가君子 居其室 出其言 善則千里之外應之 況其邇者乎 居其室 出其言 不善則千里之外違之 況其邇者乎 言出乎身加乎民 行發乎邇見乎遠 言行 君子之樞機 樞機之發 榮辱之主也 言行 君子之所以動天地也 可不愼乎.

천 리 밖까지 언행이 영향을 미친다는 구절은 오늘날 더욱 의미심장하게 다가온다. 공자가 살던 시대에도 천 리 밖까지 그 언행이 소문나고 영욕에 영향을 끼쳤다면 하물며 인터넷 시대인 지금은 말해 무엇 하랴 싶다.

종종 인터넷을 통해 돌발행동으로 여러 사회 문제를 일으키는 인물들의 이야기를 보고 듣게 된다. 요즘 같은 디지털 시대에는 더 이상 내가 숨을 공간이 없다. 그 사실을 깜박했다가는 치러야 할 대가가 너무도 크다. 예전 같았으면 능력과 야망이 있고, 운까지 따라주는 사람은 자신이 원하는 성공을 이룰 수 있었다. 하지만 모든 것이 관찰되고 알려지고 한번 기록된 것은 영원히 남는 디지털 세상에서는 이야기가 다르다. 내가 하는 말이나 쓰는 글, 행동들이 원하든 원하지 않든 디지털 공간에 남기 때문이다. 최소한의 책임 있는 언행이 필요한 세상이 된 것이다. 특히 인간관계에서 그렇다. 《주역》과 공자는 이미 저 옛날에 그러한 사실을 알고 있었다는 점이 놀랍다.

중부괘는 오늘날 온유하고 성실한 언행으로 소통하고 교감하는 것의 중요성을 《주역》 전체를 통틀어 가장 잘 깨우쳐주고 있는 괘이다.

인간의 삶은 대인관계로부터 시작해서 대인관계로 끝난다고
해도 과언이 아니다. 실제로 우리는 다른 사람과의 관계를 통
해 변화하고 성장한다. 우리의 대인관계 양상을 살펴보면 우리
가 어떤 사람인지도 알 수 있다. 미국의 정신의학자인 밀턴 H.
밀러는 "살아오면서 누구를 사랑했는지 그 사랑의 역사를 알
면 내가 누구인지 알 수 있다"라고 말하고 있다. 에리히 프롬
역시 정신적 건강의 핵심을 대인관계의 능력으로 보았다. 그는
"세계와 관계를 맺는 가장 건강한 방식은 사랑을 통해 관계를
맺는 것"이며, 그것을 통해 안정감과 통합된 느낌, 자아 정체감
을 느끼게 된다고 주장했다.

이는 미국의 심리학자 고든 올포트가 다른 사람과의 우호적인 관계를 '친밀의 능력'과 '연민의 능력'의 두 가지로 구분한 것과도 연관해서 생각해볼 수 있다. 이 두 능력은 자아가 잘 발달한 사람만 가질 수 있다. 올포트에 따르면, 성숙한 사람만이 자기중심성에서 벗어나 다른 사람과 깊숙한 상호 관계 속으로 확장할 수 있기 때문이다. 물론 쉬운 일이 아니다. 나를 포함해 여전히 많은 사람들이 인간관계의 온갖 갈등에 휘말려 힘든 시간을 보내고 있다.

한 개인의 정신적 성숙도를 평가하는 요소 중에는 다른 사람과 더불어 살아가는 역량인 '연대감Cooperativeness'이 있다. 그중 가장 중요한 것이 나와 다른 의견이나 가치관, 외모를 가진 사람들을 비판하거나 분석하지 않고 있는 그대로 수용하는 능력이다. 우리가 가진 모순된 심리 중의 하나가 나와 닮은 존재를 싫어하면서도 상대가 나와 다른 의견을 표현하면 분노하거나 상처를 받는다는 사실이다.

하지만 우리는 같은 것을 봐도 자신의 기질, 성격, 성장 과정에서의 경험 등으로 인해 각기 다르게 받아들이도록 태어났다. 현재 지구 인구가 80억이라면 다른 말로는 80억 개의 세상이 있다는 뜻이다. 그것을 나는 '심리학의 상대성 이론'이라고 말한다. 같은 물건이라도 지구에서 재는가, 달에서 재는가에 따라 무게가 달라진다. 시간의 경우에도 기차 안에서 느끼는 시간과 기차 밖에서 기차가 움직이는 것을 보고 느끼는 시간이 다르다. 인간의 마음도 마찬가지다. 같은 상황, 같은 사물을 봐도 인간은 제각각 다르게 느끼고 다르게 생각한다.

그런가 하면 우리는 처음 누군가를 만날 때는 나와 다른 사람에게 유독 끌리곤 한다. 그러고 나서는 얼마 안 가서 나와 다른 점을 가지고 상대를 비난한다. 결국 인간관계에서 갈등은 끝이 없다. 내가 임상에서 가장 많이 듣는 이야기도 이 갈등에 관한 것이다.

예를 들어, 어떤 사안에 대해 나와 상대의 생각이 다르면 어떻게 해야 할까? 내 입장에서는 내가 옳다. 아무리 양보해도 내가 옳은 것 같다. 그런데 상대도 자신이 옳다고 믿고, 그렇게 주장한다. 그처럼 평행선을 달리는 이상 문제는 결코 해결할 수 없다. 나는 내가 옳기 때문에 양보할 수 없다. 상대가 양보해야 한다고 고집한다. 그런 식으로 갈등은 고조되기만 한다. 이 경우 나는 상담에서 두 가지를 제안한다.

첫째, 인간관계의 문제는 5대 5의 책임으로 귀결한다는 점을 납득시킬 것. 미국의 정신의학재단인 메닝거 재단에서는 정신건강의 기준으로 서로 주고받을 수 있는 인간관계를 맺는 능력과, 받기보다 주는 것을 기꺼워하는 능력을 꼽고 있다. 둘째, 두 사람 중에 정신적으로 좀 더 건강한 사람에게 양보하기를 권한다. 대부분의 경우 그 과정에서 어느 정도 해결이 가능해진다.

분노도 인간관계에서 갈등을 유발하는 요소이다. 예를 들어, 인간관계에서 친밀형인 사람들은 그 친밀함에 상처를 입을까 봐 걱정한다. 화나는 일이 있어도 제대로 표현하지 못하는 것이다. 그러다가 어느 순간 쌓아뒀던 분노를 갑자기 폭발시키는 경우가 있다. 분노는 대개 우울과 불안의 감정과 같이 온다. 흔히 불안하면 우울해지고 그러다 보면 분노에 이른다. 이 세 가지 감정이 부정적 정서의 3종 세트라고 할 수 있다. 그러므로 분노의 감정을 잘 다스리는 것은 자신과의 관계나 인간관계에서 매우 중요한 일이다.

또 하나, 나의 임상경험을 보면 가족관계만큼 갈등이 많은 관계도 없다. 가족은 우리가 태어나서 처음 접하는 사람들이며 가정은 처음 접하는 환경이다. 따라서 거기서 무엇을 경험하는가는 대단히 중요하다. 가족은 우리의 정신건강에서 근본적 신뢰감Basic Trust을 형성하는 관계이기 때문이다. 가족 간에 근본적 신뢰감이 형성되어 있지 못하면 성장 과정에서 불안과 피해 의식을 느끼는 경우가 많다.

프로이트도 정신 병리와 정신분석 치료에서 '대상 관계Object Relationship'가 중요하다고 주장했다. 그는 어린 시절 부모와의 관계가 성인이 된 다음에도 지속적으로 영향을 미치며, 성격 기반의 형성에 큰 영향을 주므로 자기를 아는 것은 어린 시절 부모와의 관계를 아는 데서 출발한다고 했다. 그가 정신분석 치료에서 어린 시절 자기에게 중요한 사람에게 느꼈던 감정이 치료자에게 전이되는 '감정 전이'와 자신을 방어하기 위해 특정한 기억과 동기 등을 숨기거나 거부하는 '저항' 현상을 다루는 것이 가장 중요하다고 주장한 것도 같은 맥락에서다.

따라서 나는 가족관계에서 꼭 경험해야 하는 중요한 요소로 '4L'을 꼽곤 한다. 첫 번째는 'Love'로, 있는 그대로를 사랑해주는 것을 의미한다. 두 번째는 'Limits'로, 가족끼리도 적절한 거리가 필요하다는 것이다. 세 번째는 'Loose integration'으로, 가족끼리 지나치게 간섭하지 말고 융통성 있는 관여를 하는 것이다. 마지막은, 가족이지만 정신적으로는 독립해야 하며 궁극적으로 자녀는 독립해서 나가야 한다는 의미의 'Let them go'이다.

내가 이 '4L'을 강조하는 이유는 임상에서 보면 가족 간의 비판적 언급, 적대감, 정서적 과잉 관여가 내담자에게 정신적 문제를 일으키는 한 요인이라는 점을 절감하는 경우가 많기 때문이다. 그런 의미에서 칼릴 지브란의 다음 시는 내게 매우 큰 울림을 주곤 한다.

서로 사랑하라. 그러나 그 사랑에 속박되지는 말라.
함께 서 있되 너무 가까이 서 있지는 말자.

사원의 기둥들도 서로 떨어져 있음을 기억하고,
참나무와 사이프러스 나무들도 서로의 그늘 속에서는
자랄 수 없다는 것을 기억하자.

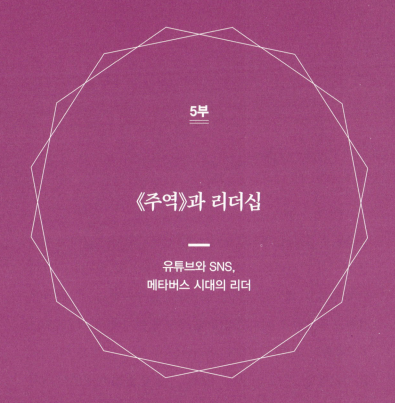

5부

《주역》과 리더십

—

유튜브와 SNS,
메타버스 시대의 리더

개인의 시대일수록
심리전에 강한 리더가 필요하다

周
|
|
|
易

지금은 유튜브와 SNS와 부캐의 시대이다. 일찍이 그것을 예견한 제러미 리프킨은 "미래는 새로운 시대가 될 것이다. 모호하고 다양하고, 재미와 유머를 추구하고, 어수선하고 너그러우며, 절충을 중요하게 여기고 권위를 우습게 여기며, 이데올로기나 만고불변의 진리나 절대로 어겨서는 안 되는 철칙은 더 이상 설 자리가 없고, 그 대신 그 자리에서 온갖 유형의 공연이 펼쳐지는 시대가 올 것"이라고 했는데, 우리는 어느새 그 '새로운 시대'를 살아가고 있다.

유튜브를 보면 정말 온갖 유형의 공연이 펼쳐진다. 소셜 미디어는 또 어떤가. 그곳에서 넘쳐나는 콘텐츠들을 보고 있으면 전혀 다른 세상에 와 있는 기분이 들 때마저 있다. 본래의 내 모습에 '부수적인 캐릭터'를 부여함으로써 전혀 다른 분야에서 활약하는 '부캐놀이' 역시 온갖 유형의 공연 중 하나이다(그것을 가상 공간에서 체험하는 것이 메타버스라고 하겠다).

또한 임상에서 스마트폰 세대와 이야기를 나누다 보면 새삼 그들의 창의성에 놀라곤 한다. 언젠가 한 친구가 요즘 시대에 태어났다면 우린 의과대학은커녕 상급학교에도 진학하지 못했을 거라고 해서 웃은 적도 있다. 그렇게 뛰어난 세대가 거침없이 자기를 표현하는 모습을 보는 것은 흥미로운 일이다.

당연히 리더십에도 새로운 패러다임이 필요하다. 요즘 기업이나 조직의 임원들이 털어놓는 고충의 하나도 젊은 세대들과 소통이 쉽지 않다는 것이다. 예전 선배 임원들은 대체로 넘치는 카리스마로 의리를 강조했고, 그렇게 후배들을 이끄는 유형이 가장 인기도 높았다. 그런 선배들을 따르고 충성하기만 하면 후배 직원들의 미래도 일정하게 보장된 것이 사실이다. 그래서 자신들도 그런 모습을 본받으며 지금까지 왔는데, 언제부터인가 그런 사고방식이 구시대의 유물이 되어가고 있다는 것이다.

물론 리더십의 핵심 요소는 변함이 없다. 바로 인간에 대한 이해가 그것이다. 내가 늘 강조하는 것처럼, 조직은 사람이 움직이고 인간을 움직이는 원동력은 그의 심리이기 때문이다. 그런 의미에서 리더는 때때로 일종의 심리학자가 될 필요도 있다.

그만큼 인간 심리를 이해하려는 노력을 갖추어야 한다는 뜻이다. 그런 이해가 없이는 요즘처럼 다양한 개인화 시대에 알맞은 리더십을 발휘하기가 어렵기 때문이다.

그리고 그 근본은 바로 자신을 아는 것이다. 앞서도 살펴보았듯이, 자기 자신을 알기란 쉽지 않다. 《주역》 공부가 중요한 이유가 여기에 있다. 실제로 《주역》에는 리더십의 모든 요소들이 들어 있다. 현재 이 시점에서 어떤 행동을 취해야 하는지 이해하기, 그런 깨달음을 행동으로 옮기는 용기, 그리고 세상의 모든 것은 변화하고 또 변화하므로 어떤 순간에도 희망을 버리지 않고 비전을 갖고 나아가기…. 그런 의미에서 《주역》은 일종의 리더십 학문으로도 볼 수 있다.

또한 오늘날 리더는 다양한 조직원의 욕구를 만족시켜주면서 동기유발을 통해 생산성 향상의 방향으로 조직원을 이끌어야 하는 어려운 과제를 안고 있다. 그런데 그 해결 방법을 제시하고 있는 것도 《주역》이다.

앞서도 살펴보았듯이 《주역》은 사회현상 가운데서도 특별히 모순과 대립을 제시하고 있다. 군君과 신臣, 소인과 대인, 길과 흉, 강함과 유약함, 건과 곤, 천과 지 등등. 그리고 이 대립과 모순의 관계를 풀어가는 것이 리더십이다.

《주역》에서는 하늘과 땅, 우레와 바람, 물과 불, 산과 연못 등 네 가지 조합의 음양 대립이 나타난다. 모든 사물의 변화와 발전이 음양 대립이 전화轉化되어 새로운 통일을 형성하는 과정을 겪는다는 것을 의미한다.

리더십 또한 나와 타인, 노와 사, 남과 여, 리더와 조직원들 사이의 대립을 문제로 보지 않고 그것을 자연현상으로 받아들여 통일시키는 방법을 모색하는 것이라고 할 수 있다. 즉, 구성원이, 상대방이, 남이 나를 귀찮게 하는 존재가 아니라, 바로 나를 변화시키고 성숙하게 만들어가는 존재라는 것을 우린《주역》에서 배울 수 있다. 따라서 이제부터 그러한 리더십에 도움이 되는 괘들을 한데 모아 가능한 한 효사 전체를 살펴보며 이야기를 나누고자 한다.

1   강건한 리더의 성공법

≡ 중천건 重天乾

리더는 인仁을 체득함으로써 사람을 기르고 아름다움을 모음으로써 예禮에 합치하며 남을 이롭게 함으로써 의로움과 조화를 이루고 강건하게 도를 지킴으로써 만물의 원동력이 된다.

이 괘가 중천건괘重天乾卦인 이유는 하늘을 상징하는 건괘乾卦가 거듭 쌓여 이루어져 있기 때문이다. 괘의 성향은 굳세고 꿋꿋하며 씩씩하다. 계절로는 가장 양이 극성한 음력 4월을 상징한다. 자연으로는 하늘, 인간으로는 아버지, 인간의 몸에서는 머리, 동물로는 용이나 말을 상징한다.

건괘와 뒤에 살펴볼 곤괘坤卦는 《주역》에서 가장 중요한 두 기둥이다. 이 두 괘에 관해서만 제대로 알면 《주역》의 70퍼센트는 안다고 할 수 있다. 건은 여섯 효가 양으로만 이루어진 괘로서 강건함의 상징이고, 곤은 여섯 효가 음으로만 이루어진 괘로서 수용과 생성을 상징한다. 따라서 건은 곤이, 곤은 건이 있어야 온전히 기능한다. 나머지 62괘는 다 이 두 괘의 결합으로 태어난 자식들이라고 할 수 있다.

공자의 생각도 그러했던 모양이다. 다음은《계사전》상편에 나오는 문장이다.

건과 곤의 관계는 역의 핵심이다. 건과 곤이 대립하므로 비로소 역이 성립한다. 건과 곤 중 어느 하나가 없어지면 역은 볼 수 없다. 역을 볼 수 없다면 건과 곤의 활동은 거의 종식된 것인지도 모른다乾坤其易之縕邪 乾坤成列 而易立乎其中矣 乾坤毀則无以見易 易不可見 則乾坤或幾乎息矣.

그래서인지 공자는《주역》의 64괘 중에서 이 두 괘에 관해서만 따로 해석을 붙여놓았다. 십익 중 하나인《문언전文言傳》이 그것이다. 문언文言은 아름답게 장식한 글 혹은 진리의 말씀이란 뜻을 담고 있다. 공자가 이 두 괘에 가진 애정을 짐작할 만하다.《주역》전체를 설명하는《계사전》도 그렇지만《문언전》역시 그 짧은 길이에도 불구하고《주역》에 대한 공자의 사상이 잘 드러나 있다. 따라서 건괘와 곤괘에 관해서는《문언전》을 중심으로 효사를 살펴보려고 한다.

정신의학적 측면에서 기질과 성격 특성으로 리더 유형을 나누면 건괘는 '자율적이며 주도적인 리더'에 해당한다. 즉, 자긍심이 강하고 스스로를 신뢰한다. 따라서 거침이 없고 매사를 주도적으로 이끌어가는 데 강한 만족을 느낀다.

자긍심이란 있는 그대로의 자신을 수용하면서 장점은 살리고 단점은 보완하려고 노력하는 것을 말한다. 따라서 자긍심이 있는 리더는 자기 문제를 남의 탓으로 돌리거나 다른 이에게 의존하지 않고 자신의 책임으로 받아들이며 인격적 성숙을 위해 끊임없이 노력한다.

그들은 대인관계에서도 자신과 상대방이 동등하다는 점을 이해하고 받아들인다. 폴 오스터식으로 표현하자면 "상대방을 자기와 똑같이 품위 있고 중요한 사람으로 대함으로써 타인에게서 가장 좋은 면을 끌어낼 줄 아는 사람"이 되고자 노력한다. 그만큼 마음이 유연하므로 잠재 능력과 창의성 또한 최대로 발휘하며, 실수나 실패에도 의연하게 대처한다.

공자 역시 건괘를 강건한 리더십의 상징으로 보았다. 건괘의 괘사는 다음과 같다.

건은 만물을 만들어낸 기운이 크게 형통함이다. 마음을 곧고 바르게 가짐이 이롭다乾 元亨利貞.

《주역》을 시작하는 이 유명한 첫 문장에 대해서는 학자마다 여러 가지 해석이 있다. 여기서는 《문언전》에 나오는 공자의 풀이를 살펴보겠다.

원元이란 만물의 창시로서 선善을 길러내는 것이고 형亨이란 만물이 자라나 아름답게 모여드는 것이며 이利란 만물이 조화를 얻는 것이고 정貞이란 만물이 따라야 할 도道로서 그 근간이 되는 것이다. 군자는 인을 체득함으로써 사람을 기르고 아름다움을 모으는 작용을 함으로써 예禮에 합치하며 남을 이롭게 함으로써 의로움과 조화를 이루고 꿋꿋하게 도를 지킴으로써 만물의 원동력이 된다. 군자는 이 네 가지 덕을 행하기 때문에 원형이정이라고 했다 元者善之長也 亨者嘉之會也 利者義之和也 貞者事之幹也 君子體人足以長人 嘉會足以合禮 利物足以和義 貞固足以幹事 君子行此四德者 故曰乾元亨利貞.

오늘날에도 여전히 유효한, 가장 바람직한 리더 유형을 묘사하고 있다. 물론 그러기 위해서는 끊임없는 수양이 필요하다는 점을 건괘는 강조한다.

이어지는 초구의 효사 "잠룡이니 쓰지 말라潛龍勿用"라는 구절 역시 건괘에서 일반적으로 널리 알려진 문장이다.

공자는 이에 대해서도《문언전》에, 잠복해 있는 용이란 '용의 덕을 갖추고 있으면서도 아직 세상에 나타나지 않은 인물龍德而隱者也'을 가리킨다고 하면서 다음과 같이 쓰고 있다.

세속에 영합하는 일도, 명성을 구하는 일도 없다. 숨어 살도록 강요당해도, 비난을 받아도 불평하지 않는다. 태평한 세상에서는 벼슬을 해 도를 행하며 난세에는 물러난다. 도를 지키는 것이 확고부동하니 그런 인물을 잠룡이라고 한다 不易乎世 不成乎名 遯世无悶 不見是而无悶 樂則行之 憂則違之 確乎其不可拔潛龍也.

어딘지 영화나 소설 속에서 만나는 카리스마 넘치는, 그러면서도 겸허함을 잃지 않고 신념으로 가득 찬 지도자의 풍모가 느껴지는 문장 아닌가. 요즘 우리나라 정치권에서 흔히 쓰는 '잠룡' 운운하는 말과는 거리가 멀어도 한참 멀다고 하겠다.

리더십과 연관된 세 번째 문장은 구이의 효사에 나오는 "나타난 용이 밭에 있으니 대인을 만나봄이 이롭다 見龍在田 利見大人"라는 것이다. 이에 대해서도 공자는 《문언전》에서 다음과 같이 언급하고 있다.

나타난 용이란 덕을 갖추고 때와 장소를 얻은 인물을 말한다. 언제나 언행을 삼가고 악을 멀리하며 성실한 마음을 가지고 선행을 해도 자랑하지 않고 덕을 널리 베풀어 사람들을 감화한다. 이 효사는 군자의 덕을 말하는 것이다 龍德而正中者也 庸言之信 庸行之謹 閑邪存其誠 善世而不伐 德博而化 易曰 見龍在田 利見大人 君德也.

공자 역시 오늘날의 리더십과 별반 다르지 않은 정의를 내리고 있는 셈이다. 리더십에 관한 이야기는 더 이어져서 구삼의 효사는 다음과 같다.

군자는 종일 힘쓰고 저녁이면 반성한다. 갈고 닦으니 허물이 없다君子終日乾乾 夕惕若 厲无咎.

이 문장은 다석 유영모 선생이《주역》전체에서 가장 좋아한 구절로도 잘 알려져 있다. 공자는 이에 대해서도《문언전》에 자신의 의견을 피력한다.

군자는 자신의 덕을 닦아 세상을 빛나게 한다. 덕을 기르는 데는 충忠과 신信이 근본이다. 세상을 바로 세우는 데는 바른말과 참된 마음이 근본이다君子進德修業 忠信所以進德也 修辭立其誠 所以居業也.

여기에 나오는 '진덕수업進德修業'과 건괘 본문에 나오는 '자강불식自强不息(군자는 스스로 쉬지 않고 힘쓴다)', 두 구절은 일필휘지로 써내려간 서예 작품에서 자주 눈에 띄는 문장이기도 하다. 그것이《주역》에 나오는 문장이라는 것을 모르더라도 우리 눈에 어딘가 익숙한 것은 그 때문이다.

이 효사에 대한 《문언전》의 해석은 이렇다.

군자는 때가 오면 곧 일어선다. 그래서 기미機微를 말할 수 있다. 끝을 내다보고 끝내야 할 때 끝낸다. 그리하여 함께 의義를 지켜 나갈 수 있다. 높은 자리에 있어도 교만하지 않고 낮은 자리에 있어도 불평하지 않는다. 종일 노력해서 게을리하지 않고 자주 내 몸을 반성한다. 그래야만 위태롭긴 해도 허물이 없다 知至至之 可與 幾也 知終終之 可與存義也 是故居上位而不驕 在下位而不憂 故乾乾 因其 時而惕 雖危无咎矣.

리더라면 때가 올 때 그 기미를 누구보다도 먼저 알아차려야 한다. 그것이 곧 자신의 비전과 신념에 따른 직관이다.

기업인 잭 웰치나 빌 게이츠도 리더의 자질에는 반드시 직관 의 힘이 포함된다고 주장한다. 자신이 누구인지, 어디로 가야 하는지를 명확하게 아는 사람들의 특징 중 하나는 변화를 읽을 줄 안다는 것이다. 그것을 우리는 직관이라고 부른다.

인간의 마음은 우리가 보고 듣는 것보다 더 많은 것들을 저 장하는 창고이다. 따라서 직관 능력을 제대로 발휘되기 위해서 는 불필요한 생각, 걱정, 근심, 분노, 불안, 피해의식, 경쟁심 등 이 지나치게 마음을 어지럽히지 않도록 잘 청소하고 있어야 한 다. 즉, 찰나의 순간에 올바른 판단을 내리기 위해서는 평소에 자기 마음을 다스리고 훈련하는 노력이 필요하다. 이 점을 공자는 저 옛날 이미 간파하고 있었던 것이다.

직관에 관한 이야기는《계사전》하편에도 나온다.

기미란 사물의 움직임의 작은 징조이다. 거기에는 이미 길흉의 단서가 나타나 있다. 그런 연유로 군자는 기미를 보고 움직이므로 종일 기다리지 않는다幾者 動之薇 吉之先見者也 君子見幾而作 不俟終日.

공자는 때를 놓치지 않고 결단력을 발휘할 것도 주문하고 있다.

구오의 효사에 "나는 용이 하늘에 있으니 대인을 만남이 이롭다飛龍在天 利見大人"라는 구절에 대한《문언전》의 해석에서도 공자의 리더십 이론은 두드러진다. 그는 리더란 무릇 자신과 뜻을 함께하고 따르는 사람들이 반드시 필요함을 역설한다. 이 점을 가리켜 공자는 "물은 습한 땅에서 흐르고 불은 마른 곳에서 붙는다水流濕 火就燥"라는 말로 표현하고 있다.

독불장군이 리더가 되는 법은 없으니 주변에 뜻을 함께하는 자기 사람들을 두어야 한다는 것은 오늘날에도 리더십의 상식으로 통한다.

마지막으로 상구의 효사인 "용이 극점에 이르니 후회함이 있다亢龍有悔"라는 효사에 대한 공자의 해석도 흥미롭다. 공자는 용이 "높이 올라가 존귀하나 지위를 잃고, 높은 자리에 있으나 민심을 잃어 따르는 자가 없다. 현인을 낮은 지위에 두므로 그 보좌를 받을 수도 없다. 그리하여 무엇을 하든 후회함이 있을 뿐이다貴而无位 高而无民 賢人在下位而无輔 是而有悔也"라고 썼다.

공자는 이 효사를 두고《계사전》상편에서도 똑같은 내용을 이야기하고 있다. 그만큼 그의 머릿속에 중요하게 각인된 내용이라는 뜻일 것이다.

리더의 자리란 언제나 위태롭고 고독한 법이다. 우뚝 솟아 있어 남들의 눈에도 잘 띄니 처신 하나도 허투루 하기 어렵다. 물론 자잘한 잘못들은 용납될 수 있다. 누구도 완벽하게 처신할 수는 없기 때문이다. 하지만 작은 잘못들이라도 계속 쌓이다 보면 밑에서부터 썩기 마련이다. 그 상황에서는 은폐의 심리가 작동할 가능성이 크다. 그러다 보면 걷잡을 수 없는 소용돌이에 휘말리는 건 시간문제가 되고 만다. 지위를 잃고 민심이 떠나가는 것은 말할 나위도 없고, 그때쯤에는 이미 주위에도 사람들이 남아 있지 않을 것이다. 당연히 올바른 조언이나 보좌를 받을 수도 없으니, 후회만이 가득할 수밖에. 그런 손실은 리더뿐만 아니라 조직원들, 나아가 사회 전반에도 크나큰 악영향을 미치게 마련이다.

그리고 우린 실제로 사방에서 그런 상황을 목격하고 있다. 어떤 의미에서는 여전히 저 옛날 공자가 했던 탄식이 들리는 듯한 세상을 살아가고 있다고 해도 과언이 아니다. 작은 조직의 리더이든 한 나라의 지도자이든 《주역》의 건괘와 그에 따른 공자의 해석만큼은 제대로 알고 있어야 한다는 것이 내 생각이다.

한편 그리스 신화에서는 제우스가 이 건괘에 해당한다. 제우스는 하늘의 신이자 올림포스의 우두머리로서 다른 신들을 다스리는 최고의 권력을 가지고 있다. 따라서 그가 상징하는 것은 권력, 권위, 통치력, 가부장적인 아버지 등이다.

자연에서 그를 대표하는 상징물은 벼락과 천둥이다. 또한 비를 내리는 신으로서 그는 모든 생명이 자라는 데 기여한다. 이것은 건괘의 단전에서 "크도다, 건괘의 원의 작용이여. 만물이 이로 말미암아 시작한다. 구름이 움직이고 비가 내려 모든 것의 형체를 키워간다大哉乾元 萬物資始 乃統天 雲行雨施 品物流形"라고 한 것과 연관된다.

건괘는 앞서 살펴보았듯이 강건한 리더십의 상징이다. 제우스의 리더십 역시 막강하다. 그는 건괘가 보여주는 속성인 굳건한 의지와 명쾌한 결단력의 소유자이자 요즘으로 치면 조직 관리에도 치밀한 진정한 리더이다. 그는 적들을 벼락과 천둥으로 다스린다. 그러면서 자기 부하들이나 마음에 드는 자녀들을 보호하는 아버지이기도 하다.

그는 아르테미스에게는 사냥의 신이 되는 데 필요한 모든 것을 주었고, 아폴론과 아테나에게는 힘과 권위를 실어주면서 이들을 통해 경쟁자인 포세이돈과 하데스의 입지를 약화시킨다. 즉, 자기가 믿는 자들은 끝까지 밀어주지만 반역하는 자는 절대 용서하지 않는 권력자의 모습을 보여주고 있다.

가장 대표적인 예가 제우스의 명령을 어기고 인간들에게 불을 갖다준 프로메테우스를 머나먼 카우카소스산 절벽에 묶어두고 독수리에게 간을 파먹히는 벌을 내린 것이 아닌가 싶다.

그러한 제우스 성향을 가진 남자들은 통제 지배적인 유형인 경우가 많다. 아마 가장 대표적인 제우스 유형을 찾는다면 영화 〈대부〉의 돈 코를레오네가 아닐까 싶다. 이들 유형이 갖는 가장 큰 약점은 자만심, 권력 추구, 감정적 냉랭함 등이다.

이러한 유형들 대부분은 자기 자신을 돌아보지 않는다. 그들에게는 오직 힘만이 의미를 갖는다. 따라서 그러한 힘의 원천을 잃으면 무너지는 경우가 많다. 때로는 조그만 실패나 좌절에도 무너지기 쉽다. 물론 그들은 그것을 인정하기 싫어 더욱 성공에 매달리고 집착한다. 그렇기에 무너지면 더욱 그 낙차가 클 수밖에 없다.

그런데 흥미롭게도 건괘의 배합괘(반대되는 성향으로 만들어진 괘)가 곤괘라는 것이 이것과 연관된다. 건괘는 모두 양효로 이루어져 있는데 그 배합괘인 곤괘는 모두 음효로 되어 있다. 이는 곧 지나치게 양적인 성질을 추구하는 사람은 반대로 음적인 면에서 무너질 수 있음을 상징한다. 평소에는 남자다운 제우스 유형의 사람들이 한 번의 실수나 실패에 무너져내리는 경우가 있는 것은 그런 이유 때문이다.

건괘에서 가장 중요한 자리는 구오이다. 한 괘에서 다섯 번째 효는 왕의 자리, 군주의 자리이다. 그 효에는 양효가 자리 잡아야 한다. 그것을 '득중득위得中得位'라고 한다. 그런데 앞서 살펴보았듯이 왕이 그처럼 자기 자리에 있음에도 불구하고 효사는 더 큰 사람을 만나 자기를 돌아보라고 하고 있다.

건괘는 가장 이상적인 리더의 유형이다. 한마디로 능력 있고 적극적이며 진취적이다. 그런 점에서 제우스 유형에도 꼭 들어맞는다. 다만 자칫하면 자만심에 사로잡힐 수 있다. 따라서 최고의 자리에 오른 후에도 리더는 언제나 자기 성찰이 중요하다. 그렇지 않으면 이 유형은 결국 실패한 권력자가 되기 쉽다.

19세기의 역사가 존 달버그 액턴 경은 "권력은 부패하기 쉽고, 절대 권력은 반드시 부패한다"라고 단언했다. 그러한 전철을 밟지 않으려면, 이 제우스 유형의 권력자는 건괘에서 조언하는 바를 반드시 마음에 새겨야 할 것이다.

2   포용의 리더십 갖추기

▋▋ **중지곤** 重地坤

누구라도 승승장구하다 보면 본래의 모습을 잊어버리는
경우가 생겨난다. 따라서 삼가 자기를 다스리고 경계해야
한다. 그것이 곤괘의 생성과 포용과 화합의 리더십을 발
휘하는 길이다.

이 괘는 건괘와 한 쌍을 이루고 있다. 역시 곤괘坤卦가 중첩되
어 있어서 중지곤괘重地坤卦이다. 건괘가 직진과 강건의 리더십
을 상징한다면 곤괘는 생성과 포용의 리더십을 상징한다. 건괘
가 자연현상으로는 하늘을 나타낸다면 곤괘는 대지를 상징한
다. 대지는 고요하고 움직임이 없으나 풍성한 힘을 갖추고 만물
을 낳아 기른다.

곤괘의 첫 괘사가 "크게 형통한다坤 元亨"로 시작하는 것도
그 때문이지 않을까 싶다. 완전한 대지의 생명력을 받아 만물이
태어나니 어찌 크게 형통하지 않겠는가. 단전에도 "지극하구나,
곤의 으뜸됨이여, 만물을 생육하여 마침내 하늘의 도를 이어받

는다至哉坤元 萬物資生 乃順承天"라는 구절이 나온다. 하지만 만물을 그처럼 키워내기 위해서는 포용력과 인내가 필요하다. 그래서 공자는《문언전》에 이렇게 썼다.

곤괘는 부드러움과 고요함의 극치를 이루며 그 덕은 방정方正하다. 뒤에 물러서서 모두를 섬기니 언제나 바른 질서가 있다. 만물을 변화시켜 빛나게 한다坤至柔而動也剛 至靜而德方 後得主而有常 含萬物而化光.

공자는 삶에서 모든 것들이 앞서 나가려고만 하면 곤란하니, 따르고 포용하는 것도 있어야 조화와 균형이 이루어진다고 말하는 것이다.

요즘 우린 어디서든지 일등만 주장하는 것을 자주 본다. 많은 사람이 일등을 하기 위해 때로는 무모함도 불사한다. 그러나 만약 세상에 하늘만 있고 땅이 없다면 어떻게 될까? 그러므로 일등이 되기 위해서는 단지 앞으로만 나아가는 것이 아니라, 자기를 따르는 모든 사람을 포용하는 덕도 필요하다. 그것이 곤괘가 상징하는 리더십이다. 그런 점에서 곤괘는 리더가 갖춰야 할 처신의 미학을 가장 잘 보여주고 있지 않나 싶다.

그중에서도 곤괘 초육의 효사인 "서리를 밟으면 굳은 얼음이 이른다履霜堅氷至"라는 구절은 리더가 어떻게 행동을 삼가야 하는지에 대한 최고의 문장 중 하나로 꼽는다. 곤괘에서 가장 널리 알려진 구절이기도 한 이 효사에는 일단 여러 가지 의미가 있다.

먼저 자연현상으로 보면 앞으로 다가올 혹독한 추위에 대한 경고라고 할 수 있다. 곤괘는 계절로는 음력 10월을 상징한다. 이달을 기점으로 겨울이 깊어진다. 입동, 소설, 대설을 거쳐 동지로 나아가는 것이다.

한편으로는 땅의 성격으로 볼 수도 있다. 얼핏 얇아 보이는 땅도 그 속을 파보면 깊다. 우리는 아직도 지구 안에 무엇이 있는지 다 알지 못한다. 그러므로 리더는 작은 것도 우습게 보지 말아야 한다. 사사로운 유혹에도 넘어가지 않아야 하며 가능한 한 올바른 길로 나아가려고 애써야 한다.

공자는 《문언전》에서 이 효사에 대해서 다음처럼 언급하고 있다.

선을 쌓은 집에는 반드시 남은 경사가 있고, 악행을 쌓은 집은 반드시 남은 재앙이 있다. 신하가 그 임금을 죽이며 자식이 그 아비를 죽임이 하루아침 하룻저녁의 연고가 아니다. 그로 말미암은 것이 계속 이어진 것이다. 분별할 것을 일찍 분별치 못했기 때문이다. 역에서 말하길 '서리를 밟으면 굳은 얼음이 이른다'라고 하는 것은 대개 삼감을 이른다 積善之家必有餘慶 積不善之家必有餘殃 臣弑

其君 子弑其父 非一朝一夕之故 其所由來者漸矣 由辨之不早辨也 易曰 履
霜堅氷至 蓋言順也.

리더의 역할이 중요한 이유 중 하나는 그의 일거수일투족이 모든 사람에게 영향을 미치기 때문이다. 언젠가 대기업의 고위 임원이 자살한 사건이 언론에 보도된 적이 있었다. 그런데 그 일이 있고 나서 얼마 후 상담받던 사람이 말했다.

"그렇게 성공한 사람도 자살하는데, 나 같은 사람이 자살을 생각하는 것은 정상 아닌가 하는 생각이 들더군요."

그와의 상담은 내게 리더의 역할을 다시 생각해보는 계기가 되어주었다. 특히 리더의 마음 경영이 얼마나 중요한지 더욱 확신하게 되었다.

예를 들어, 자만심 유형의 리더는 스스로에 대해 자신이 보고 싶은 면만 받아들이는 경향이 강하다. 그 때문에 다른 사람들이 자신의 단점을 이야기하면 화를 내고 회피하거나 상대방을 미워한다. 자기 인식의 편식 상태에 놓여 있는 셈이다.

그들은 인간관계 역시 자기 목적을 달성하기 위한 수단으로만 생각한다. 당연히 마음의 유연성도 떨어져 잠재 능력을 발휘하기 어렵다. 자신의 열등감을 숨기려고 더욱 자만에 빠지고, 그 결과 작은 실수나 실패에도 무너지기 쉽다.

실제로 오만과 자만에 사로잡혀 인간관계를 제대로 하지 못하는 리더는 능력과 무관하게 언젠가는 물러나게 되어 있다는 사실을 모르는 사람은 없다. 따라서 리더는 스스로를 삼가는 법을 반드시 중요한 덕목의 하나로 체득하고 있어야 한다.

이어서 육이의 효사를 살펴보면 이렇다.

곧고 모나고 크다. 배우지 않아도 이롭지 않음이 없다直方大 不習 无不利.

육삼의 효사가 이어진다.

아름다움을 품어야 곧게 된다. 때로 왕사에 종사하나 자기가 공을 이룬다 함이 없으니 끝마침이 있다含章可貞 或從王事 无成有終.

이를 두고 공자는 《문언전》에서 다음과 같은 해석을 내놓고 있다.

바르고 광대한 덕을 가진 자는 배우지 않으면 만사가 이롭지 않다는 확신을 통해 앞으로 나아가는 것을 말한다. 음陰은 뛰어난 재능을 가졌음에도 그것을 안으로 간직하고 윗사람의 사업을 도와 일할 뿐, 스스로 공적을 세우려 하지 않는다. 그것이 땅의 도리이자 아내의 도리이고 신하의 도리이다. 땅의 도는 스스로 앞서

서 가지 않고 하늘을 대신하여 유종의 미를 거두는 것이다. 천지가 변화하면 초목만이 무성하고 상하 관계가 막히면 현인이 숨는 다直方大 不習无不利 則不疑其所行也 陰雖有美 含之以從王事 弗敢成也 地道也 妻道也 臣道也 地道無成 而代有終也 天地變化 草木蕃 天地閉 賢人隱.

역시 수용과 화합의 리더십을 말하고 있다고 하겠다.

육사의 효사에서 "주머니를 여미듯 하면 허물도 없고 명예도 없으리라括囊 无咎无譽"라고 한 문장은 "언행을 삼가고 물러나 몸을 보전해야 한다"라는 의미로 해석되고 있다. 그렇지 않고 모두가 나서서 자기 공을 자랑하면 세상이 어찌 될 것인가.

공자는 《계사전》 하편에서도 다음과 같이 강조하고 있다.

군자는 그 몸을 편안히 한 뒤에 행동하며, 그 마음을 편안하게 한 뒤에야 말하고, 그 사귐을 정한 뒤에야 구한다. 군자는 이 셋을 닦는 까닭에 온전하다君子安其身而後動 易其心而後語 定其交而後求 君子修此三者 故全也.

공자 역시 분별할 것을 일찍 분별해나가면서 행동을 삼가는 것이 무엇보다 중요함을 역설하고 있다.

한편 《주역》의 괘에서 4효四爻는 인생으로 말하면 40대, 즉

중년기의 초반에 해당한다. 이때는 이중적인 감정이 교차하는 경우가 많다. 한편으로는 자신만만하면서도 다른 한편으로는 불안한 시기이기 때문이다. 이때 그러한 불안감을 억제하거나 회피하는 경우에는 오히려 더 자만심에 사로잡히기 쉽다. 그로 인해 때로는 하지 말아야 할 일도 저지르는데, 이를 경계하라는 의미를 담고 있다.

육오의 효사 "황색 치마를 입으니 크게 길하다黃裳 元吉"와 상육의 효사 "용이 들에서 싸워 그 피가 검고 누렇게 된다龍戰 于野 其血玄黃"라는 효사에 대해 공자의 해석은 다음과 같다.

군자는 고귀하고 중용을 지키며 천하의 도리에 통달하고 예와 겸양을 몸에 지니고 있다. 그러한 미덕이 마음에 넘쳐 온몸에 퍼져 나간다. 그 행동은 사업을 통해서 나타난다. 이것이야말로 선미善美의 극치이다. 그러나 음이 성해져서 양陽과 비슷해지면 반드시 양과 싸우게 된다. 음의 세력이 너무 강해서 마치 양과 같은 양상을 나타낸다면 이를 용龍이라 칭한다. 그러나 음은 역시 음으로 양을 누를 수는 없다. 두 용이 함께 상처를 입고 피를 흘리게 된다. 현황玄黃이란 하늘과 땅의 피가 뒤섞인 것으로 현은 하늘을, 황은 땅을 나타낸다君子黃中通理 正位居體 美在其中 而暢於四支 發於事業 美之至也 陰疑於陽必戰 爲其嫌於陽也故稱龍焉 猶未離其類也 故稱血焉 夫玄黃者 天地之雜也 天玄而地黃.

달도 차면 기운다. 산 정상에 올랐으면 언젠가 내려가야 한다. 기우는 달을 굳이 기울지 않게 하려고 애쓰면 문제가 생긴다. 양이 극성하면 음이 오고, 음이 극성하면 양이 생겨난다. 《주역》에서 양과 음은 각각 팽창하는 힘과 수축하는 힘을 상징한다. 팽창과 수축에 모든 자연의 이치가 담겨 있다는 것이다.

우리 몸을 예로 들어보자. 우리 몸의 심장도 근육도 모든 것이 팽창과 수축에 의존한다. 심장도 팽창했다가 수축을 해야지만 자기 구실을 한다. 수축 없이 팽창만 하면 모든 것이 터지고, 팽창 없이 수축만 하면 모든 것이 오므라진다. 두 가지가 번갈아 일어나야 한다. 호흡도 들숨이 있고 날숨이 있다. 내쉬지 않고는 들이마실 수 없고, 들이마시지 않고는 내쉴 수 없다. 그것이 바로 양과 음이 상징하는 팽창과 수축의 의미다.

그러한 면은 인간사에도 적용된다. 어느 인생에나 팽창의 순간이 있으면 수축의 순간도 있게 마련이다. "난 태어날 때부터 지금까지 한 번도 실패한 적이 없어"라고 말할 수 있는 사람이 과연 얼마나 될까. 빛과 그림자처럼, 낮과 밤처럼 인생의 모든 것은 오르락내리락하는 것이다. 그러므로 잘나갈 때는 일이 잘 안될 때를 대비해야 하고, 일이 잘 안될 때는 언젠가는 잘될 것이라고 믿고 희망을 잃지 말아야 한다.

그런데 인간의 마음이 그러기가 쉽지 않다. 그래서 잘나갈 때는 지나치게 호기를 부리고, 일이 안 풀릴 때는 계속 의기소침

해서 주어진 기회를 놓치는 경우도 많다. 그것을 못 견디는 사람은 죽음을 선택하기까지 한다.

사실 사람들은 마음속으로는 안다. 일이 계속 잘 풀려서 팽창하기만 하는 인생은 없다는 사실을. 그래서 어떤 사람들은 행복하고 일이 잘 풀리는 순간에 그것을 기뻐하는 것이 아니라 오히려 지레 겁을 먹고 두려워한다. 미리부터 자기가 잘못될까봐, 즉 행복을 잃을까봐 두려워하는 것이다.

그런 감정이 지나치면 정신적으로 문제를 일으키기도 한다. 하지만 그것이 근신하는 마음으로 이어져 매사에 신중해진다면 꼭 나쁘다고는 할 수 없다. 특히 리더라면 늘 팽창의 순간에도 수축을 염두에 두고 처신하는 자세가 필요하다. 언제나 최고의 자리만을 고집하는 것이 아니라 때로는 최선의 자리를 찾는 마음가짐도 가져야 한다.

특히 최고의 자리에 올랐을 때는 내려갈 준비를 해야 한다. 그런데 물러나지 않고 계속 상왕의 위치에 있으려고 하면(그것이 인간의 본성이지만) 마치 용이 들판에서 싸우듯이 피가 솟구칠 수밖에 없다.

여기서 용은 건괘의 상징이다. 그런데 왜 곤괘에서 용이 싸운다고 했을까. 리더가 계속 승승장구하다 보면 언젠가는 본래의 겸손함을 잊어버리고 자만심이 문제를 일으킨다. 리더는 그런 일이 일어나지 않도록 삼가고 경계하며 자기를 다스려야 한다.

즉, 곤괘의 본래의 미덕인 생성과 포용과 화합의 리더십을 발휘해야 한다. 그것이 오늘날 모든 리더들에게 곤괘가 주는 교훈이 아닐까 싶다.

그리스 신화에서 대지의 여신은 데메테르와 제우스의 어머니인 레아다. 다만 레아에 대해서는 아주 짧은 언급만 나오고, 곤괘와 깊이 연관되는 쪽은 데메테르다. 데메테르는 로마 신화에서는 '케레스Ceres'라고 불렸는데, 여기서 곡식을 뜻하는 '시리얼cereal'이 나왔다.

데메테르는 곡식의 수호신으로서 풍성한 수확을 관장하며, 모성 본능을 상징한다. 곤괘 역시 땅, 어머니 외에도 인간의 몸에서 모든 중요한 장기를 감싸고 있는 배 등을 상징한다. 특히 동물로는 유순하면서도 인간을 위해 희생을 아끼지 않는 소를 상징하는데, 이는 데메테르가 상징하는 것과 일치한다.

《우리 속에 있는 여신들》이라는 책을 쓴 여성주의 심리학자 진 시노다 볼린은 이러한 여신의 유형을 가진 여성들은 임신, 출산, 아이를 돌보고 집안일을 하는 데서 행복감을 느낀다고 묘사한다. 즉, 아낌없이 베푸는 어머니상이 여기에 속한다는 것이다. 아마 우리의 전통 시대 어머니들 대부분은 이 데메테르 여신의 유형에 속하지 않나 싶다.

이 여성들은 사회활동보다는 자녀를 돌보고 집안일을 하는 것을 선호하며, 남성보다는 여성들과의 관계가 더 좋다. 예전에 인기를 끌었던 김수현 작가의 드라마 〈내 남자의 여자〉에서 전업주부인 김지수(배종옥)가 딱 이 데메테르 여신의 유형에 속한다.

친구인 이화영(김희애)은 김지수의 남편과 불륜을 저지르면서도 그녀에게 "네가 해주는 김치를 먹고 싶어"라는 대사를 날린다. 아마도 김수현 작가가 이 데메테르 여신의 유형에 속하는 여성들의 특징을 잘 알아서 그런 설정을 한 것이 아닐까 싶다.

데메테르에게는 자식에 대한 사랑이 전부이다. 그녀는 제우스와의 사이에서 페르세포네를 낳았는데, 그 딸이 하데스에 의해 유괴당하자 오로지 자식을 찾는 일에 모든 것을 건다. 그 결과 세상의 모든 땅이 메말라 어떤 생명도 자랄 수 없는 지경이 된다. 반면에 제우스는 정치적인 속셈으로 하데스의 행동을 못 본 체한다. 하지만 그도 결국은 데메테르를 이기지 못하고 그녀의 청을 들어주고, 그제야 상황은 끝이 난다.

그처럼 부드러움 속에 강함을 지닌 것은 곤괘의 특징이기도 하다. 데메테르가 딸을 빼앗긴 후 그 슬픔과 분노로 땅을 황폐하게 만든 것처럼 곤괘가 유순하다고 만만히 보아서는 곤란하다. 음의 성질은 부드러워 보이지만 그 내면의 강함은 데메테르의 그것과 유사하다.

땅은 빛나는 것을 머금고 있다. 그리고 그것을 잘 키워내는 것이야말로 땅이 지닌 덕목이다. 하지만 그것을 자기가 했다고 자랑하지 않는다. 단지 조용히 일을 끝낼 뿐이다. 조직에서는 기꺼이 리더를 위해 이인자의 위치를 수용하고, 리더를 위해 그가 도모하는 일의 마무리와 결실을 위해 노력하는 자이기도 하다.

상육의 효사에 나오는 현玄은 하늘의 색이며 황黃은 땅의 색이다. 그리고 이 두 가지를 섞으면 푸른색이 나온다. 천지의 교합으로 생긴 만물을 창생蒼生이라고 하는 것은 그러한 연유에서다. 그처럼 곤괘의 덕은 땅이자 어머니의 덕이고, 그것을 상징하는 여신이 데메테르인 것이다.

3 당신은 어떻게 직원들에 대해 그토록 잘 아는가?

지천태 地天泰

평평하기만 하고 비탈지지 않은 땅은 없으며 가기만 하고 돌아오지 않는 것은 없으니, 어려운 상황에서도 정도를 지키면 허물이 없다. 그 안에서 만물이 생성되고 서로 화합한다.

태괘는 땅을 뜻하는 곤괘坤卦가 상괘이고 하늘을 뜻하는 건괘乾卦가 하괘로 이루어져 있어서 지천태괘地天泰卦이다. 하늘과 땅의 기운이 서로 사귀어 화합하는 형상이다. 따라서 기본적으로 태泰는 안정과 편안함, 확장, 번영 등을 상징한다. 김석진 선생은 태泰 자를 파자하면 천지인天地人의 삼재三才가 되어 만물이 생성되고 그 바탕은 물의 기운으로 인한 것임이 나타난다고 했다[泰=三+人+水].

"괘의 형상을 보아도 튼튼한 기반 위에 세워진 건축물을 연상케 한다"라고 주장하는 학자도 있다. 실제로 강건하기 그지없는 건괘가 아래를 받치고 있고 그 위에 유순한 곤괘가 올라가

298

있는 형상이니 튼튼하고 안정된 것이 당연하다.

또한 건괘가 상징하는 하늘의 기는 위로 올라가고 곤괘가 상징하는 땅의 기는 아래로 내려가는 성질을 갖고 있다. 따라서 지금처럼 건괘가 아래에, 곤괘가 위에 있지 않고 반대로 위치했다면 둘 사이는 계속해서 서로 멀어지는 결과를 가져왔을 것이다. 천만다행으로 하늘의 기운은 위로 오르고 땅의 기운은 아래로 내려와 서로 합쳐지므로 그 안에서 만물이 생성되고 서로 화합하기에 이른다는 것이다.

태괘는 또한 달로는 정월, 즉 인월寅月의 괘이다. 땅과 하늘의 기운이 만나 만물이 생성되니 그것이 봄의 기운을 잉태하고 있음을 의미한다. 한마디로 태괘는《주역》전체를 통틀어 서로 만나서 화합하고 소통하는 이치를 가장 잘 나타내고 있다고 하겠다. 괘사에서부터 그러한 면이 확연히 드러난다.

태는 작은 것이 가고 큰 것이 오니, 길하고 형통하다泰 小往大來 吉亨.

이에 대해 단전의 풀이는 다음과 같다.

천지가 화합해 만물을 낳고 기름을 뜻한다. 위와 아래가 사귀어 그 뜻이 서로 통하는 것이다. 내괘內卦는 양이고 외괘外卦는 음이다. 따라서 안으로는 강한 기운을, 밖으로는 유순함을 지킨다. 또한 그 중심에는 군자를, 밖에는 소인을 둠으로써 군자의 정도正道는 발전하고 소인의 사도邪道는 소멸하니, 길하고 형통하다는 것이다 則是天地交而萬物通也 上下交而其志同也 內陽而外陰 內健而外順 內君子而外小人 君子道長 小人道消也.

이러한 해석만 놓고 봐도 태괘가 인간관계의 상호작용과 협력에 관해서뿐만 아니라, 리더가 어떻게 조직에 안정을 가져올 것인지에 관한 이야기를 담고 있음을 알 수 있다. 초구에는 이 점이 좀 더 구체적으로 묘사되어 있다.

띠풀을 뽑으면 그 뿌리가 엉켜 있다. 그들 무리와 하나가 되어 나가면 길하다 拔茅茹 以其彙 征吉.

이 효사 역시 앞서 소개한 《언더랜드》 이야기와 유사한 부분이 있다. 비록 《언더랜드》에서처럼 거창한 나무의 세계를 사례로 드는 것은 아니지만 이 효사는 띠풀조차 땅속에서는 그 뿌리가 서로 얽히고 연결되어 있어서 한 무리를 이룬다는 뜻깊은 비유를 들려준다. 이것은 일차적으로 좋은 사람 주위에는 좋은 사람들이 모인다는 뜻이다.

흔히 동류는 동류를 알아본다고 하지 않는가. 그러므로 가능한 한 내 주변을 좋은 사람들로 채우려고 노력할 필요가 있다.

특히 "그들 무리가 하나가 되어 나가면 길하다"라는 것은 리더 십에 관한 언급이다.

　무슨 일이든 무르익으려면 시간이 걸리는 법, 훌륭한 리더는 조직원들에게 무턱대고 자신의 신념을 강요하지 않는다. 띠풀 이 한 무리로 얽히는 데도 시간이 필요한 것처럼 인내심을 가 지고 충분한 의사소통을 거쳐야 하는 것이다. 그렇게 형성된 의 견이 숙성되는 동안 기다릴 줄도 알아야 한다. 그리하여 마침내 때가 되었을 때는 조직원들과 한마음이 되어 어떤 변화도 다 이뤄낼 수 있다.

　구이의 효사는 한 걸음 더 나아간다.

　거친 것을 포용하고 맨몸으로 큰 강을 건너는 형국이다. 멀리 있 는 사람을 배척하지 않으며 가까이 있는 사람과 패거리를 짓지도 않는다. 시중을 행하므로 정도를 얻을 것이다 包荒 用馮河 不遐遺 朋 亡 得尚于中行.

　이는 리더의 너그러움과 강건한 기백에 관한 이야기다. 그런 리더만이 조직에 건설적인 비판과 창조적인 대립을 허용할 수 있기 때문이다.

　거칠고 못난 사람들도 받아들이는 포용력은 리더십의 기본 이다. 자기가 판단하기에 못났다고 생각되는 사람을 가차 없이 모욕하는 리더들이 더러 있다. 대체로 스스로 똑똑하다고 자부하는 사람들이 그런 태도를 보인다. 그런 그들이 하물며 거칠게 굴고 반항하는 사람을 그냥 보아 넘길 리 없다. 하지만 좋은 지도자라면 그런 이들까지도 포용해서 내 사람으로 만들 수 있어야 한다는 것이다.

그렇다고 너그럽기만 해서도 곤란하다. 때로는 맨몸으로 강을 건너는 것과 같은 기백과 결단력도 있어야 한다. 사사로이 이너서클을 만들어 패거리 문화를 조성하는 것 역시 리더가 삼가야 하는 행동이다. 그리고 그와 같은 리더십을 실천하는 리더가 있는 조직은 나날이 발전해나가는 것이 당연하다.

이어지는 구삼의 효사는 다음과 같다.

평평하기만 하고 비탈지지 않은 땅은 없으며 가기만 하고 돌아오지 않는 것은 없으니, 어려운 상황에서도 정도를 지키면 허물이 없다. 지나치게 걱정하지 말고 한마음을 지킨다면 복을 누릴 것이다 无平不陂 无往不復 艱貞无咎 勿恤其孚 于食有福.

이 효사는 아마도 《주역》 전체에서 가장 큰 위로와 희망을 전하는 메시지가 아닌가 싶다. 그래서인지 《주역》에서 가장 널리 알려진 문장 중 하나이기도 하다.

이 효사의 핵심은 인생에서 영원한 것은 없으며 고난 속에서 정도를 지키기만 하면 반드시 좋은 날을 누릴 수 있다는 것이다. 인생에서 가장 갖기 어려운 것 중의 하나가 위기가 닥쳐왔을 때 그것을 견뎌내는 힘이다. 인간의 나르시시즘은 다른 사람의 인생에는 문제가 생겨도 내 인생에는 문제가 없기를 바란다. 그러다가 내 인생에도 문제가 생기면 "내가 뭘 잘못했다고 이런 벌을 받는 거지?" 하며 하늘을 원망한다.

그러나 인생이란 어떤 의미에서는 공평하다. 다른 사람의 인생에 생길 수 있는 일은 내 인생에도 생길 수 있다. 그리고 "평평하기만 하고 비탈지지 않은 땅은 없는 것처럼" 계속해서 잘나가기만 하는 인생도, 계속해서 꼬이기만 하는 인생도 없다. 그러므로 아무리 곤란한 처지에 있어도 완전히 절망해서는 안 된다. 그 대신 지나치게 걱정하지 않으면서 한마음을 지키고자 노력하기만 한다면 반드시 좋은 일이 찾아온다.

앞서 리더가 반드시 실천해야 할 덕목에 관한 이야기를 다룬 구이의 효사 다음에 이 문장이 놓였다는 것도 의미심장하다. "가기만 하고 돌아오지 않는 것은 없는 것처럼" 리더가 잘못된 리더십을 휘두르면 반드시 좋지 않은 결과가 일어난다. 반대로 리더가 관용과 기백으로 아랫사람들을 대우하고 패거리를 멀리하고 제대로 소통하는 문화를 만든다면 그 조직은 어려움을 딛고 반드시 성공으로 나아간다. 이처럼 이 효사는 리더에게 언제나 올바르게 처신할 것을 주문하고 있다.

육사의 효사에서는 그러한 모습이 잘 묘사되어 있다.

새가 훨훨 날아오르니, 자만하지 않는 마음으로 이웃과 함께한다. 서로 경계하지 않으면서 진실되게 가르침을 받는다翩翩不富 以其 隣 不戒以孚.

태괘에서 땅을 뜻하는 곤괘가 상괘에 있다는 것은 리더의 자만심과도 관계가 있다는 것이 내 생각이다. 즉, 리더는 지금은 조직의 윗자리에 있지만 애초에 곤괘의 자리가 그러하듯이, 자신도 한때는 아래쪽에 있었음을 명심할 필요가 있는 것이다. 그런 마음가짐을 지닌 리더는 당연히 아랫사람의 마음을 좀 더 잘 이해하고 공감할 수 있다. 나아가 그런 마음을 전달하기 위해서는 마치 새가 열심히 날갯짓을 해서 훨훨 날아오르는 것처럼 온 힘을 쏟아야 한다.

여기에 가장 부합하는 사례가 있다. 예전에 미국의 한 항공사 대표가 방송 인터뷰하는 것을 본 적이 있다. 사람들이 그 회사의 비행기를 타느니 차라리 그냥 죽는 게 낫겠다고 농담할 정도로 문제투성이 항공사였다. 그런데 그가 대표를 맡고 나서 얼마 지나지 않아 회사는 성공적으로 변신했다.

사회자가 비결을 묻자 그가 대답했다.

"가장 중요한 것은 직원들이 존중받고 사랑받는다고 느끼게 하는 것입니다. 자신이 조직에 꼭 필요한 존재라고 느낄 때 그들은 최고의 능력을 발휘합니다. 난 언제나 그들이 우리 회사에서 가장 중요한 존재임을 표현하고 감사의 마음을 전합니다."

그러자 사회자가 "당신은 어떻게 직원들에 대해 그토록 잘 아는가?"라고 물었고 그의 대답은 간단했다.

"저도 오랫동안 그들과 같은 직원이었으니까요."

사회적 위치와 상관없이 능력의 한계를 절감하면서 살아가는 존재가 인간이다. 때로는 그로 인한 불안과 두려움에 점령당한 채로 하루를 버텨내기도 한다. 자신을 이해하고 격려해줄 수 있는 사람이 곁에 있기를 간절히 바라는 순간이기도 하다. 그때 다른 사람도 아닌 상사가 내게 그런 역할을 해준다면 어떨까? 아마도 나는 기꺼이 그를 신뢰하고 따르지 않을까 싶다.

리더가 아무리 창의적인 아이디어를 내도 따라주는 직원들이 없으면 조직은 발전할 수 없다. 조직이 성장하려면 리더는 조직원들의 마음을 헤아리고 제대로 된 커뮤니케이션을 이뤄나가야 한다. 그러기 위해서는 효사가 강조하듯 "자만하지 않는 마음으로 이웃과 함께하고 서로 경계하지 않으면서 진실되게 가르침을 받는 것"이 중요하다.

조직이나 나라의 와해가 일어나는 가장 큰 이유가 무엇일까? 윗자리에 있는 사람들이 유유상종하면서 모든 돈과 권력을 나눠 가지려는 데서 문제가 생긴다. 평소 그렇지 않던 사람들도 이상하게 권력만 쥐면 쉽게 빠지는 함정이기도 하다. 따라서 이 효사야말로 한 조직이나 나라를 이끄는 사람들이 반드시 마음에 새겨야 할 덕목이 아닌가 한다. 태괘는 마지막 상육의 효사에서 그렇지 못한 경우에 리더가 빠질 수 있는 흉함에 관한 조언도 잊지 않는다.

성이 메마른 해자垓子로 무너져내리는 듯하다. 그렇더라도 무력을 사용하지 말아야 한다. 자신을 낮추며 공문으로 알린다. 말씀이 올바르다고 해도 부끄러움이 있을 것이다城復于隍 勿用師 自邑 告命 貞吝.

성이 메마른 해자로 무너져내리는 듯하다는 것은 모든 일이 수포로 돌아간다는 뜻이다. 왜 《주역》에서는 거의 모든 괘에서 여섯 번째 효에 가서는 무너지고 망가지고 수포로 돌아가는 내용을 담고 있을까.

역시 이 세상에 영원한 것은 없고, 달도 차면 기운다는 것을 명심하라는 거듭된 주문이다. 태평성대도 언젠가는 무너질 수 있다. 그럴 때는 무력을 사용하지 말고 상황을 받아들이면서 자기를 낮추고 주변을 바로잡으려고 노력해야 한다. 그렇지 못할 경우 사방이 막히고 나락으로 떨어지는 곤경을 당할 수도 있다. 그것을 일깨우는 것이 바로 다음에 나오는 비괘否卦이다.

4   쥐굴 하나만 있어도 막아야 한다

천지비 天地否

하늘과 땅이 교감하지 않고 소인은 날로 극성하니 난세를 만났음이라. 이에 군자는 재능과 덕을 드러내지 않음으로써 난을 피하고 봉록의 영광을 누리지 말아야 한다.

비괘는 건괘가 상괘에 있고 곤괘가 하괘에 있어서 천지비괘天地否卦이다. 앞에 나온 태괘와는 도전괘의 관계로, 건괘는 자기 자리인 하늘에, 곤괘 역시 자기 자리인 땅에 위치해 있다. 한마디로 각기 자기 자리만 고수하니 대화나 소통이 제대로 될 리가 없다.

괘의 모습도 가장 강건한 기운을 가진 존재가 정반대로 가장 유순한 존재를 누르고 있으므로 그 기반이 지나치게 약하다고 볼 수밖에 없다. 그래서 막힐 비否인 것이다.

비否를 파자하면 '불不+구口'로 이루어져 있어 구멍이 막혀 곤궁한 모습을 나타낸다. 만물이 생성하고 아래위가 서로 화합하며 형통함을 누리는 태괘泰卦를 뒤집어놓으면 어긋나고 막힌다는 의미의 비괘가 된다는 점이 꽤 흥미롭다. 결국 인생이란 어떤 시각으로 어느 면을 보는가에 따라 달라질 수 있다는 뜻이겠다.

하긴 나락으로 떨어졌다고 생각한 바로 그 순간 새로운 해법을 찾아내기도 하고, 승승장구하며 최고의 정점에 섰다고 생각한 바로 그 순간 나락으로 떨어지기도 하는 것이 인생이다. 정도는 다르겠지만 그와 비슷한 경험을 해보지 않은 사람은 드물지 않을까. 그러므로 인생은 끝까지 살아봐야 한다.

태괘 다음에 이 비괘가 놓이고, 비괘 다음에는 모든 사람이 협력한다는 동인괘同人卦가 놓인 것은 그런 점에서 꽤 의미가 크다고 하겠다.

비괘의 괘사를 살펴보면 이렇다.

도가 막혀 있는 괘이다. 군자의 정도도 이롭지 않다. 큰 것이 가고 작은 것이 오기 때문이다 不之匪人 不利君子貞 大往小來.

태괘에서 "작은 것이 가고 큰 것이 오니 길하고 형통하다"라고 한 것과는 정반대인 셈이다. 단전의 풀이는 좀 더 자세하다.

사람의 도가 막혀 있으니, 군자가 정도를 행해도 이롭지 않은 것이다. 큰 것이 가고 작은 것이 온다 함은 하늘과 땅이 서로 교감하지 않음이다. 위아래에 사귐이 없으니 천하에 나라를 이룰 수 없다. 음이 내괘에 있고 양이 외괘에 있으니 유순한 자가 내괘에 있고 강건한 자가 외괘에 있음이라. 이는 군자가 내괘에 있고 소인은 외괘에 있다는 것이다. 그로 인해 소인의 사도는 날로 자라나고 군자의 정도는 날로 쇠해간다 不之匪人 不利君子貞 大往小來 則是天地不交而萬物不通也 上下不交而天下无邦也 內陰而外陽 內柔而外剛 內小人而外君子 小人道長 君子道消也.

하늘과 땅이 서로 교감하지 않고, 소인의 사도는 날로 극성인데, 반대로 군자의 도는 날로 쇠퇴해간다는 것은 곧 '난세亂世'를 만났기 때문이다. 상전에서는 그런 난세를 만났을 때 군자에게 이렇게 조언하고 있다.

재능과 덕을 드러내지 않음으로써 난을 피해야 하며, 봉록의 영광을 누리지 않아야 한다 天地不交 否 君子以儉德辟難 不可榮以祿.

이것은《논어》〈태백편泰伯篇〉에 나오는 공자의 말씀과도 일치한다.

위태한 나라에 들어가지 말고 난리 난 나라에서 살지 않으며, 천하에 도가 있으면 나타나고 천하에 도가 없으면 숨을 것이다. 나라에 도가 있는데도 가난하다면 수치스러운 일이겠으나, 나라에 도가 없는데도 부귀하다면 그 또한 수치스러운 노릇이다危邦不入 亂邦不居 天下有道則見 無道則隱 邦有道 貧且賤焉 恥也 邦無道 富且貴 焉 恥也.

이어지는 초육의 효사는 앞서 태괘에 나오는 띠풀 이야기를 되풀이하고 있다.

띠풀을 뽑으면 그 뿌리가 엉켜 있다. 그들 무리와 하나가 되어 나가면 길하고 형통하다拔茅茹 以其彙 貞吉 亨.

태괘의 초효가 양인 것과 비괘의 초효가 음인 것만 다르고, 조언하는 내용은 같다. 이는 시절이 좋을 때나 어려울 때나 혼자서 행동하지 말라는 뜻을 담고 있다. 그리고 어려울 때는 가능한 한 참고 견뎌야 하고 떨쳐 일어나려고 애써야 한다는 것이다.

태괘에서 초구는 그냥 무리와 함께 나아가기만 하면 되었다. 세상이 평화롭고 내 주위 사람들이 다 훌륭한 사람들이기 때문이다. 그러나 어려운 시절에는 사람들과 연대감도 가지려고 노력해야 하고, 참고 견디는 힘도 길러야 한다. 그래야 좌절하지 않고 떨쳐 일어날 수 있다. 이어지는 육이의 효사는 다음과 같다.

> 포용하고 이어받아야 한다. 소인은 길하고 대인은 막히는 일이 있으나 형통할 것이다包承 小人吉 大人否 亨.

이것은 일차적으로 소인의 리더십에 관한 논의라는 것이 내 생각이다. 윗사람에게는 아부하고 아랫사람한테는 졸렬하게 대하는 것이 소인이다. 그들은 리더가 되어서도 윗사람에게 잘 보이는 일에 목숨을 건다. 겉으로는 모든 일이 잘 풀리는 것처럼 보이는 것도 당연하다.

그러나 이런 사람들이 득세하는 세상이 곧 난세다. 난세에는 진정한 리더십을 가진 사람들이 빛을 내기 어렵고, 오히려 그들의 앞날이 막힐 수밖에 없다. 이 경우 훗날을 도모하기 위해서는 소인배의 눈에 띄지 않게 뒤로 물러나 있는 것이 상책이다. 즉, 난세일수록 시류에 영합하지 않고 자신을 지켜야 한다. 그러다 보면 이윽고 형통의 문이 열리는 순간이 찾아올 것이다.

그러지 않고 소인배와 같이 어울리다가는 된통 수모를 겪을 수도 있다. 다음에 이어지는 이야기가 바로 그것이다. 육삼의 효사에서 "포섭을 당함은 수치스러운 일이다包羞"라고 일갈하고 있는 것이다.

육삼의 효는 모두 음으로 이루어진 세 개의 괘상 중에서도 가장 위에 자리한다. 음의 극치인 셈이다. 따라서 소인배는 자기가 최고인 줄 알고 뭐든 제멋대로 할 가능성이 높다. 자칫 실수로라도 그런 자와 어울리다가는 언제 수치를 당할지 알 수 없다. 이를 경계하라는 뜻이다.

그런데 흥미로운 사실은 이제부터 양의 효사가 이어지면서 서서히 막힌 것이 무너지기 시작한다는 점이다. 특히 구오의 효사는 국면의 전환을 보여주고 있다.

막힌 상태를 끝내야 한다. 대인이라야 길하다. 망할 것이다, 망할 것이다 하면서 조심하면 가지가 빽빽한 뽕나무에 묶여 있듯이 견고할 것이다 休否 大人吉 其亡其亡 繫于苞桑.

공자 또한 이 효사에 대해서는 특별히 《계사전》 하편에서 그 의미를 뚜렷이 밝히고 있다.

위험은 자리에 편안하게 있을 때, 멸망은 모든 것이 잘 유지되고 있을 때, 변란은 잘 다스려지고 있을 때 그 씨앗이 생겨난다. 그런 까닭에 군자는 편안하되 위태함을 잊지 않으며, 건재하되 망함을 잊지 않으며, 잘 다스려지되 혼란함을 잊지 않는다. 이로써 몸이 편안하고 나라를 보존할 수 있다. 역易에 망할 것이다, 망할 것이다 하면서 조심하면 가지가 빽빽한 뽕나무에 묶여 있듯이 견고할 것이라고 했다 子曰 危者安其位者也 亡者 保其存者也 亂者有其治者也 是故君子安而不忘危 存位不忘亡 治而不忘亂 是以身安而國可保也 易曰 其亡其亡 繫于苞桑.

서로 어긋나고 막힌 상태를 끝낼 수 있는 것은 오로지 리더뿐이다. 리더는 당연히 대인이라야 한다. 하지만 더 중요한 사실은 리더는 늘 위험에 대비하고 있어야 한다는 것이다.

구오의 효사에 부합하는 리더는 안팎으로 국면이 꽉 막혀 있을 때 그것을 슬기롭게 풀어나갈 수 있는 역량을 지닌 사람이라야 한다. 난세일수록 사람들은 새로운 변화를 받아들이려 하지 않는다. 대다수가 복지부동한 채 자신의 안위를 유지하는 데만 골몰하게 되어 있다. 내가 속한 조직이나 나라 따위는 어찌 되든 상관하지 않는다. 지도자는 그 반대여야 한다. 오히려 모든 것이 잘되어나갈 때 위태함을 미리 생각하면서 능변을 고민하는 사람이 되어야 한다.

남회근은 그러한 인물을 '쥐굴을 잘 막는 대정치가'에 비유한다. 그는 다음과 같이 말한다. "낡은 집에는 쥐굴이 하나만 있어도 곧 막아야 한다. 기계라면 나사못 하나가 빠져도 곧 고쳐야 한다. 오늘 나사못이 하나 빠지고 내일 다시 너트가 하나 빠지면 그 기계는 곧 못쓰게 된다. 대정치가는 온 나라의 어느 구석,

그 어느 곳의 문제도 다 알아야 한다. 그래야 시책을 하달해 줘 굴을 막을 수 있다. 이 비괘 구오의 효사가 그와 같은 이치를 우리에게 알려주고 있다."

이는 당연히 정치하는 사람에게만 해당하는 이야기가 아니다. 한 조직의 리더라면 반드시 그와 같은 이치를 깨우치고 실천할 수 있어야 한다. 상구의 효사는 다음과 같이 묘사하고 있다.

꽉 막힌 상황을 무너뜨리니, 먼저 막힘이 있었기에 나중에 기쁘게 되는 것이다傾否 先否後喜.

태괘에서 마지막에 성이 해자에 무너져내리듯이 문제가 생겨나는 것과는 반대로 비괘에서는 오히려 모든 것이 어긋나고 막힌 상황에서도 그것을 잘 이겨내면 마침내 좋은 일이 생겨남을 말하고 있다.

그것은 어느 조직에서든지 전적으로 리더가 해내야 할 역할이다. 그런 의미에서 리더는 거의 절대적으로 긍정주의자여야한다. 확신을 품은 리더가 희망적인 시각으로 조직원들을 격려하고 앞으로 나아갈 때만이 그 조직은 살아 있는 생명체로서거대한 에너지를 뿜어낼 수 있다. 그리고 그런 리더의 역량은난세일수록 더욱 빛나는 법이다.

5 두 마음이 함께하면
예리함이 쇠도 끊는다

천화동인 天火同人

두 사람이 마음을 함께하면 그 예리함이 쇠를 끊을 만하고, 그 말에는 난초와 같은 그윽한 느낌이 있다. 그렇게 서로 모여 뜻을 합하니 물과 불도 하나가 되어 능히 통합을 이룬다.

동인괘는 상괘는 하늘을 뜻하는 건괘乾卦, 하괘는 불을 뜻하는 이괘離卦로 이루어져 있어서 천화동인괘天火同人卦이다. 아래에 있는 불이 하늘로 올라가는 형상, 또는 하늘에 해가 떠올라 만물이 활동하여 서로 모이는 상태라고 할 수 있다.

괘의 모습도 하괘의 두 번째 효 하나만 음효이고 나머지는 다 양효로 이루어져 있어서 양효 다섯이 음 하나를 따르는 형상이다. 그런 의미에서 한마음이 된다는 동인同人이라고 하는 것이다.

《주역》과 정신분석을 비교한 결과로 보면, 기질 및 성격 특성에서는 연대감 척도가 가장 높고, 대인관계 특성에서는 통제

지배 성향이 높은 사람의 경우에 형성되는 괘이다. 이런 유형은 다른 사람들을 일관되게 공정한 방식으로 대하려고 노력하면서 동시에 주도적인 힘까지 갖추고 있다. 가장 바람직한 리더유형 중 하나라고 할 수 있다.

흥미로운 점은 그와 같은 성향은 극단적으로 좋거나 나쁜 조합을 보일 수 있다는 것이다. 예를 들어, 이기적이고 자기중심적인 유형이 통제지배 성향까지 갖추고 있다면 최악의 조합이라고 할 수밖에 없다. 그들은 약간의 부당한 대우조차 개인적모욕으로 받아들여 원한을 품는다. 또한 자신에게 얼마나 충성하는지에 따라 상대방의 공과를 평가하며 무슨 일에나 독단과아집을 앞세워 스스로 상황을 통제해야 직성이 풀린다. 그런 유형이 리더의 자리에 오르는 경우, 조직이 무기력한 상태에 빠지는 것은 시간문제라고 봐야 한다.

반면에 연대감 척도가 높은 리더에게 통제지배 성향이 있을경우에는 최상의 조합이라고 할 수 있다. 스스로 주도적인 리더가 되어 이 괘의 이름처럼 자신이 속한 조직을 한마음으로 만드는 능력을 발휘할 수 있기 때문이다. 이는 곧 강력한 리더십과 동의어라고 할 수 있다. 어느 조직에나 가장 필요한 리더 유형이기도 하다.

동인괘의 괘사는 다음과 같다.

넓은 들에서 사람들과 함께하니 형통하다. 큰 내를 건너는 것이 이롭고 군자는 정도를 지킴이 이롭다同人于也 亨 利涉大川 利君子貞.

넓은 들이란 함께하는 사람들의 범위를 가능한 한 확대한다는 뜻이다. 조직의 경우를 예로 들면 몇몇 부서끼리만 협력하지 말고 조직 전체가 한마음이 되는 기틀을 마련하는 것이 중요하다는 뜻이다. 이와 같은 연대감이 발전을 가져올 때 그 조직은 크게 도약할 수 있다. 단, 그 일을 행할 때 리더는 중심을 잃지 말고 정도를 실천해나가야 한다.

단전에 그에 대한 자세한 설명이 나온다.

유순한 자가 자기 자리에서 중도를 지키며 강건한 자와 호응하므로 다른 사람과 함께한다고 한 것이다. 큰 내를 건너는 것이 이롭다 함은 강건한 덕이 행해짐을 말한다. 문명文明하고 건실하며 중정하면서도 조화를 이루는 것을 군자의 정도라 한다. 오직 군자라야 천하의 뜻에 능히 통할 수 있다柔得位 得中而應乎乾 曰同人于也 亨 利涉大川 乾行也 文明以健 中正而應 君子正也 唯君子爲能通天下之志.

여기서 문명하다는 것은 리더가 가진 지성을, 건실하다는 것은 강건한 활동력을 의미한다. 그와 같은 훌륭한 역량을 지닌 리더가 좌우로 치우치지 않고 협력과 조화를 이끌어내니 어찌 천하에 그 뜻이 널리 통하지 않겠는가.

이를 두고 상전에서는 이렇게 덧붙이고 있다.

하늘과 불이 함께하는 것이 동인이다. 군자는 이를 보고 사람과 사물의 종류를 변별한다 天與火 同人 君子以類族辨物.

불과 하늘은 그 성질이 너무도 달라서 도저히 서로 어울릴 수 없을 것처럼 보인다. 그런 둘이 서로 어울리기 위해서는 그 다름에서 동류의식을 찾아내는 것이 필요하다. 그것이 곧 동인이 의미하는 바다.

그런 순간에도 필요한 것은 리더의 분별력이다. 자칫 연대감만 강조하다 보면 사물의 변별이 떨어질 수 있다. 조직이 한마음이 되는 것도 중요하지만 리더에게는 조직원 개개인에 대해 사려 깊은 관심을 갖는 것도 중요하다는 뜻이다. 이어지는 효사에서는 그와 같은 이야기를 다양한 버전으로 들려주고 있다.

먼저 초구의 효사를 살펴본다.

문에서부터 남과 한마음이 되니 허물이 없을 것이다 同人于門 无咎.

이것은 시작부터 사람들과 한마음을 이룬다는 뜻이다. 문에서부터 자기를 열어 보이고 상대방과 한마음이 되려고 노력하는데 무슨 허물이 있겠는가.

다음은 이어지는 육이의 효사다.

남과 협력하는 일을 오직 우두머리하고만 하면 폐해가 있을 것이
다 同人于宗 吝.

당파와 파벌주의를 경계할 것을 주문하는 문장이다. 혈연, 학
연을 넘어 요즘은 골연(골프 치는 사람들의 인연)까지 등장하고 있
는데, 그래서는 안 된다는 것이다.

이 괘에서 재미있는 해석이 바로 이 부분이다. 《주역》에서는
항상 초효와 네 번째 효, 두 번째 효와 다섯 번째 효, 세 번째 효
와 여섯 번째 효를 서로 상응하는 관계로 봐서 괘의 흐름을 살
핀다. 그런데 이 동인괘는 두 번째 효는 음효이고 이것과 상응
하는 다섯 번째 효는 양효로서 둘의 관계가 너무 좋다. 환상의
짝꿍이라고 할 수 있을 정도다. 다른 괘에서는 이런 관계가 성
립되면 바르고 착한 관계로 해석한다. 그런데 이 동인괘에서는
그것을 폐해로 보고 있다.

곧 모든 사람이 한마음이 되기 위해 노력하되, 사사롭게 친밀
한 관계를 만들어서는 안 된다는 것을 뜻한다. 그런 경우, 조직
이든 나라든 당연히 파벌과 패거리 문화가 생겨나게 마련이다.
그리고 그 폐해에 대해서라면 우리 모두 지겨울 만큼 봐오고

있다고 해도 과언이 아니다. 그런 의미에서 리더라면 반드시 마음에 새겨야 할 효사가 아닌가 한다.

이어지는 구삼의 효사는 이렇다.

풀밭에 군사를 매복하고 높은 언덕에 올라가 망을 보나 삼 년이 지나도록 싸움을 일으키지 못한다伏戎于莽 升其高陵 三歲不興.

풀밭에 군대를 매복하고 높은 곳에 올라가 있으면 승리할 것 같다. 그러나 정말 그럴 수 있는지 돌아보아야 한다.

실력은 없고 야망만 있는 사람은 인간관계에서도 좌충우돌 하는 경우가 적지 않다. 어느 때는 자만심으로 가득 차 자기가 상대하고 있는 사람이 누군지도 모르고 잘난 체하거나, 어느 때는 또 비굴할 정도로 열등감에 사로잡혀 굳이 그럴 필요가 없는 자리에서도 지나치게 몸을 낮추거나 하는 식이다. 그처럼 본분을 잃어버린 상태에서는 몇 년이 지나도 야심을 실현하기 어렵다. 이 효사는 그에 대한 경고라고 할 수 있다.

구사의 효사는 한 걸음 더 나아간다.

도둑이 담에 올라탔으나 안을 공격하지 못하니 길하다乘其墉 弗克攻 吉.

이것은 구삼의 리더가 어찌어찌해서 원하는 자리에 올라갔더라도 결국에는 자기 역량이 미치지 못해 진퇴양난에 빠진 모습에 대한 비유다. 그 모양이 마치 담을 타고 있되 안으로 뛰어내리지도, 그렇다고 다시 내려오지도 못하는 신세라는 것이다.

이를 두고 상전에서는 "담에 올라탔다는 것은 의義를 이기지 못함을 의미한다乘其墉 義弗克也"라고 풀이한다. 그런 경우에는 차라리 야심을 버리고 돌아오는 편이 길하다는 것이다.

다음은 구오의 효사이다.

남과 하나가 되어야 한다. 먼저 울부짖다가 나중에 웃는다. 큰 군대로 이겨 서로 만날 수 있다同人 先號咷 而後笑 大師克 相遇.

이것은 리더가 동지들과 협력하고자 하나 방해하는 자가 많음을 의미한다. 그런 방해하는 자와는 타협하고 싶지 않은 마음에 처음에는 고군분투하며 울부짖는 상태에 머무를 수밖에 없다. 하지만 마지막에는 기쁜 일이 찾아와 크게 웃을 수 있게 되니, 큰 군사를 움직여 방해하는 자를 물리치고 마침내는 동지들과 하나가 된다.

공자는 《계사전》 상편에서 이 구절을 다음과 같이 풀이한다.

동인은 먼저 울고 나중에 웃는 것이다. 군자의 도는 혹 나아가기도 하고 머물기도 하며, 혹 침묵을 지키기도 하고 웅변을 토하기도 한다. 두 사람이 마음을 함께하면 그 예리함이 쇠를 끊을 만하고, 그 말에는 난초와 같은 그윽한 느낌이 있다同人 先號咷而後笑 子曰 君子之道 或出或處 或黙或語 二人同心 其利斷金 同心之言 其臭如蘭.

큰 뜻을 품고 동지를 규합해 앞으로 나아가는 리더의 어려움과 성취가 마치 짧은 드라마 한 편을 보는 것처럼 생생하게 느껴지는 문장이다. 아마도 리더십으로 고민 중인 리더라면 크게 감정이입이 되지 않을까 싶다.

마지막 상구의 효사는 다음과 같다.

함께하는 것을 들에서 하니 뉘우침은 없다同人于郊 无悔.

여기서 말하는 들은 앞서 초구의 넓은 들과는 조금 다르다. 더 거칠고 적적하며 좁은 의미의 들판을 뜻한다. 이것은 리더의 이상이 완전히 실현되지 않았음을 말한다. 따라서 아직은 크게 뉘우치거나 회한에 빠질 필요는 없다고 할 수 있다.

다만 뜻을 함께하는 사람들과 한마음이 되어 전진하는 것이 얼마나 어려운 것인지에 관해서는 명확한 인식에 도달해 있어야 한다. 그리하여 앞서 괘사에서 말한 정도를 지키기 위해 노

력한다면 그는 능히 모두를 하나로 규합해 물과 불도 하나가
되는 통합을 이루어나갈 수 있을 것이다.

6   영향력을 퍼뜨리는 기술

지택림 地澤臨

통치의 기술이란 리더의 영향력이 원하는 만큼 하부에 고르게 전달되는지에 달려 있다. 그러기 위해서는 돈독하고 신실한 애정으로 아랫사람을 대하는 일만큼 중요한 것이 없다.

한때 '성공 콤플렉스'라는 말이 유행한 적이 있었다. 성공해서 힘을 갖고 싶으면 '왕관의 무게'를 견뎌야 한다. 그런데 그것이 쉽지 않은 사람들이 더러 있다. 그들에게 문제가 되는 것이 바로 '성공 콤플렉스'다.

한 대기업 임원이 부하직원에게 일을 시키는 것을 어려워하는 문제로 상담을 청했다. 그는 개인적인 역량이 뛰어나 다른 직원들에 비해 일찍 임원에 올랐다. 문제는 그가 자기 확신이 부족하다는 점이다. 그는 학창 시절부터 공부는 아주 잘했으나 친하게 어울리는 친구가 없었다. 그렇다고 외로움을 타지도 않았다. 성격상 누군가와 속마음을 나누며 가까워지는 것을 내켜

하지 않았던 탓이다.

좋은 성적으로 대학을 졸업하고 대기업에 취직한 그는 회사에서 만난 여자 동료와 결혼도 했다. 데면데면한 그의 성격과는 달리 사교적이고 활발한 여자 쪽에서 먼저 대시했기에 가능한 일이었다. 실력만큼은 뛰어났던 그는 일찍 상사의 눈에 띄어 마침내 임원으로 승진하기에 이르렀다. 그런데 임원이 되고 나자 더 이상 혼자서만 잘하는 것으로는 부족했다. 일과 인간관계에서 고르게 리더십이 필요했다.

하지만 그는 자신에게 리더십이 있는지 확신하지 못했다. 특히 인간관계의 측면에서 자신이 없었다. 시간이 갈수록 그의 내면에서 자신이 모든 것을 망칠지도 모른다는 불안이 싹트기 시작했다. 불안은 그를 우유부단하게 만들었고, 결과적으로 부하직원들에게 명확한 지시를 내리지 못하는 일이 반복되었다. 부하직원들에게 시키느니 차라리 자기가 모든 일을 끌어안고 빨리 해치우는 쪽이 나았다. 물론 그런 속마음을 겉으로 드러내지는 않았다. 하지만 그의 내면은 하루가 다르게 더욱 갈팡질팡하는 쪽으로 기울었다.

반면 부하직원들은 그가 욕심이 많거나 자기들을 믿지 못해서 일을 도맡는다고 생각해서 불만이 많았다. 하지만 진실은 그가 리더로서의 열등감 때문에 지나치게 자기희생을 하는 쪽이라는 점이었다.

상담 과정에서 그는 자신의 행동이 인간관계에 대한 열패감 때문이라는 점을 이해했다. 그로 인해 리더로서 마땅히 행사해야 할 영향력을 제대로 발휘하지 못하고 있었다는 점을 깨닫자, 그는 비로소 문제의 해법에 다가갈 수 있었다.

위 사례에서 보듯이 리더로서의 위치에 불편함을 느끼는 사람들이 더러 있다. 그런 경우에는 그 이유가 무엇인지, 그것이 어떤 행동으로 나타나는지를 반드시 살펴볼 필요가 있다. 리더의 일거수일투족이 사람들에게 미치는 영향력은 그만큼 파급 효과가 크기 때문이다. 따라서 리더십이나 인간관계에서도 일정한 테크닉이 필요하다.

《주역》에서 그러한 명제를 다루고 있는 괘 중의 하나가 임괘이다. 이 괘는 지도자의 '통치의 기술'을 담고 있다고 알려져 있다. 통치의 기술이 무엇일까? 한마디로 리더의 영향력이 그가 원하는 만큼 하부에 고르게 미치고 있는지 여부이다. 그런 점에서 임괘는 리더십에 전적으로 부합하는 괘라는 것이 나의 생각이다.

임괘는 하괘가 연못을 뜻하는 태괘兌卦이고 상괘는 땅을 뜻하는 곤괘坤卦로 이루어져 있어서 지택림괘地澤臨卦이다. 땅이 연못 위에 드리우고 있는 형상이다. 땅이 위에 있으면서 연못에 큰 영향력을 행사한다는 의미를 담고 있다. 통치한다는 의미로 보는 이유도 그 때문이다.

기업의 변화관리 전문가인 지니 다니엘 덕은 "기업을 변화시키킨다는 것은 감정적이고 인간적인 과정이다"라고 전제한다. 그리고 그 감정은 "두려움, 호기심, 탈진, 충성심, 집착, 우울, 낙관, 분노, 폭로, 기쁨, 사랑 등 온갖 중요한 감정들을 다 포괄하고 있다"라고 설명한다.

그처럼 온갖 감정적인 요소들로 구성된 집단이 살아 있는 생명체가 아니면 무엇이겠는가. 그런 집단을 이끌어가기 위해서는 리더 역시 조직을 움직이는 모든 감정적인 요소들에 관해 이해할 수 있어야 한다. 그래야 문제가 생겼을 때, 특히 조직원들이 상호 간의 감정적인 마찰이나 갈등, 분쟁 등으로 어려움을 겪을 때 리더로서 적절한 해결 방안을 제시할 수 있는 것이다.

임괘는 그런 해결 방법의 하나로 첫 번째 효사인 초구에서부터 좋은 영향력을 미칠 것을 주문하고 있다.

감화시키는 것으로 다스린다. 정도를 지키니 길하다咸臨 貞吉.

이어지는 구이의 효사도 비슷한 내용을 담고 있다.

감화시키는 것으로 다스린다. 길하고 이롭지 않은 바가 없다咸臨 吉无不利.

이 두 문장에 대해서는 굳이 해석이 필요 없을 정도이다. 그만큼 담백하게 좋은 리더십의 모범을 제시하고 있기 때문이다. 《논어》〈자로편子路篇〉에 보면 초나라 섭공이 공자에게 정치에 관해 질문하는 장면이 나온다.

섭공이 정치를 물으니 공자께서 말씀하셨다. 가까이 있는 자는 기뻐하고 먼 곳에 있는 자는 따라오게 해야 합니다葉公 問政 子曰 近者說 遠者來.

상대가 누구든 먼저 그에게 감동을 주어 자기 영향력 안에 두어야 한다는 뜻이겠다. 그렇다고 해서 단순한 감언이설로는 그런 일이 가능하지 않다. 임괘 육삼의 효사 역시 그것을 경계하라고 이야기한다.

달콤함으로 다스린다면 이로울 것이 없다. 그것을 염려해 일찍이 바로잡는다면 잘못이 없을 것이다甘臨 无攸利 既憂之 无咎.

이 역시 따로 해석이 필요 없는 문장이다. 리더가 조직을 위한다면 굳이 감언이설을 동원할 이유가 없다. 그러나 자기의 안위를 위해서라면 이야기가 다르다. 그런 경우에는 당장 눈앞의 작은 이익을 위해서도 달콤한 말이나 행동으로 아랫사람에게 영향력을 행사하려 들게 마련이다.

감언이설에 대해서도 역시 공자의 말씀을 새겨들을 만하다. 다음은 《논어》〈공야장편公冶長篇〉에 나오는 문장이다.

말을 꾸며서 하고 얼굴빛을 좋게 하고 공손한 태도가 지나친 것을 좌구명左丘明*이 수치로 여겼는데 나 역시 수치로 여긴다. 원망을 숨기고 그 사람과 친구로 지내는 것을 좌구명이 수치로 여겼는데 나 또한 수치로 여긴다巧言令色足恭 左丘明 恥之 丘亦恥之 匿怨而友 其人 左丘明 恥之 丘亦恥之.

다행히 육삼의 효사에서는 교언영색의 태도를 염려해 '일찍이 바로잡는' 사람이라면 공자가 말한 '부끄러움'은 겪지 않아도 된다고 여지를 두고 있다.

여기서 더 나아가 마지막 상육의 효사는 "돈후함으로 다스리니 길하고 잘못이 없다敦臨 吉 无咎"라고 이야기한다.

이 문장은 일종의 리더십의 완성 상태라고 할 수 있다. 돈독하고 신실한 애정으로 아랫사람을 대하는 일보다 리더에게 중요한 것이 무엇이 있겠는가. 그런 애정은 아랫사람으로부터 무한한 헌신과 충성을 이끌어낸다.

• 중국 춘추시대의 노나라 학자.

인간을 이해하는 데 있어 핵심은 삶의 시작과 끝은 누구에게나 바로 '나'라는 존재에 있다는 점이다. 즉, 내가 있어야 세상도 우주도 존재한다. 따라서 '나'는 이 세상의 중심이며 세상은 그런 '나'를 이해하고 인정해주어야 한다. 그것이 나르시시즘의 심리다.

에리히 프롬은 이 심리를 '인간의 두 번째 본능'이라고 말하고 있으며, 정신의학자 프랑수아즈 돌토는 '인간 행동의 복합적 동기는 대부분 이 심리에서 기인한다'라고 말하고 있다. 프로이트도 만년에는 이 나르시시즘이 정신건강과 자기 발달에서 중요한 기능을 한다는 점에 새롭게 주목했다고 한다.

임괘의 마지막 효사는 바로 상대가 지닌 이 나르시시즘의 심리를 충족시켜주어야 한다는 뜻을 담고 있다. 대인관계도 리더십도 그것을 전제로 할 때 비로소 의미를 갖는다. 임괘는 바로 그러한 리더십의 본질을 이야기하고 있는 것이다.

7 해결의 리더십이 필요할 때

䷧ 뇌수해 雷水解

겨울 동안 움츠렸던 천지 음양의 기운이 풀려 교감하니 천둥이 치고 비가 내리고 온갖 과일나무와 초목의 씨앗이 싹을 틔운다. 풀려나가는 때의 효과와 작용은 실로 중대하다.

리더십에서 가장 중요한 자질 중 하나는 문제가 일어났을 때 단호하고 깔끔하게 해결하는 능력이다. 물론 매우 어려운 능력이다. 조직에서 일어나는 문제는 종종 수만 가지는 되기 때문이다. 리더라도 그것을 다 해결할 수는 없다. 하지만 조직에 중대한 영향을 미치는 문제라면 당연히 리더가 전면에 나서서 '해결사' 역할을 자임할 필요가 있다. 그것이 난국을 헤쳐나가는 지도자의 자세이고, 그리할 때 비로소 조직의 험난함도 해소된다. 그것이 해괘가 담고 있는 이야기의 핵심이다.

해괘는 물을 상징하는 감괘坎卦가 하괘이고 우레를 상징하는 진괘震卦가 상괘로 이루어져 있어서 뇌수해괘雷水解卦이다. 해

解는 문자 그대로 만사가 '풀리다, 해결되다'라는 의미를 담고 있다. 해괘 전에 자리한 수산건괘水山蹇卦는 모든 것이 험난함으로 둘러싸인 형국을 보여주는 괘이다. 그리하여 《서괘전》에서는 건괘 다음에 해괘가 이어지는 이유를 이렇게 설명한다.

건은 험난함을 뜻한다. 그러나 험난함으로만 끝나지 않는 것이 자연의 이치다. 그리하여 해괘로 이어진 것이다. 해는 풀려나간다는 뜻이다蹇者 難也 物不可以終難 故受之以解 解者緩也.

해괘는 괘의 모습 또한 천둥이 치고 비가 내리면서 음과 양이 화합하므로 모순과 갈등이 해소됨을 뜻한다. 계절로는 춘분春分에 해당하므로 겨울 동안 굳어 있던 눈과 얼음이 녹고 만물이 새로운 싹을 틔우는 형상을 나타내는 것이기도 하다. 그 좋은 기회를 잡아서 서둘러 밭을 갈고 씨앗을 뿌림으로써 큰 수확을 얻을 수 있으니 부지런히 움직여야 한다는 뜻도 담겼다. 그것을 단전의 마지막 구절은 다음과 같이 묘사한다.

천지의 기운이 풀리니 천둥이 치고 비가 내린다. 천둥이 치고 비가 내리면서 온갖 과일나무와 초목의 씨앗이 껍질을 뚫고 나와 싹을 틔운다. 그러므로 풀려나가는 때의 효과와 작용은 실로 중대한 것이다天地解而雷雨作 雷雨作而百果草木皆甲坼 解之時大矣哉.

봄날의 생기발랄한 작용으로 인해 만물이 그동안의 어려움을 이기고 새롭게 시작하는 모습이 마치 한 편의 그림을 보듯이 경쾌하게 묘사되어 있다. 그리하여 초육의 효사는 단순하게 '아무런 문제가 없다'는 의미의 "무구 无咎" 한마디로 끝난다. 구이의 효사는 다음과 같이 이어진다.

사냥에서 세 마리의 여우를 잡고 황색 화살까지 얻었다. 바르면 길할 것이다 田獲三狐 得黃矢 貞吉.

얼핏 이해하기 어려운 문장이나 여기서 세 마리 여우를 잡고 그 몸에 꽂힌 화살까지 얻었다는 것은 '비열한 소인배를 곧장 날아가는 화살로 쏘아 맞혔다'라고 해석하는 것이 통설이다.

문제가 생겼을 때 리더가 과감하고 단호하게 주변의 쓸데없는 의견을 물리치고 정공법을 택해야 한다는 것을 일러주는 문장이다. 육삼의 효사에서는 만약 그러지 못할 경우 일어나는 문제를 다음과 같이 묘사한다.

무거운 짐을 진 자가 수레를 탔으니 도적을 불러들이는 것이다. 바르게 행해야 후회가 없다 負且乘 致寇至 貞吝.

이 문장은 소인배가 짐까지 지고 군자의 수레를 탔으니 스스로 도둑을 불러들이는 꼴이라는 의미를 담고 있다. 이 역시 오늘날의 조직에서 수없이 일어나는 일이다. 능력은 없으면서 야심은 큰 소인배가 요행수로 높은 자리에 오르면 그 조직이 어떻게 되겠는가. 주변이 그 소인배와 비슷한 도둑들로 넘칠 것은 자명한 이치다. 따라서 리더는 그런 일이 생기지 않도록 경계해야 한다는 것이다.

구사의 효사는 그 방법을 일러준다.

엄지발가락의 티눈을 제거하듯 소인이 설쳐대는 상황을 벗어나라. 그리하면 벗이 찾아와 서로가 신뢰를 얻게 될 것이다解而拇 朋至斯孚.

이는 만약 리더가 대업을 이루고자 할 때는 주변에서 얼쩡거리는 소인배들을 반드시 멀리해야 한다는 뜻을 담고 있다. 이어지는 육오의 효사는 그러한 리더의 역할을 더욱 명확하게 보여준다.

군자가 소인과의 관계를 제거하므로 길하다. 이는 소인에게 그 외에는 길이 없음을 알게 하는 것이다君子維有解 吉 有孚于小人.

이 문장은 리더가 문제를 해결하기 위해서 어디까지 단호하고 냉정해야 하는지에 관한 가장 좋은 가이드가 아닌가 한다. 이어지는 상육의 효사는 해괘에서 가장 중요한 문장으로 꼽힌다.

공公이 높은 성벽 위에서 웅크리며 날아드는 송골매를 쏘아 맞혀 잡으니 이롭지 않은 바가 없다 公用射隼于高墉之上 獲之 无不利.

이 문장에 대해서는 유명한 해석이 있다.《계사전》하편에 나오는 공자의 말씀이다.

준隼이란 사나운 새이고 궁시弓矢란 도구이다. 그것을 쏘는 것은 사람이다. 군자가 도구를 갖추고 있다가 때를 기다려 행동하므로 이롭지 않을 수 없다. 일단 행동하면 확실하게 하니 활을 쏘아 맞힌다. 이는 도구를 갖춘 후에 행동하는 것을 말한다 隼者 禽也 弓矢者 器也 射之者 人也 君子臟器于身 待時而動 何不利之有 動而不括 是以 出而有獲 語成器而動者也.

공자의 말씀 중에서 핵심은 군자는 '도구를 갖추고 있다가 때를 기다려 행동한다臟器于身 待時而動'라는 것이다. 공자는 리더십에 필수적인 요소를 언급하고 있다. 즉, 리더는 자신만이 발휘할 수 있는 능력을 반드시 갖추고 있어야 한다는 것이다.

그렇지 않은가. 사나운 새가 있고 그것을 쏘아 맞힐 화살도 있고 그 화살을 쏠 사람도 있으나 그 모든 것을 제대로 이루어 내도록 지휘하는 리더가 무능하다면 아무런 소용이 없다. 따라서 리더는 자기만의 계획과 문제해결 능력을 반드시 갖추고 있어야 한다. 다만 그것을 섣부르게 드러내는 일은 삼가야 한다. 그 대신 때를 기다렸다가 단번에 기회를 잡을 수 있어야 한다.

흥미로운 것은 바로 그런 점에서 해패가 그리스 신화에 등장하는 헤르메스에 비유된다는 것이다. 헤르메스는 유동성, 움직임, 새로운 시작 등을 상징한다. 그는 경쾌한 여행가, 유창한 언변으로 상대를 휘어잡는 책사이자 해결사의 이미지로도 묘사된다.

책사이자 해결사로서의 헤르메스 역시 기회를 잡아서 단번에 자기 것으로 만드는 데 몹시 능했다. 특히 그는 뛰어난 두뇌와 협상 능력으로 무장하고 제우스가 원하는 일들을 척척 해냈다. 실력이 어찌나 깔끔했던지 제우스에게 큰 신임을 받았다고 한다. 페르세포네의 납치 사건 때 제우스를 대신해 하데스와 협상을 벌인 것도 그였다.

그는 태어나자마자 아폴론의 소 50마리를 훔쳐낸다. 그때부터 뛰어난 책략가의 기질이 발휘되었던지 그는 발에 덤불을 묶어 발자국을 지우고 소 떼는 꼬리를 잡아당겨 뒤로 걷게 해서 도둑질에 성공한다. 물론 나중에 아폴론에게 들키지만, 직접 만든 악기 리라를 선물함으로써 음악의 신인 아폴론의 마음을 돌린다.

리라가 매우 마음에 든 아폴론은 제우스의 전령이라는 신분마저 그에게 넘겨준다. 헤르메스는 매우 똑똑한 행운의 신으로도 평가받는데, 이 역시 아폴론 덕분이다. 아폴론이 전령이라는 신분 외에 축복과 부를 가져오는 마술지팡이까지 덤으로 준 것이다. 공자가 말씀하는 "도구를 갖추게 된" 것이다.

이제 원하는 대로 책략을 구사할 수 있는 영리한 두뇌와 복을 가져오는 뛰어난 도구까지 장만한 헤르메스는 제우스의 해결사로서 대단한 활약을 보인다. 헤르메스가 행운의 신인 것처럼 해괘 역시 크게 상서로운 기운을 담고 있다. 만약 점을 쳐서 해괘가 나오면 무조건 길하다고 해석하는 것도 그 때문이다. 그리고 리더가 그처럼 유능하다면 당연히 모든 일이 순조롭게 풀려나갈 것이다.

8   지략과 덕망, 규율을 갖추기

지수사 地水師

매일 크고 작은 전투를 치르는 조직에서 리더의 자리는
지략과 덕망과 규율이 동시에 요구된다. 그것은 리더가
그와 같은 책임과 더불어 막강한 힘을 위임받고 있는 이
유이다.

율리우스 카이사르는 생전에 군사들을 이끌고 무수히 많은 전
투를 치른 것으로 유명하다. 특히 흥미로운 점은 많은 병사가
더할 수 없는 헌신과 충성을 맹세하며 그를 따랐다는 것이다.
그는 흔히 하는 말로 덕장의 면모를 갖추었던 것으로 보인다.
그를 따라다니는 일화가 무궁무진한 것을 보면 말이다.

카이사르가 부득이하게 이집트에서 도망쳐야 할 때의 일화
도 재미있다. 그가 타고 있는 배로 사람들이 몰려들면서 마침내
배가 가라앉을 지경이 되었다고 한다. 그러자 카이사르는 솔선
수범해서 바다로 뛰어들어 자기 함대까지 헤엄을 치기 시작했
다. 당시에 이미 나이가 꽤 많았던 카이사르의 행동에 병사들이

어떤 반응을 보였을지 짐작이 간다.

그런가 하면 한 전투에서 패배했을 때는 병사들이 자진해서 그에게 징계해달라고 청원하는 일도 벌어졌다고 한다. 얼마나 자기들을 이끄는 장군에 대한 신망이 두터웠으면 그랬을까 싶다. 물론 카이사르는 그들을 벌주는 대신 위로하고 새로운 희망을 전하느라 바빴다고.

우리는 흔히 비즈니스 세계의 험난함을 이야기할 때 "소리 없는 총성이 오가는 전쟁터"라는 표현을 쓴다. 그만큼 잔인하고 엄혹한 세계라는 뜻이겠다. 그렇다면 용맹하고 충성스러운 부하들의 신뢰를 한 몸에 받은 카이사르의 모습은 오늘날 비즈니스 전쟁에서 내 편이 절실한 많은 리더들에게 귀감이 되지 않을까 싶다. 사괘에는 이와 관련한 이야기들이 담겨 있다.

사괘는 물을 상징하는 감괘坎卦가 하괘이고 땅을 상징하는 곤괘坤卦가 상괘로 이루어져 있어서 지수사괘地水師卦이다. 사師는 다수의 무리, 즉 군대를 뜻한다. 다툼과 갈등을 상징하는 송괘訟卦 다음에 놓이면서 큰 다툼 끝에 마침내 전쟁이 일어나는 이야기를 담고 있다.

전쟁을 승리로 이끌기 위해서는 지략과 덕망을 갖춘 위대한 장수가 반드시 필요하다. 사괘는 괘사에서부터 그 점을 분명히 한다.

정도를 지키며 덕망이 뛰어난 어른이라야 길하고 허물이 없을 것이다 貞 丈人吉 无咎.

단전에서는 그것을 이렇게 풀이한다.

사는 군사의 무리를 뜻한다. 수많은 군사가 정도를 지키게 한다면 능히 왕업王業을 이룰 수 있다. 장수는 강건하게 중도를 지키면서 군왕과 의견을 나누고 험난한 전쟁 가운데서도 군사들이 믿고 따를 수 있게 해야 한다. 그렇게 하면 일시적으로 천하가 전쟁의 고난에 빠져도 백성들은 기꺼이 따를 것이다. 그리하여 싸움에서 이기니 어찌 허물이 있겠는가師 衆也 貞 正也 能以衆正 可以王矣 剛中而應 行險而順 以此毒天下 而民從之 吉又何咎矣.

감괘는 험난함을, 곤괘는 유순함, 따름 등을 상징하기도 한다. 단전에서는 바로 그러한 괘의 모습을 가져와 장수가 험난한 전쟁 가운데서도 군사와 백성들의 신뢰를 저버리지 않고 따를 수 있는 리더십을 구사할 것을 주문하고 있다. 상전에서는 그러한 뜻이 더 명확하게 드러난다.

대지가 풍부하게 물을 저장하고 있는 것이 사의 괘상이다. 군자는 이를 보고 백성을 포용하고 민중을 길러낸다地中有水 師 君子以容

民畜衆.

그리스 신화에서 그러한 군대와 전쟁, 뛰어나고 용맹한 장수의 이미지는 아테나 여신과 가장 잘 들어맞는다. 신화에서 그녀는 지혜와 공예의 수호신이며 전쟁의 신이다. 또 다른 전쟁의 신인 아레스가 승리에 상관없이 파괴적이고 맹목적인 유형이라면 아테나는 사괘에서 묘사되는 지략과 덕망으로 전쟁을 승리로 이끄는 여신이다.

아테나는 일차적으로 지혜의 여신이다. 로마 신화에서는 미네르바로 일컬어진다. 그녀는 신화 속에서 전술, 실용성, 눈에 보이는 결과 등을 상징한다. 그녀는 합리적인 사고방식을 선호하며 의지와 지식을 따른다. 그리고 전쟁에서의 승리를 상징하는 여신 니케와 늘 함께 다니며 많은 신과 영웅들을 도와준다. 진 시노다 볼린은 그녀를 전략가라고 명명하고 있다.

아테나는 태생부터 흥미롭다. 바로 제우스의 머리에서 갑옷으로 무장하고 방패를 든 모습으로 태어났기 때문이다. 그래서인지 아테나는 신화에서 자주 남성적인 모습으로 그려지곤 하는데, 이 또한 하나의 양효가 다섯 음효를 이끄는 사괘의 괘상과도 연관된다. 아테나가 지혜의 신이자 전쟁의 신으로서 엄격한 합리성을 추구하는 모습은 사괘 초육과 구이의 효사에서 이렇게 묘사되고 있다. 먼저 초육의 효사를 살펴보면 다음과 같다.

군대의 출동에는 엄격한 규율이 함께해야 한다. 그렇지 않으면 반드시 흉함이 있을 것이다師出以律 否臧凶.

이 구절은 전쟁 수행의 첫 번째 법칙이 엄격한 규율에 있음을 이야기한다. 이는 고대《주역》의 시대나 그리스 신화의 아테나의 시대나 조금도 다르지 않은 원칙이었다. 그리고 오늘날에도 똑같이 적용되는 절대적인 원칙이다. 기강이 바로 서지 않은 군대가 전장에서 이기기를 바랄 수는 없는 것이다.

물론 그것은 요즘의 리더십에도 핵심적인 요소 중 하나다. 어느 조직이나 리더가 역량이 모자라거나 느슨한 규율을 방치할 경우 거의 백 퍼센트 문제가 생겨날 수밖에 없다. 리더는 조직을 성공적으로 이끌어야 할 책임이 있다. 그들이 더 윗사람들로부터 그와 같은 책임과 더불어 막강한 힘을 위임받고 있는 이유도 그 때문이다. 그리고 리더가 그것을 어떻게 행사하느냐에 따라 그 조직은 발전하기도 하고 정체기를 맞기도 한다.

이어지는 구이의 효사는 리더가 지녀야 할 그러한 자질에 관해 언급한다.

군대를 통솔함에 중도를 지키니 길하고 허물이 없을 것이다. 군왕이 여러 번 명을 내려 포상하리라在師 中吉无咎 王三錫命.

군대는 규율과 더불어 공평무사함이 전제되어야 하는 조직이다. 장수는 당연히 중도를 지켜야 한다. 그리고 그렇게 하는 장수는 군왕으로부터 여러 차례 포상을 받을 자격이 있다. 그렇게 해서 장수는 군왕의 신임을 받을 수 있어야 한다.

아테나 역시 제우스의 신임을 듬뿍 받는 여신이었다. 똑같이 제우스의 몸에서 태어난 디오니소스가 비이성적인 데 비해 아테나는 냉철한 지성의 소유자였기에 더욱 제우스의 사랑을 받았다. 전쟁에서 이기기 위해서 가장 중요한 요소는 전략이다. 그것을 수립하는 데 가장 필요한 것이 무엇인가? 냉철한 현실 인식과 지혜로움이다. 다음이 무기이다. 그런 의미에서 지혜와 기술의 여신인 아테나가 전쟁의 신이기도 한 것은 당연한 일이라고 하겠다.

그와 같은 리더 유형은 성공 지향적이며 사람들을 만날 때도 효율성이 기준이 된다. 구이의 효사에 나오는 장수나 아테나가 그랬던 것처럼 이 유형은 윗사람의 신임을 받으며, 뛰어난 자질로 중도를 지키는 리더십을 발휘한다. 만약 그렇지 못한 리더가 높은 자리에 있으면서 자기 마음대로 권력을 휘두른다면 그 조직은 실패의 쓴맛을 볼 수밖에 없다. 육삼의 효사에는 그러한 이야기가 들어 있다.

군대에서 시체를 수레에 싣고 돌아오니 흉하다師或輿尸 凶.

역량은 모자란데 야심만 큰 지휘관이 어찌어찌해서 장수의 위치까지 오르는 경우는 어디에나 있게 마련이다. 그런 경우 문제는 그런 인물일수록 꼭 필요한 전략을 세우기보다 제 잘난 맛에 일단 병사들을 사지로 몰아넣는 작전을 벌이곤 한다는 것이다. 당연히 작전은 실패하고 병사들의 시체만 가득한 수레를 맞이하니, 어찌 흉하지 않겠는가.

그처럼 끔찍한 실패를 겪지 않으려면 장수는 신중해야 한다. 무엇보다도 전진할 때와 뒤로 물러설 때를 잘 알아 그것을 실천하는 지략이 있어야 한다. 이는 오늘날에도 여전히 통용되는 리더십의 본질 중 하나이다.

사괘에서는 이에 대한 이야기도 준비해두고 있다. 육사와 육오의 효사가 그것이다. 먼저 육사의 효사는 "군대를 철수시켜 숙영지에 머물게 하니 허물이 없을 것이다 師左次 无咎"라고 해서 무모한 공격보다는 신중한 후퇴가 낫다는 사실을 상기시킨다. 육오의 효사는 좀 더 구체적인 버전이다.

밭에 새가 있으니 잡는 것이 이롭고 허물이 없다. 능력 있는 지휘관이 군대를 이끌고 출정하는 것은 가하나 비루한 소인배는 시체를 싣고 도망할 것이다. 바름을 행해야 흉함이 없다 田有禽 利執言 无咎 長子師師 弟子輿尸 貞凶.

전쟁에서 또 하나 중요한 것은 논공행상論功行賞이다. 사괘
는 마지막 상육의 효사를 그 이야기로 마무리한다.

군왕이 명령해 공신에게 상을 내려 제후로 봉하거나 대부로 임명
할 적에 소인은 쓰지 말아야 한다大君有命 開國承家 小人勿用.

상전에서는 소인을 쓰지 말아야 하는 이유로 "소인을 쓰면
반드시 나라를 어지럽게 하기 때문이다小人勿用 必亂邦也"라고
못 박고 있다.

결론적으로 사괘는 매일 크고 작은 전투를 치러야 하는 조직
에서 리더의 처신이 어떠해야 하는지, 왜 아테나의 지략과 덕망
이 동시에 요구되는지를 명쾌하게 밝히고 있다고 하겠다. 또한
리더 자신이 소인배여도 안 되지만 용인술에서 왜 소인배들을
멀리해야 하는지 관해서도 가르침을 주고 있다는 것이 내 생각
이다.

9 행동이 투명하면 불가능한 변혁은 없다

택화혁 澤火革

변혁은 물과 불이 서로를 소멸함이다. 나라를 뒤바꾸는 혁명이든 자잘한 조직의 변혁이든 제대로 된 변화는 크나큰 어려움을 동반한다. 당연히 그 모든 과정이 바르고 곧아야 한다.

혁괘는 불을 뜻하는 이괘離卦가 하괘이고 연못을 뜻하는 태괘兌卦가 상괘여서 택화혁괘澤火革卦이다. 물의 본성은 아래로 흘러내리는 것이다. 반대로 불은 위로 타오르게 되어 있다. 그런데 못 가운데 불이 있는 것이 이 괘의 모습이다. 따라서 그 둘이 중간에서 맞부딪치면 어찌 되겠는가?

얼마 전 석유 시추를 위해 바닷속에 건설한 수송관에서 원유가 흘러나와 불이 붙은 장면을 TV로 본 적이 있다. 바다에서 그토록 맹렬한 불길이 터져 나올 수도 있다니, 너무도 놀라운 광경이었다. 평소 그런 장면을 상상해보지 못했기에 더욱 생생하게 다가온 것 같다. 그런데 이 혁괘가 딱 그런 장면을 묘사하고 있으니,《주역》이 펼쳐 보이는 상상력의 끝은 어디인가 싶다.

아마도 그 장면 하나만으로도 이 혁괘에 대한 설명은 충분하지 않을까 싶기도 하다. 김흥호 선생은 "혁革이란 누구도 미리 짐작할 수 없는 사건이 터져 나오는 것으로서, 다른 말로 하면 천명天命을 바꾸는 기적에 관한 것"이라고 이 괘를 설명하고 있다.

혁괘는 정괘井卦 다음에 이어지는 괘이다. 그 이유를 《서괘전》에서는 이렇게 말한다.

우물 길은 반드시 한 번씩 갈아엎지 않으면 안 된다. 그리하여 혁괘로 이어진 것이다 井道不可革 故受之以革.

예로부터 한 마을에서 가장 큰 행사 중 하나는 일 년에 한 번씩 우물을 청소하는 것이다. 많은 사람이 사용하는 우물이 시간이 흐르면서 더러워지는 것은 자연스러운 일일 터, 당연히 주기적으로 그 안을 싹 다 갈아엎는 청소가 필요하다.《서괘전》은 그러한 비유를 들고 있는 것이다.

혁괘는 괘사와 각 효사를 통해서 진정한 변혁을 위한 방법론을 제시한다. 가장 중요한 것은 때가 무르익도록 기다려야 한다는 점이다. 그러지 않고 맹목적으로 행동한다면 아무리 정당한 일이라도 위험하기 때문이다. 그런 다음에는 백성들로부터 마음에서 우러나오는 신뢰를 얻어야 한다. 그렇지 못하면 뜻을 이룰 수 없기 때문이다. 그리고 변혁이 이루어졌으면 그것을 굳게 밀고나가야 한다. 그것이 곧 회한을 남기지 않는 길이다. 먼저 괘사를 살펴보면 역시 때에 맞춘 변혁에 관해 이야기하고 있다.

무르익은 때에 변혁을 추진하면 신뢰를 얻어 크게 형통한다. 바르고 곧아야 이로우며 회한도 사라진다己日乃孚 元亨 利貞 悔亡.

나라를 뒤엎는 혁명이든 자잘한 조직의 변혁이든 제대로 된 변화는 크나큰 어려움을 동반한다. 최소한 물과 불이 부딪치는 수준이다. 그 대신 성공하면 모두의 신뢰를 얻고 새롭게 출발할 수 있다. 당연히 그 타이밍은 물론이고 모든 과정이 바르고 곧아야 한다. 괘사를 설명한 단전을 보면 그 뜻이 더욱 분명해진다.

변혁은 물과 불이 서로를 소멸함이다. 두 여자가 한집에 살긴 하나 뜻이 달라 변화가 일어난다. 무르익은 때에 변혁을 추진하면 신뢰를 얻어 모두가 믿고 따를 것이다. 문명함을 갖추니 기쁨이 있고 정도를 따르니 크게 형통하다. 그처럼 변혁이 필연적이라면 후회가 남는 일은 일어나지 않는다. 천지의 변혁으로 사계절이 이루어진다. 탕왕湯王과 무왕武王의 혁명도 하늘의 뜻을 따르고 백성의 마음에 응한 것이니 혁명의 때가 참으로 중대하다革 水火相

息 二女同居 其志不相得 曰革 己日乃孚 革而信之 文明以說 大亨以正 革
而當 其悔乃亡 天地革而時成 湯武革命 順乎天而應乎人 革之時大矣哉.

상商나라 탕왕은 하夏나라 폭군 걸왕桀王을, 주周나라 무왕
은 상나라 폭군 주왕紂王을 각기 물리치고 새로운 왕조를 연 인
물들이다. 말하자면 그들은 폭군의 실정에 시달리는 백성들의
마음에 호응하고 하늘의 뜻을 받들어 필연적인 혁명을 이룬 것
이다. 단전은 그러한 역사적 사실을 예로 들면서 혁괘의 뜻을
설명하고 있다.

그리스 신화에서 인류를 위해 천명을 바꾼 신은 프로메테우
스이다. 평소 인간을 사랑했던 그는 신들의 왕인 제우스의 뜻을
거스르고 불을 훔쳐내 인간에게 가져다준다. 이 불 덕분에 인간
의 문명에는 말 그대로 혁명이 시작된다. 그러나 정작 프로메테
우스는 제우스로부터 가혹한 형벌을 받기에 이른다. 앞서 언급
했듯이 카우카소스산 절벽에 묶인 채 제우스가 보낸 독수리에
게 3천 년 동안 간을 파먹히는 형벌을 받게 된 것이다.

더욱이 그를 묶은 쇠사슬은 헤파이스토스가 만든 것이었다
니, 오죽했으랴 싶다(물론 다른 이야기 속에서 헤파이스토스는 프로메
테우스에 대한 연민과 애정으로 몹시 괴로워했다고 한다. 하지만 어찌 됐든
그는 일을 허투루 하는 것을 용납하지 않는 장인정신의 소유자였으니까.)

프로메테우스가 겪는 끔찍한 벌은 결국 천명을 바꾼다는 것

이 얼마나 엄청난 일인지에 관한 하나의 비유로 볼 수 있을 것이다. 그리하여 공자도 탕왕과 무왕으로까지 거슬러 올라가는 이야기를 들려주지 않았나 싶다.

다행이라기엔 너무 긴 시간이 흐른 감이 없지 않지만, 프로메테우스는 마침내 헤라클레스에 의해 쇠사슬에서 벗어난다. 헤라클레스의 열두 과업 중에 세상 끝에 사는 한 요정에게서 황금사과를 가져오는 임무가 있었던 덕분이다. 그 모험 중에 프로메테우스를 만난 헤라클레스는 쇠사슬을 끊어주고 독수리도 죽였다. 그에 대한 감사의 뜻으로 프로메테우스는 요정의 정원으로 가는 길을 알려주었다.

형벌을 받는 긴 세월 동안 제우스는 헤르메스를 보내 협박도 해보고 회유도 해보았으나 프로메테우스는 마지막까지 굴복하지 않는다. 덕분에 그는 제아무리 혹독한 상황에 놓일지라도 결코 뜻을 굽히지 않는 저항정신의 상징으로 남기에 이른다.

혁괘와 프로메테우스의 이야기는 결국 변혁이란 그만큼 어려운 거사인 만큼 엄청난 각오가 없이는 그 일에 뛰어들지 말라는 하나의 메시지인 셈이다. 물론 반대로 한번 뛰어들었으면 끝까지 가야 한다는 이야기도 되겠다. 어느 쪽이든 그 모든 결단과 극복의 시나리오는 리더의 자질에 달렸다고 해야 할 것이다. 혁괘에서 중심이 되는 구오의 효사가 이 점을 말해준다.

대인의 변혁은 마치 호랑이의 무늬가 찬란하게 빛나는 것과 같다. 점을 치지 않고도 믿을 수 있다 大人虎變 未占有孚.

앞서 탕왕과 무왕의 사례가 그러하듯이 대인이 실행하는 변혁은 마치 호랑이 무늬가 찬란하게 빛나듯이 그 사리가 분명하다. 대인의 변혁을 민중이 믿고 따르는 것이 당연하고, 점을 칠 필요도 없다. 오늘날에도 그와 같은 리더는 많은 사람의 인정을 받으며 혁신을 도모하므로 어떤 의구심도 불러일으키지 않는다. 공자도 다음과 같은 이야기를 《논어》 〈위정편爲政篇〉에서 하고 있다.

그 행한 것을 보고, 그 연유를 살피며, 편안히 여기는 바를 관찰하면 사람이 어찌 숨길 수 있겠는가. 사람이 어찌 숨길 수 있겠는가 視其 所以 觀其所由 察其所安 人焉廋哉 人焉廋哉.

그 행동이 투명하면 아무리 큰 변혁을 추진해도 아무것도 숨길 것이 없다는 뜻이겠다. 마지막으로 상육의 효사는 변혁 이후 리더가 해야 할 역할에 관한 이야기를 담고 있다는 것이 통설이다. 효사는 다음과 같다.

군자가 표범처럼 변혁해 공을 이룬다. 소인은 겉으로만 변혁을 따

른다. 계속해서 나아가면 흉하다. 머무르며 정도를 지켜야 길하
다君子豹變 小人革面 征凶 居貞吉.

호랑이의 찬란한 무늬 대신 표범의 무늬는 좀 더 치밀하다.
따라서 변혁을 주도한 리더는 좀 더 신중하고 강건한 자세로
마무리까지 해낼 필요가 있다. 그리하여 겉으로만 변혁에 순응
하는 소인들까지 포용하고 내 편으로 만들어야 한다. 그러기 위
해서는 지금 자리에서 일단 멈춰 서서 정도를 지켜나갈 수 있
어야 한다.

어느 조직이나 변혁의 시기에는 반드시 저항하는 세력이 존
재한다. 대개는 변화가 필요하다는 것을 알면서도 당장 자신의
안위를 걱정하여 변화를 거부하는 유형이다. 아니면 그저 무능
해서 혹은 단순히 게을러서 변화를 싫어하는 유형도 있다. 어느
쪽이든 소인배라고 할 수 있다. 그러나 때로 리더는 그들까지도
끌어안는 관용과 용기를 보여줄 필요가 있다.

리더가 아무리 열심히 노력해서 목표를 이루었다고 해도 그
과정에서 조직원들이 뒷전으로 밀려났다고 느낀다면 그는 리
더로서 실패한 것이다. 굳이 그러한 리더가 될 필요는 없지 않
겠는가. 특히 조직에 변화의 바람을 불어넣고 거기에 성공한 리
더라면 그 정도의 너그러움은 가져도 좋다고 상육의 효사는 조
언하고 있다.

리더십에 관한 것이라면 내가 굳이 보태고 뺄 이야기가 없다. 이미 우리 주변에 수많은 이야기가 넘쳐나고 있다. 문제는 그와 같은 리더십이 종종 조직의 목표를 달성하기 위한 경영 위주의 관점으로 지나치게 기울어 있다는 점이다. 이 경우 사람들은 단지 그 목표를 달성하기 위한 도구쯤으로 여겨지고, 그 도구를 최소의 노력으로 잘 사용하여 최대의 효과를 내는 것이 리더십으로 인식된다. 그러나 요즘과 같은 개인화 시대에 개인을 하나의 도구로 보는 테크닉으로서의 리더십은 설득력을 잃어갈 수밖에 없다.

인간은 본질적으로 자유를 추구한다. 누군가 자신을 조종하려고 들면 거기에 저항하고 벗어나려고 하는 것이 인간의 심리다. 우리 속담에 "하던 짓도 멍석 깔아주면 안 한다"는 것이 바로 그런 심리를 대변해준다. 《현대과학과 리더십》의 저자 마거릿 휘틀리의 말처럼 "유기체는 자신이 유지되기 위해서는 변화할 수밖에 없다고 스스로 결론을 내릴 때만 변화하는 존재"이기 때문이다. 즉, 아무리 테크닉이 훌륭해도 사람들은 리더가 그 자신의 목적을 위해 자신들을 이용한다고 생각하면 반발하게 되어 있는 것이다.

그런 현상을 막기 위해서는 리더 자신이 리더로서 근본 자질을 갖추어야 한다.

리더십 학자 워런 베니스는 "리더란 책임과 과업의 완수에 대한 강한 동기, 목표를 추구하는 맹렬함과 끈질김, 문제해결에 대한 모험심과 창의성, 자신감, 결과에 대한 승복, 스트레스, 절망, 그리고 지체됨에 대한 인내심으로 특징지어진다"라고 정의하고 있다.

듣기만 해도 숨이 차지 않는가? 하지만 실제로 베니스가 말한 면모를 지니고 있지 않는 한 리더가 설 자리는 그다지 많지 않다. 그만큼 지도자의 자리는 힘들고 험하다. 따라서 그들이 받는 압박감과 스트레스 역시 때로는 상상을 초월한다. 실제로 나는 각 기업의 리더들을 상담하면서 그들을 대상으로 설문조사를 한 적이 있다. 그 결과, 70퍼센트에 가까운 리더들이 분노, 경쟁심, 불안, 우울 등의 감정으로 힘들어한다는 사실을 알 수 있었다. 상담 과정에서 그들이 스스로 만능 해결사가 되어 조직의 모든 문제를 해결해주어야 한다고 믿는다는 사실을 알 수 있었다. 그렇지 못한 경우에는 심각한 자책에 시달린다고 털어놓았다. 더구나 남보다 더 빠르게 더 많은 실적을 보여주어야 한다는 강박감은 리더들을 더욱 힘들게 하는 요소였다.

수많은 정보 속에서 어떤 결정을 내려야 하는지 취사선택의 문제도 그들을 힘들게 했다. 또한 요즘은 어느 조직이든지 그 조직의 실적과 리더십을 바로 연결지어 생각하는 경향이 있다. 어떤 기업의 실적이 뛰어나거나 혹은 나쁘면 리더십은 사람들에게 아주 편리한 설명거리를 제공해준다고 쓴 글을 읽은 적도 있는데, 맞는 말이다. 실적 중심의 사회에서는 실적을 내지 못하거나 갈등을 해결하지 못하면 곧바로 리더십이 부족한 것으로 여겨진다. 따라서 리더들은 끊임없이 자신의 리더십에 대해 불안해할 수밖에 없는 것이다.

그런데 자신만의 확고한 리더십을 발휘하는 리더들에게는 한 가지 공통점이 있다. 바로 인간의 심리에 대한 이해가 그들의 리더십에 전제되어 있다는 점이다. 리더십의 핵심 요소를 한마디로 정리하면 다음과 같다. 신비하고 복잡하며 입체적인 존재로서의 인간을 이해하고, 그들과 더불어 창조적인 목표를 세우고, 그 목표를 달성해가는 가운데서 일어나는 모든 인간관계의 갈등을 해결하며, 끊임없이 조직원들에게 열정과 인내심을 심어주는 것.

그런 의미에서 리더는 때때로 자신의 의지와는 상관없이 일종의 심리학자가 될 필요도 있다. 실제로 심리학 이론서를 펴 들고 공부해야 한다는 것이 아니라 그만큼 인간 심리를 이해하려고 노력해야 한다는 뜻이다. 리더십 학자 제임스 맥그리거 번스에 따르면 "풍부하면서도 복합적인 신체적, 심리적, 성적 필요와 욕구의 복합체에 의해 동기가 유발되는 존재가 인간"이기 때문이다.

모든 리더십이 공통으로 말하는 요소는 대부분 비슷하다. 열정, 비전, 결단력, 필요한 순간의 직관과 용기 등등. 그중에서도 리더가 꼭 갖추어야 하는 것이 있다면 바로 확신과 지혜와 시중이 아닌가 한다. 인간에 대한 이해와 더불어 이 세 가지는 리더십을 구성하는 가장 중요한 요소이기 때문이다.

먼저 확신에 대해 살펴보자. 삶에서 가장 힘든 문제 중의 하나는 의심이다. 자기 신뢰가 부족한 데 따르는 불안, 두려움, 우울, 공포의 감정은 말할 것도 없고, 상대방을 불신하는 데서 생겨나는 피해의식, 불안, 분노의 감정도 만만치 않다. 미래에 대해서 확신을 갖지 못할 때도 우린 그와 비슷한 감정들을 느낀다. 그것은 개인의 삶뿐만 아니라 기업이나 조직에도 나쁜 영향을 미친다.

특히 리더가 스스로는 물론이고 조직원이나 조직의 비전에 확신을 갖지 못할 때 생겨나는 문제는 적지 않다. 리더는 어떤 힘든 상황에서도 조직이 나아가야 할 방향을 정확히 알고 있어야 한다. 그리고 자기 확신을 통해 사람들을 그 방향으로 이끌 책임이 있다. 그것이 일차적으로 리더십의 성공 여부를 결정한다.

스피노자식으로 표현하자면 리더는 "선택의 긴박함과 격렬함으로 인해" 언제라도 길을 잃을 가능성이 있다. 그 순간이야말로 리더가 자기 확신에서 가장 멀어지는 때이기도 하다. 하지만 리더에게는 그 잠깐의 표류도 사실상 허용되지 않는다. 물론 선택의 과정에서 생겨나는 약간의 이탈이나 시행착오는 어쩔 수 없더라도, 리더는 이를 곧바로 바로잡을 수 있어야 한다. 특히 요즘처럼 사회적 양상이 복잡하게 얽혀 있을 때는 누구보다 확신의 리더십을 갖춘 사람이 리더로서 제 역할을 할 수 있을 것이다.

두 번째로 지혜는 리더가 갖추어야 할 근본적인 덕목이다. 지혜를 갖추기 위해서는 남이 보지 못하는 것을 보고, 듣지 못하는 것을 듣고, 생각하지 못하는 것을 생각하고, 느끼지 못하는 것을 느끼는 능력이 필요하다. 그것은 곧 내면의 메시지에 귀를 기울이라는 뜻이기도 하다. 그중 하나가 직관력이다. 융은 직관력이 인간이 지닌 좀 더 근원적이며 원형적인 능력이라고 주장했다.

그렇다면 누구나 직관력을 발휘할 수 있어야 하는데 현실이 그렇지 못하다. 인간의 직관력이 축소되는 데는 이유가 있다. 우리 마음속을 괴롭히는 온갖 근심과 불안이 직관력을 방해하는 것이다. 특히 리더가 온전히 직관력을 발휘하기란 말처럼 쉬운 일은 아니다. 리더라는 그 자리가 온갖 스트레스의 시험장인 까닭이다. 그래서 더더욱 내면의 목소리에 귀를 기울이는 지혜가 필요한 것인지도 모른다.

적어도 리더는 조직 내에서 일이 잘못되어가는 신호를 포착해낼 줄 알아야 한다. 부정적인 피드백, 경직되어가는 정보망, 변화에 대한 저항 등등. 리더가 그런 위험 신호를 분별해낼 줄 아는 지혜를 갖추지 못하면 리더십은 언제든지 붕괴할 수 있다.

마지막으로 시중時中이야말로 리더십의 또 다른 핵심 요소이다. 시중은 상황에 맞게 대처하는 삶의 방식이다. 특히 리더라면 자신의 현재 위치에서 가장 알맞은 행동이 무엇인지 알고 그것을 실천할 수 있어야 한다. 즉, 용기를 내야 할 때는 용기를, 후퇴해야 할 때는 후퇴를, 관용을 베풀어야 할 때는 관용을 보이고, 질타가 필요할 때는 질타할 수 있어야 한다는 것이다.

《맹자》〈진심장구〉 상편에 보면 다음과 같은 문장이 나온다.

군자가 가르치는 방법에 다섯 가지가 있으니, 제때 내리는 비가 초목을 기르는 것 같음이 있고, 덕을 이루게 해주는 것이 있고, 재능을 발휘하게 해주는 것이 있고, 물음에 대답해주는 것이 있고, 혼자서 사숙하여 나아가도록 해주는 것이 있다. 이 다섯 가지는 군자가 가르치는 방법이다 君子之所以敎者五 有如時雨化之者 有成德者 有達財者 有答問者 有私淑艾者 此五者.

이 역시 그때그때 가장 필요한 방법으로 구성원을 가르치는 것이 바로 시중이고 리더십이라는 사실을 알려주고 있다.

정신분석학자 프리츠 펄스는 '여기 그리고 지금'을 제외하고는 아무것도 존재하지 않는다고 주장했다. 그의 이론에 의하면 건강한 성격은 그 순간의 삶을 산다. 따라서 지금 여기에 있는 자신을 적절하게 이해하지 못할 때 과거나 미래로 도피하려는 충동이 생기며, 그것은 곧 완전한 인간 발달에 해가 된다. 펄스 역시 시중에 관해 말하고 있다고 하겠다.

그런가 하면 융도 심리학적 유형에서 네 가지 심리학적 기능이 골고루 발달해야지 어느 한쪽이 너무 우세하고 반대 기능이 너무 열등하면 적응의 문제를 일으키고 열등 기능이 오히려 우월 기능의 영역을 침범한다고 주장했다. 모든 기능이 골고루 발달할 때 온전한 자아가 발달한다는 것이다. 그리고 그러한 모습을 갖출 때 비로소 리더는 시중을 행할 수 있다. 즉, 자기에게 주어진 위치와 상황에서 가장 적절한 행동을 하는 시중의 행위가 바로 리더십인 것이다.

　물론 누구도 그 모든 것을 한꺼번에 해낼 수는 없다. 다만 그러한 면에 노력을 기울이는 리더라면 조직원들의 잠재력을 이끌어내는 면에서도 뛰어난 역량을 보이게 마련이다. 그리하여 리더와 조직원들이 더불어 발전함으로써 서로의 이익을 극대화할 수 있는 상생 경영이 이루어지는 것이다.

참고문헌

원전류

《論語》, 대전: 學民文化社, 2002.

《大學·中庸》, 대전: 學民文化社, 2000.

《孟子》, 대전: 學民文化社, 1998.

《書經》, 대전: 學民文化社, 1998.

《聖經》, 서울: 언약, 1991.

《承政院日記》

《詩經》, 대전: 學民文化社, 1998.

《原本周易》, 서울: 명문당, 1999.

《易經》, 서울: 成均館大學校 大東文化研究院, 1984.

《日省錄》

《朝鮮王朝實錄》

《周易》, 대전: 學民文化社, 1998.

《懸吐完譯 周易傳義》, 成百曉 譯註, 서울: 傳統文化研究會, 2015.

국내 저술 및 논문

강성률,《서양철학사 산책》, 서울: 평단문화사, 2009.

_____,《동양철학사 산책》, 서울: 평단문화사, 2009.

곽신환,《주역의 이해》, 서울: 서광사, 1990.

권석만,《인간관계의 심리학》(제2판), 서울: 학지사, 2006.

김상봉,《수역》, 서울: 은행나무, 2007.

김상일,《역과 탈현대의 논리》, 서울: 지식산업사, 2006.

김석진,《주역강해》상경(수정판), 서울: 대유학당, 2002.

_____,《주역강해》하경(수정판 3쇄), 서울: 대유학당, 2006.

_____,《周易傳義大全譯解》上(수정판), 서울: 대유학당, 2007.

_____,《周易傳義大全譯解》下(제3판), 서울: 대유학당, 2006.

김석원,《論語》, 경기도: 혜원출판사, 2006.

김승혜,《원시유교》, 서울: 민음사, 1990.

김시준,《大學·中庸》, 경기도: 혜원출판사, 2005.

김원익·윤일권,《그리스 로마 신화와 서양 문화》, 서울: 문예출판사, 2019.

김재권,《수반과 심리철학》, 서울: 철학과 현실사, 1995.

김재범,《주역사회학》, 서울: 예문서원, 2001.

김충열,《중국철학사》제1권, 서울: 예문서원, 2006.

김흥호,《주역강해》1~3권, 서울: 사색, 2003.

김학주,《시경》(수정판), 서울: 명문당, 2002.

남동원,《주역해의》1~3권, 서울: 나남출판, 2001.

노태준,《신역주역》, 서울: 홍신문화사, 1978.

민성길 외 34인,《최신정신의학》(제5판), 서울: 일조각, 2006.

박종혁·조장연,《주역의 현대적 이해》, 서울: 국민대학교 출판부, 2006.

범선균,《孟子》, 경기도: 혜원출판사, 2007.

신오현,《절대의 철학》, 서울: 문학과지성사, 1993.

신응섭 외,《리더십》, 서울: 학지사, 1994.

심의용,《주역과 운명》, 서울: 살림, 2004.

_____,《주역, 마음속에 마르지 않는 우물을 파라》, 서울: 살림, 2006.

양창순,《당신 자신이 되라》, 서울: 랜덤하우스중앙, 2005.

_____,《담백하게 산다는 것》, 파주: 다산북스, 2018.

_____, 〈주역과 정신분석학적 관점으로 본 공연예술리더십 연구〉, 성균관 대학교 대학원, 2009.

오강남,《도덕경》, 서울: 현암사, 2004.

_____,《장자》, 서울: 현암사, 2002.

우실하,《전통문화의 구성원리》, 서울: 소나무, 1998.

유승국,《동양철학연구》, 서울: 동방학술연구원, 1983.

_____,《한국사상과 현대》, 서울: 동방학술연구원, 1988.

윤태현,《주역과 오행연구》, 서울: 식물추장, 2002.

이기동,《논어강설》, 서울: 성균관대학교출판부, 1992.

_____,《동양삼국의 주자학》(제2판), 정용선 역, 서울: 성균관대학교출판부, 2003.

_____,《대학. 중용강설》, 서울: 성균관대학교출판부, 2003.

_____,《곰이 성공하는 나라》, 서울: 동인서원, 2005.

_____,《하늘의 뜻을 묻다》, 서울: 열림원, 2005.

_____,《맹자강설》(제2판), 서울: 성균관대학교출판부, 2005.

_____,《시경강설》, 서울: 성균관대학교출판부, 2006.

_____,《주역강설》, 제2판, 서울: 성균관대학교출판부, 2006.

_____,《서경강설》, 서울: 성균관대학교출판부, 2007.

이성환 · 김기현,《주역의 과학과 도》, 서울: 정신세계사, 2002.

이죽내,《융 심리학과 동양사상》, 서울: 하나출판사, 2005.

이창재,《프로이트와의 대화》, 서울: 민음사, 2003.

정병석, 〈주역의 치료적 함의〉,《정신치료의 철학적 지평》, 서울: 철학과현 실사, 2008.

조두영,《임상행동과학》, 서울: 일조각, 1985.

한동석,《우주변화의 원리》(개정판), 서울: 대원출판, 2006.

한국주역학회,《주역과 한국역학》, 서울: 범양사출판부, 1996.

해외 저술

Bass, B. M., *Leadership and Performance Beyond Expectations*. N.Y.: Free Press, 1985.

Brenner, Charles, *An elementary textbook of Psychoanalysis*, Rev.ed. N.Y.: Anchor Press, 1974.

Chung, Chang-Soo, *The I Ching on Man and Society*, Lanham: America UP, 2000.

Freud, Sigmund, *The Totem and Taboo*, reprint. (Trans.) James Strachey, London: The Hogarth Press, 1973.

_____, *Beyond the Pleasure Principle*, reprint. (Trans.) James Strachey, London: The Hogarth Press, 1973.

_____, *New Introductory Lectures On Psycho-Analysis*, reprint. (Trans.) James Strachey, London: The Hogarth Press, 1973.

_____, *The Ego and Id*, reprint. (Trans.) James Strachey, London: The Hogarth Press, 1973.

_____, *An Infantile neurosis and Other Works*, reprint. (Trans.) James Strachey, London: The Hogarth Press, 1973.

_____, *An Interpretation of dreams*, reprint. (Trans.) James Strachey, London: The Hogarth Press, 1973.

_____, *The Psychopathology of Everyday Life*, reprint. (Trans.) James Strachey, London: The Hogarth Press, 1973.

Ratey, J. John, *A user's guide to the Brain* N.Y.: Vintage books, 1994.

Wilhelm, Hellmut, *Change: Eight lectures on the I Ching* (Trans.) Cary F.

Baynes, N.Y.& Evanston: Harper Torchbooks, 1960.

Hales, Robert E., and others, *Textbook of Psychiatry*, 5th ed. Washington D.C.: American Psychiatric Publishing, Inc., 2008.

Henden, Gisle, *Intuition and its Role in Strategic Thinking*, Nordberg: Norwegian School of Management, 2004.

Holland, J. L., *Making Vocational choices: A Theory of Vocational Personalities and Work Environment*, N.J: Prentice-Hall, 1985.

Horney, Karen, *Neurosis and Human Growth*, NY: W.W. Norton&Company, Inc, 1950.

Maslow, Abraham H., *Maslow on Management*. NY: John Wiley&Sons, Inc. 1998.

_____, *Maslow Business Reader*, NY: John Wiley&Sons, Inc, 2000.

Sullivan, Harry S. *The Interpersonal theory of Psychiatry*, reprint. NY: W. W. Norton&Company, 1983.

Trowbridge, Richard H., *The Scientific Approach of Wisdom*. Ohio: Union Institute&University, 2005.

Wu Jing-Nuan, *Yi Jing*, Honolulu: University of Hawaii Press, 1991.

Wilhelm Richard, *I Ching*, Cary F. Baynes(from German into English), Penguin Books, 2003.

번역서

고회민,《주역철학의 이해》, 정병석 역, 서울: 문예출판사, 2004.

괴테, 요한 볼프강,《친화력》, 김래현 역, 서울: 민음사, 2001.

그라시안, 발타자르,《인생수업》, 정영훈·김세나 역, 서울: 메이트북스, 2020.

_____,《사람을 얻는 지혜》, 임정재 역, 서울: 타커스, 2016.

김재권,《심리철학》, 하종호·김선희 역, 서울: 철학과 현실사, 2004.

남회근,《주역강의》, 신원봉 역, 서울: 문예출판사, 1991.

다까다 아쓰시,《주역이란 무엇인가》, 이기동, 서울: 여강출판사, 1991.

덕, 지니 다니엘,《체인지 몬스터》, 보스턴컨설팅그룹 역, 서울: 더난출판, 2001.

돌토, 프랑수아즈,《인간의 욕망과 기독교 복음》, 김성민 역, 서울 : 한국심리연구 소, 2000.

_____ ,《정신분석학의 위협 앞에 선 기독교 신앙》, 김성민 역, 서울: 다산글방, 1999.

딕, 필립 K.,《높은 성의 사내》, 남명성 역, 서울: 폴라북스, 2011.

리링,《리링의 주역강의》, 차영익 역, 파주: 글항아리, 2016.

리프킨, 제러미,《소유의 종말》, 이희재 역, 서울: 민음사, 2001.

매리노프, 루,《철학으로 마음의 병을 치료한다》, 이종인 역, 서울: 해냄, 2000.

맥팔레인, 로버트,《언더랜드》, 조은영 역, 서울: 소소의 책, 2020.

몰츠, 맥스웰,《성공의 법칙》, 공병호 역, 서울: 비즈니스북스, 2003.

몽테뉴, 미셸 드,《에세》, 심민화, 최권행 역, 서울: 민음사, 2022.

문킨촉,《주역의 힘》, 박문현, 임형석 역, 서울: 글항아리, 2015.

밀러, 밀튼 H.,《나보다 더 아픈 그대를 위하여》, 양창순 역, 서울: 제삼기획, 1994.

버거, 아리엘,《나의 기억을 보라》, 우진하 역, 서울: 샘앤파커스, 2020.

버슨, 블레이크 W.,《융과 아프리카》, 이도희 역, 서울: 학지사, 2014.

번스, 제임스 맥그리거,《역사를 바꾸는 리더십》, 조중빈 역, 서울: 지식의 날개, 2006.

베니스, 워렌 외,《퓨처 리더십》, 최종옥 역, 서울: 생각의 나무, 2001.

베니스, 워렌,《워렌 베니스와 리더십 원칙》, 양영철 역, 서울: 좋은책만들기, 2003.

벤파리, 로버트,《심리유형을 알면 인간경영이 보인다》, 송경근 역, 서울: 한
　　언, 2000.

보통, 알랭 드,《삶의 철학산책》, 정진욱 역, 서울: 생각의 나무, 2002.

볼린, 진 시노다,《우리 속에 있는 여신들》, 조주현 외 역, 서울: 또하나의문
　　화, 2003.

블랙커비, 헨리,《영적 리더십》, 윤종석 역, 서울: 두란노, 2002.

비버, 이언,《과학이 종교를 만날 때》, 이철욱 역, 서울: 김영사, 2002.

빌헬름, 리하르트,《주역 강의》, 진영준 역, 서울: 소나무, 1996.

살몽, 크리스티앙,《스토리텔링》, 류은영 역, 서울: 현실문화, 2010.

샤노어, 카렌 N. 외,《마음을 과학한다》, 서울: 나무심는 사람, 2004.

슐츠, 듀에인,《성장심리학》, 이혜성 역, 서울: 이화여자대학교출판부, 1982.

스티븐슨, 레즐리,《인간의 본질에 관한 일곱 가지 이론》, 임철규 역, 서울:
　　종로서적, 1981.

쑨잉퀘이, 양이밍,《우주 자연의 이치와 인생의 지혜 주역》, 박삼수 풀이, 서
　　울: 현암사, 2007.

알베리오네, 야고보,《365일 당신을 축복합니다》, 서울: 성바오로딸수도회,
　　2010.

양리,《주역과 중국의학》상·중·하, 김충렬 외 역, 서울: 법인문화사, 1995.

엔드레스, 프란츠 칼,《수의 신비와 마법》, 오석균 역, 서울: 고려원미디어,
　　1996.

오스본, 케롤,《주역으로 풀어보는 비즈니스 난제》, 최진·문형남 역, 서울:
　　세종서적, 1995.

유일명,《주역천진》, 임채우 역, 서울: 청계, 2006.

융, C. G.,《융 기본 저작집》1~8권, 한국융연구원 C. G. 융 저작번역위원회
　　역, 서울: 솔, 2001.

장지청,《주역 완전 해석》上·下, 오수현 역, 서울: 판미동, 2018.

카레르, 에마뉘엘,《필립 K. 딕》, 임호경 역, 파주: 사람의집, 2022.

_____, 《왕국》, 임호경 역, 파주: 열린책들, 2018.

카프라, 프리초프, 《현대 물리학과 동양사상》, 김용정, 이성범 역, 서울: 범양
　　사, 2010.

콜린스, 짐, 《좋은 기업을 넘어 위대한 기업으로》, 이무열 역, 서울: 김영사,
　　2002.

토즈볼드, 딘 외, 《리더십의 심리학》, 조민호 역, 서울: 가산출판, 2007.

프롬, 에리히, 《사랑의 기술》(제2판), 황문수 역, 서울: 문예출판사, 2000.

_____, 《인간의 마음》, 백문영 역, 경기도: 혜원출판사, 1991.

피터스, 톰, 《미래를 경영하라》, 정성묵 역, 서울: 21세기북스, 2005.

해밀톤, 이디스, 《고대 그리스인의 생각과 힘》, 이지은 역, 서울: 까치, 2009.

헤르몬, 지몬, 《히든 챔피언》, 이미옥 역, 서울: 흐름출판, 2008.

호킹, 스티븐, 《호두껍질 속의 우주》, 김동광 역, 서울: 까치, 2001.

호킹, 스티븐 외, 《시간의 역사》, 전대호 역, 서울: 까치, 2006.

홀, 캘빈 S. 외, 《융 심리학 입문》, 서울: 백조출판사, 1980.

홍자성, 《채근담》, 황병국 역, 경기도: 혜원출판사, 1990.

휘틀리, 마거릿, 《현대과학과 리더십》, 한국리더십학회 역, 서울: 21세기북
　　스, 2001.

젊은 날에는 자신만만하게 "인생 쉬워요" 하던 이들도 조금만 시간이 지나면 왜 이렇게 사는 게 힘드냐며 나를 찾아온다. "나처럼 긍정적인 사람들만 있으면 정신과 의사는 굶어죽을 거야"라고 큰소리치던 지인이 언제인가부터 "왜 이렇게 삶이 힘들지?"라고 하면서 조언을 청하기도 한다. 그들에게 나는 때로는 《주역》의 괘를 뽑아 나아갈 방향을 조언해준다. 《주역》이야말로 누구의 삶에나 명쾌한 내비게이션이 되어준다는 것이 내 생각이다. 복잡한 세상에서 내가 나아가야 할 길은 물론이고, 무엇을 버리고 무엇을 취할 것인지, 어디까지가 내 욕심인지를 알려주기 때문이다.

_본문 중에서

오늘 참 괜찮은 나를 만났다
좋은 삶, 편안한 관계를 위한 자기 이해의 심리학

정신건강의학과 전문의 양창순 박사가 들려주는
휘둘리지 않고 내면의 중심축을 세우는 법